MÁS, ALLÁ DE LA CUMBRE

Zig Ziglar

MÁS, ALLÁ DE LA CUMBRE

GRUPO NELSON
Una división de Thomas Nelson Publishers
Desde 1798

NASHVILLE   DALLAS   MÉXICO DF.   RÍO DE JANEIRO   BEIJING

© 1995 EDITORIAL CARIBE
P.O. Box 141000
Nashville, TN 37214-1000

Título del original en inglés: *Over the Top*
©1994 *The Zig Ziglar Corporation*
Publicado por *Thomas Nelson, Inc.*

Traductores: *Erma Ducasa y Eugenio Orellana*

ISBN: 0-88113-332-9
ISBN 978-0-88113-332-5

Impreso en EE.UU.
Printed in U.S.A.

E-mail: caribe@editorialcaribe.com

18ª Impresión
www.caribebetania.com

Contenido

Prefacio *v*
Gracias *vii*
Introducción: Un libro de pasión *ix*

UNO ¿Qué es, o dónde está la cumbre? *1*
DOS Tenerlo todo *11*
TRES La responsabilidad es suya *28*
CUATRO Cambie la imagen *43*
CINCO La actitud del inmigrante *62*
SEIS Motivación es la clave *84*
SIETE La actitud hace la diferencia *113*
OCHO Usted... sí, usted... tiene lo que se necesita *138*
NUEVE Es imprescindible un programa de metas *160*
DIEZ Un programa de metas: la clave para un éxito equilibrado *181*
ONCE Cómo alcanzar sus metas *207*
DOCE Cómo levantarse y mantenerse de pie cuando lo han tumbado *224*
TRECE Compromiso + valor + disciplina = Libertad *249*
CATORCE Un buen final *272*

A todas
aquellas personas
que entienden
que tienen que ser y
hacer antes de poder tener,
y que les gusta que sea así.

Prefacio

En cierta ocasión alguien dijo que la verdad podía ser negada, pero no evitada. Estoy de acuerdo. La información presentada en *Más allá de la cumbre*, ha sido diseñada para darle esperanza basada en algunas de las verdades más grandes de la vida. En este proceso, usaré muchas historias de la vida real, ejemplos, ilustraciones y parábolas para señalar una serie de puntos de importancia. Cuando se combinan estos puntos, revelan un sólido diseño de una vida basada en hechos y principios, y no en teorías. Le puedo asegurar que he investigado y evaluado la información de *Más allá de la cumbre* desde puntos de vista sicológicos, teológicos y fisiológicos, a la vez que me he asegurado el respaldo de personas en cada una de estas disciplinas.

Más allá de la cumbre le da las pautas que usted necesita para cambiar los temores, la culpa y la ira del pasado por un futuro construido sobre una sólida base y lleno de esperanzadora expectativa. A medida que vaya leyendo, verá que tanto las personas como las empresas que construyen sus vidas y negocios sobre una base ética, y operan en la certidumbre de que su propósito en la vida es servir a otros, son los que disfrutan de los más grandes éxitos. Más aún, llegará a saber que sin Dios todas las cosas son permisibles, pero con Dios todas las cosas son posibles. En el proceso, usted entenderá por qué los posibles de Dios producen infinitamente más gente más allá de la cumbre que los permisibles del hombre.

Es importante que entienda claramente este último párrafo, porque algunas doctrinas de la «Nueva Era» han llevado a muchas personas a creer que ellos, por sí mismos, pueden hacer cualquiera cosa que creen que pueden hacer. Que todo es uno, uno es todo, y ellos son Dios. Yo respondo a eso diciendo que hay tres cosas que yo sé: una, que hay un Dios. Dos, que yo no lo soy. Tres, que tampoco lo es usted.

Este libro es una herramienta para entrenar. El Dr. Adrián Rogers, de Memphis, Tennessee, señala que el diccionario dice que *entrenar* es, en primer lugar, «prepararse para luchar», y usted ciertamente está en una lucha en la vida. En segundo lugar, es «instruir mediante el ejercicio», y le he dado algunos pasos específicos para envolverlo en esto. En tercer lugar, *entrenar* es «ejercitar», y las partes en acción hacen exactamente eso. En cuarto lugar, es «dar una forma propia», y *Más allá de la cumbre* le enseña cómo pintar en su mente un cuadro de su «propia forma». En quinto lugar, es «disciplinar para usar», y *Más allá de la cumbre* le provee poderosa e inspirada información sobre disciplina.

Para empezar el proceso de entrenamiento del Dr. Rogers, le haré, algunas preguntas. Al hacerlo, lo animo a que haga una pausa y luego responda. Al final de cada capítulo, especialmente, le pido que responda a estas preguntas: ¿Qué he aprendido? ¿Cómo me siento en relación con lo que he aprendido? ¿Cómo puedo aplicar en mi vida diaria lo que he aprendido?

Más importante aún, *Más allá de la cumbre* es un libro de esperanza, fe, aliento y optimismo. Como lo dice William Arthur Ward: «Ser optimista es más divertido. El pesimista está limitado por las dudas, confinado por los miedos y restringido por la incertidumbre. El optimista está liberado por la fe, estimulado por la esperanza y animado por la confianza».

Este libro es para y acerca de usted. Andy Gardener lo dijo muy bien: «Zig, usted y yo somos de diferentes generaciones, de diferentes partes de nuestro país, variamos considerablemente en nuestras creencias políticas, y nuestra fe es diferente. Sin embargo, las verdades que usted expresa son aplicables a cualquiera, sea cual sea su caminar por la vida».

Gracias

A través de los años muchos clientes, amigos, conocidos, familiares y empleados me han provisto información e inspiración que han enriquecido mi vida y han hecho posible *Más allá de la cumbre*. Sin embargo, hay unas pocas personas cuyas contribuciones son tan importantes que quisiera darles un especial reconocimiento.

Quiero expresar mi gratitud y amor a la persona más importante en mi vida, mi esposa, Jean Abernathy Ziglar, la pelirroja, quien me ha dado ánimo durante los últimos cuarenta y siete años. Su habilidad para criticar y hacer oportunas sugerencias ha sido invalorable. Su disposición para encargarse de muchas de mis «usuales» responsabilidades, me ha permitido completar este proyecto.

Segundo, quisiera agradecer a mi editor. Su talento para llegar a los puntos importantes, dar exactitud a los objetivos y mantener el enfoque, me ha ayudado a ser más conciso y efectivo. Su disposición para discutir pensamientos, ideas, conceptos y filosofías ha sido extremadamente eficaz. Su habilidad para escribir me hace fácil entender por qué sus colegas de *Guideposts* la seleccionaron entre más de 4.400 candidatos, como una de las 15 personas para recibir su más alto entrenamiento especializado en su bianual Taller de Escritores de *Guideposts*. Ella es mi hija menor, Julie Ziglar Norman.

También quisiera agradecer a mi hija Suzan, cuyo conocimiento, ideas, intuición y vocabulario emotivo me ayudaron a hacer de este libro algo mejor. Su esposo, Chad Witmeyer, tanto como el de Julie, Jim Norman, me ayudaron con desafiantes pensamientos y sugerencias que serán de ayuda a muchos lectores. Y de considerable importancia es mi asistente ejecutiva, Laurie Magers. Además de sus responsabilidades regulares, la disposición de su corazón a servir trabajando numerosas horas extras en el manuscrito, no tiene precio.

Una constante fuente de información e inspiración ha sido mi guía, Fred Smith, cuyas sesudas observaciones e ideas añadieron mucho al mensaje. Como siempre, Bernie Lofchick (el hermano Bern) analizó detenidamente cada palabra e hizo innumerables sugerencias que dieron vida y aliento al mensaje en formas aun más útiles.

El Dr. J. Allan Petersen, a través de su publicación mensual, *Better Families* [Mejores familias], contribuyó significativamente al mensaje y a la imagen de *Más allá de la cumbre*. El sicólogo Don Beck me ha dado algunas interesantes ideas y me ha desafiado a mantenerme en constante crecimiento mientras hago realidad algunos de los conceptos que comento con usted. El Dr. Forest Tennant es una continua fuente de inspiración y ánimo, y me mantiene al día en las investigaciones que se realizan, desde los mejores hábitos para dormir, hasta lo último en la guerra contra las drogas.

También quiero agradecer al Dr. Adrián Rogers, al rabino Daniel Lapin, al Dr. Lelland Heller, al Dr. John Maxwell, al Dr. Ike Reighard, al Dr. William Arthur Ward (ya fallecido), al Dr. Ken Cooper, al siquiatra Louis Cady, y a los sicólogos Robert Wubbolding y John Leddo por sus ideas y respaldo.

Y al más famoso, decidido y prolífico contribuyente de todos, el mundialmente renombrado anónimo, una sincera expresión de gratitud. A todos los autores, conferenciantes, maestros, predicadores, filósofos, amigos, vecinos, clientes, auxiliares y gente de la calle, su contribución ha sido monumental, y estoy agradecido a ellos. Nos vemos *Más allá de la cumbre*.

ZIG ZIGLAR

Un libro de pasión

El diccionario dice que pasión es «una fuerte emoción, un ardiente amor, celo, deseo anhelante, esperanza y gozo». He observado que en cada campo de esfuerzo de la vida, los hombres y las mujeres que alcanzan la cumbre tienen una pasión por darse totalmente y ser lo mejor que pueden. Por ejemplo, los padres de nuestro país fueron creyentes apasionados en la libertad.

Maribeau dijo que «nadie sino los hombres de fuertes pasiones son capaces de alcanzar la grandeza». Tennyson dijo: «La felicidad de un hombre en su vida no consiste en la ausencia sino en la forma en que maneja sus pasiones». Franklin dijo que «aquél es un gobernador que gobierna sus pasiones y es un servidor que las sirve».

La pasión dirigida que se funda en una base ética y moral permite que cualquiera use su máximo potencial. Los resultados pueden ser asombrosos. A través de *Más allá de la cumbre* usted leerá historia tras historia de gente común y corriente cuyos logros han excedido dramáticamente sus habilidades. Dé el crédito a la pasión.

Para ser sincero, soy un hombre de muchas pasiones. Tengo pasión por servir a Dios, a mi familia y a mi país. Tengo pasión por ser, y hacer, lo mejor que puedo, sin importar cuál sea mi misión en un momento dado.

Tengo pasión por impactar positivamente su vida, persuadiéndolo de que está dotado de la semilla de la grandeza y que cuando use lo que tiene podrá hacer grandes cosas. También tengo la convicción de que la pasión —como el valor— es transferible, por lo que mi mayor objetivo es transferir algo de mis pasiones, tanto como las pasiones de las personas que encontrará en *Más allá de la cumbre*, a usted. Para lograr este objetivo, hablaré con mi cabeza y con mi corazón a su cabeza y a su corazón, porque la cabeza es la puerta de entrada al corazón. Cuando esté lógicamente informado y emocionalmente inspirado, podrá reconocer, desarrollar, y usar todo lo que está en usted y llegará a ser lo mejor que pueda llegar a ser. Esto es todo lo que Dios o el hombre le pueden pedir. Afortunadamente, eso será más que suficiente para estar *Más allá de la cumbre*.

¿Qué es, o dónde está la cumbre?

Los hombres y las mujeres están limitados no por su lugar de nacimiento, ni por el color de su piel, sino por el tamaño de su esperanza.

John Johnson

John Johnson fue muy afortunado por haber crecido en Arkansas City, Arkansas. Esa fue una verdadera oportunidad, porque, aunque es poco sabido, Arkansas City es el centro geográfico del mundo. Partiendo de allí, usted puede ir a cualquier punto del mundo y la distancia máxima será exactamente diecinueve mil trescientos ocho kms. Desde la casa de techo de hojalata donde nació, el señor Johnson viajó menos de tres mil doscientos dieciocho kms, pero fue lo suficientemente lejos como para vivir en un rascacielos en la Costa de Oro de Chicago al lado de Bob Hope en Palm Spring, California, y llegar a ser uno de los cuatrocientos hombres más ricos de los Estados Unidos.

Usted también es afortunado porque sin importar donde viva, está en el centro geográfico del mundo. De cualquier punto puede ir adonde quiera, y estoy hablando más que de una mera ubicación geográfica. Para ser justo, debo advertirle que no es un viaje fácil. Habrá los inevitables cerros y valles antes que pueda alcanzar la cumbre. Sin embargo, si usted supie el querer, la información que tiene en sus manos le suplirá el cómo. Aunque el viaje es exigente, también es entretenido. La buena noticia es que la vista desde la cumbre es espectacular, y el premio, incluyendo mucho de lo que el dinero puede comprar y todo lo que el dinero no puede comprar, hace del viaje mucho más que algo que vale la pena. Lo mejor de todo es que descubrirá que aún cuando las recompensas son importantes, lo que usted llega a ser, al alcanzar su destino, es muchísimo más que lo que puede obtener al alcanzar la cumbre.

PIENSE EN ESTO

No importa dónde empiece, ni tampoco es factor determinante en lo que usted haga o lo que sus padres o antepasados hicieron. La madre de Neil Rudenstein es una mesonera a tiempo parcial y su padre es guardia en una cárcel. Él es presidente de la Universidad de Harvard.

El cincuenta y dos por ciento de los altos ejecutivos de las 500 compañías de *Fortune* proviene de familias de las clases media baja o pobre, y el ochenta por ciento de los millonarios de los Estados Unidos lo son de primera generación.

Gerry Arrowood horneaba queques y cosía por encargo, y llegó a ser vicepresidente del departamento de entrenamiento de vendedores para una compañía multimillonaria de cosméticos.

En un reciente estudio se estableció que el setenta y cinco por ciento de trescientos dirigentes, a nivel mundial, surgieron de la pobreza, fueron abusados cuando niños, o han tenido serios defectos físicos.

Charlie Wedemeyer sólo puede mover su boca y parpadear, pero llevó a su equipo de fútbol a su única participación en el campeonato de secundaria de su estado.

Pam Lontos era una ejecutiva ama de casa depresiva y excedida de peso a quien su sicólogo le había dicho que nunca podría mejorar; sin embargo, llegó a publicar libros y a ser una conferenciante.

John Foppe nació sin brazos, pero en 1992, la Cámara Junior de Comercio de los Estados Unidos lo nombró uno de los diez jóvenes más sobresalientes jóvenes del país.

John Johnson, bisnieto de esclavos, era tímido, inseguro, incapaz de expresarse, tenía las piernas arqueadas, usaba ropa hecha en casa, y todos se burlaban de él, pero llegó a ser una de las personas más ricas de este país.

Jan McBarron-Liberatore, ha sido enfermera durante ocho años, pesaba sobre doscientas libras y era una tremenda fumadora. Hoy es una mujer delgada, dejó de fumar y sus colegas la llaman la Dra. McBarron.

Toda esta gente triunfó porque siguió los principios de luchar hasta vencer. Mi firme convicción es que estos mismos principios funcionarán en su caso, si usted está dispuesto a trabajar con ellos. Vamos a comenzar el viaje hacia la cumbre examinando algunas preguntas muy serias.

MUCHAS PREGUNTAS Y ALGUNAS RESPUESTAS

¿Existe algo como la cumbre? ¿Es la cumbre un punto de destino o es en realidad un viaje, como tantas veces he oído decir?

Con la ayuda de miles de personas, he aprendido que todos quieren ser felices, tener buena salud, ser razonablemente prósperos, sentirse seguros; tener amigos, paz mental, buenas relaciones familiares y esperanza. Muchas, si no todas estas cosas, son susceptibles de cambiar, a veces en forma instantánea y dramática. Usted puede tenerlo todo un día y al siguiente perderlo todo, o casi todo. PREGUNTA: ¿Ha estado alguna vez en la cumbre un día y en el fondo al siguiente? ¿Son así de inestables la vida y el éxito?

¿Está la cumbre definida por su posición y prestigio en su medio ambiente? ¿Está usted en la cumbre cuando tiene todo lo que quiere, o cuando quiere lo que tiene? ¿Está en la cumbre cuando sabe quién es usted, o de quién es usted, o está allí cuando es rico, famoso, envidiado e idolatrado por millones?

¿Está en la cumbre la madre sola, con una limitada educación, que demuestra su amor y acepta su responsabilidad trabajando en dos empleos para alimentar, vestir, educar y dar a sus hijos una oportunidad en la vida?

¿Qué edad debe tener usted para alcanzar la cumbre? ¿Puede un adolescente llegar allí? ¿Puede usted permanecer en la cumbre por el resto de su vida una vez que la ha alcanzado? ¿Puede alcanzarla por usted mismo, o necesita que otros le ayuden? ¿Puede estar usted en la cumbre y no ser próspero, o puede ser próspero y no estar en la cumbre? ¿Puede estar en la cumbre y realmente no disfrutar de lo que hace, o su corazón debe cantar sólo por lo que usted hace para estar en la cumbre?

Si usted es rico, popular, próspero y respetado en su vida profesional, pero tiene una sarta de fallas en su vida tanto personal como familiar, ¿puede decirse que está en la cumbre? Si tiene una vida personal y familiar rica y satisfactoria, pero lucha en sus negocios o en su profesión, ¿puede decirse que está en la cumbre? Si no lo ha logrado en su vida personal, familiar o en sus negocios, ¿puede, a su edad, revertir una vida de fracasos y frustraciones y aún alcanzar la cumbre? ¿Es realmente verdad que un fracaso es un acontecimiento y no una persona?

¿Cuál es la cumbre, según Dios, versus la cumbre según el hombre? ¿Cómo se puede saber cuándo se ha alcanzado? ¿Es la cumbre un lugar claramente definido? ¿Es un estado de la mente? ¿Está Madonna en la cumbre o lo está la madre Teresa?

Podría haber docenas, quizás cientos, de preguntas más sobre este asunto. Voy a contestar las suficientes como para persuadirlo de que usted puede procurar la cumbre y luego conquistarla. Sin embargo, dudo que alguien pueda pensar en todas estas preguntas, mucho menos que tenga todas las respuestas. Afortunadamente, muchas de ellas no necesitan respuesta, pero esto sí le prometo: «En las páginas de este libro

> **En las páginas de este libro están todas las respuestas que necesitará para alcanzar su cumbre, cualquiera que sea, en el viaje por la vida.**

están todas las respuestas que necesitará para alcanzar su cumbre, cualquiera que sea, en el viaje por la vida. Su responsabilidad y oportunidad está en localizar las respuestas y dar los pasos necesarios para alcanzar los resultados deseados. Puede que tenga que leer *Más allá de la cumbre* varias veces para encontrar la respuesta que necesita y quiere».

Ahora, volvamos el reloj, demos un breve paseo por la memoria, y exploremos los objetivos de *Más allá de la cumbre*.

NOS VEMOS EN LA CUMBRE

Han pasado veinte años desde que escribí mi primer libro, *Nos vemos en la cumbre. He escrito esta secuela para mostrar cómo y dónde los principios fundamentales que enseñé en el primer libro me han guiado a mí y a muchísimos otros. Nos vemos en la cumbre* fue el resultado de treinta años de experiencia. *Más allá de la cumbre* cubre medio siglo de cultivar y desarrollar los seis pasos fundamentales que presenté originalmente.

Veo a *Nos vemos en la cumbre* como un libro básico y fundamental para motivar un vivir positivo. Los resultados han sido tan sobresalientes que hablan por sí solos. El hecho que la revista *People* lo identificara como uno de los ocho más vendidos de la década —y que aún sigan vendiéndose aproximadamente cincuenta mil ejemplares por año— respalda la efectividad y perdurabilidad de su mensaje. Para usar una analogía del béisbol, el concepto de *Nos vemos en la cumbre* capacitó a mucha gente a pasar a las ligas mayores.

Más allá de la cumbre le ayudará a asegurar su posición en las ligas mayores, lo capacitará para llegar al plato con más confianza aún, y golpear la bola fuera del parque con más frecuencia. Cuando finalice la lectura de *Más allá de la cumbre*, lo cual demanda considerablemente más profundidad en los cómo y en los porqués de vivir con valores, carácter, honestidad, integridad y sensibilidad que ocurrió con *Nos vemos en la cumbre*, usted estará más en paz con usted mismo y será capaz de realizar más con sus recursos y habilidades. Podrá hacer más de las cosas que tiene que hacer en menos tiempo. Esto le dará más tiempo para hacer las cosas que quiere hacer con la gente que ama. Podrá poner más en la vida, lo que significa que podrá lograr más de ella.

JUNTOS NOS PONDREMOS
MÁS ALLÁ DE LA CUMBRE

Según mi familia, en los años desde que escribí *Nos vemos en la cumbre*, he aprendido algunas cosas, entre ellas, ser más compasivo, más receptivo y más comprensivo. Me he disculpado con mis hijos por haber sido en sus años de crecimiento tan intransigente al no permitirles expresar sentimientos negativos de ninguna clase. En los últimos veinte años, el viejo Zig ha aprendido muchísimo, primero, que mucho de la vida implica absolutos morales y que verdad es verdad, además que los errores son minimizados cuando los reconocemos y tomamos las medidas apropiadas.

> *«La vida me ha enseñado la correcta aplicación de las teorías y conceptos que una vez me costó entender».*

Yo, como muchos de ustedes, he leído incontables libros, escuchado cientos de cintas, y he interrogado a cuanta autoridad ha estado en contacto conmigo. He simplificado el proceso de discernir cómo, cuándo y por qué dar pasos hacia un mañana mejor. Mi esposa y mis hijos me dicen cuánta seguridad les da tener un esposo y padre realista. Veinte años atrás, no hubiera creído que fuera posible ser demasiado positivo. Hoy, sé por mi propia experiencia que algunos de mis pensamientos positivos fueron realmente una negación de la realidad. Entraré en detalle sobre esto un poco más adelante, en una sección acerca de lo que hace y no hace un pensamiento positivo.

La base para *Nos vemos en la cumbre* es una escalera hacia la cumbre. En la cubierta del libro hay una ilustración que muestra una escalera cuyos peldaños llevan al éxito. Cada peldaño tiene una o más palabras impresas. El primero dice *autoimagen*. El segundo, *relaciones*; el tercero, *metas*; el cuarto, *actitud*; el quinto, *voluntad de trabajar*; y el sexto, *deseo*. En la parte superior de la escalera hay una puerta con varios hermosos resultados por haber dado los primeros seis pasos señalados. *Más allá de la cumbre* es abrir esa puerta.

Debido a que hace mucho tiempo que abrí y entré por esa puerta, le diré qué es vivir más allá de la cumbre y cómo usted se me puede unir allí.

LA VIDA *MÁS ALLÁ DE LA CUMBRE* AÚN TIENE SUS MOMENTOS

Más allá de la cumbre, como una cuestión práctica, fue firmado, sellado y enviado al editor. Me fue devuelto con un interesante —y frustrante— reto. Tenía que identificar claramente la *cumbre* antes que el libro pudiera cumplir sus propósitos. Pensé que se trataba de algo sencillo, pero tengo que decirle que no fue nada simple. Literalmente luché con ello durante tres largos meses. Escribí muchas páginas; algunas contenían gérmenes de verdad, pero ninguna identificaba específicamente a la cumbre.

Hice todo lo que un escritor sabe que tiene que hacer. Leí cada trozo de literatura disponible, hablé con gente buscando ayuda y consejo, volví a leer mucho del manuscrito, di largas caminatas que casi siempre producen resultados. Pero nada. Entonces, creyendo que mi pensamiento estaba sobresaturado como para producir la solución, lo dejé todo a un lado y me olvidé del asunto. La victoria final llegó en el momento menos pensado, cuando desesperadamente buscaba un pedazo de papel. Esto fue lo que ocurrió.

Mi esposa (a quien, a solicitud suya, me refiero amorosamente como la pelirroja) y yo estábamos en Shreveport, Louisiana, visitando a su hermana, Eurie Abernathy. Debido a una esclerosis múltiple, Eurie vive en el «Heritage Manor South Nursing Home». Cada vez que vamos a verla, me siento como pez fuera del agua. He dedicado mi vida a encontrar soluciones a problemas, pero muchos de los residentes en esos hogares tienen problemas que están más allá de cualquier solución humana. Veo cosas con las que me cuesta tratar, y vago por ahí sintiéndome un inútil e inseguro respecto a qué hacer o decir.

En contraste, la pelirroja se siente como en casa. La observo admirado cómo va de un residente a otro, diciéndoles con sinceridad lo feliz que se siente de volverles a ver y preguntándoles con interés cómo está su salud, cómo está la familia, mientras los abraza, los besa y sigue con otro. Ellos le responden con brillo en los ojos y amplias sonrisas. Observar a la pelirroja hacer con toda naturalidad lo que a mí me confunde tanto es una de las más bellas escenas de las que he tenido el privilegio de ser testigo.

Una vez, mientras la observaba, me sentí tan extraño que preferí abandonar el cuarto. Al hacerlo, empecé a orar y a pedirle a Dios que me diera compasión, entendimiento y un espíritu de cooperación. Cuando aún estaba orando, mi corazón fue tocado y experimenté una nueva paz. Volví y me senté a la mesa en el salón comunitario con mi cuñada y la pelirroja. De pronto, empezaron a fluir ideas. Usando el recibo del motel que habíamos dejado, empecé a escribir. Más del noventa por ciento de lo que escribí en los siguientes veinte minutos es lo que aparece en la siguiente página, bajo el título «LA CUMBRE». Obviamente, algo de todo esto ha sido influenciado por mi entorno, pero la mayoría procede de mis experiencias, las experiencias de otros, y la investigación que he hecho en todas las áreas de la vida. Sin embargo, muchos de los pensamientos e ideas fueron en verdad inspirados por mi oración.

LA CUMBRE

Usted está más allá de la cumbre cuando...

1. Se ha reconciliado con su pasado, está ubicado en el presente y es optimista respecto a su futuro.
2. Cuenta con el amor de sus amigos y el respeto de sus enemigos.
3. Está lleno de fe, esperanza y amor, y vive sin rencor, avaricia, envidia o deseos de venganza.
4. Sabe que no defender lo que es moralmente correcto es el preludio a ser víctima de lo que es criminalmente malo.
5. Es suficientemente maduro como para rechazar cualquiera gratificación personal y enfocar su atención de sus *derechos* a sus *responsabilidades*.
6. Ama a lo no amado, da esperanza al desesperanzado, amistad al que no tiene amigos y aliento al desanimado.
7. Sabe que usted no es porque triunfe (o gane), ni dejará de ser porque falle (o pierda).
8. Puede mirar atrás con una actitud de perdón; hacia adelante, con esperanza; hacia abajo, con compasión; y hacia arriba, con gratitud.
9. Está seguro en quién (y de quiénes) es usted, por lo cual está en paz con Dios y en buena relación con el hombre.
10. Entiende claramente que el fracaso es un suceso, no una persona; que el día de ayer finalizó anoche y que hoy es un nuevo día.
11. Sabe que «el que quiera hacerse grande entre ustedes será vuestro servidor».
12. Es grato con el que se queja, cortés con el mal educado y generoso con el necesitado, porque sabe que los beneficios a largo plazo de dar y perdonar, superan ampliamente los beneficios a corto plazo de recibir.
13. Reconoce, confiesa, desarrolla y utiliza las habilidades físicas, mentales y espirituales que Dios le da para Su gloria y para el beneficio de la humanidad.
14. Se enfrenta al Creador del universo y Él le dice: «Bien, buen siervo y fiel».

> «La solución a un problema con el
> que luché durante tres largos meses
> llegó cuando me olvidé por completo
> de mis necesidades y me dediqué
> de lleno a encontrar la forma de
> atender a las necesidades de otros».

Ahora que he invertido todo este tiempo en identificar la cumbre, quisiera hacer dos afirmaciones aparentemente contradictorias. He identificado más que el éxito o la cumbre. Realmente, lo que he identificado es la *excelencia*, la cual está más allá del éxito, porque es espiritual. Irónicamente, si bien he identificado la cumbre, más aún, he identificado el fundamento. Al construir en la cumbre (todo lo que vale tiene un fundamento), usted se pone en posición de lograr el éxito y la excelencia a los ojos de Dios y en los corazones de los hombres. Cuando tal cosa ocurre, usted no está simplemente en la cumbre, sino que está más allá de la cumbre.

Entiendo que su objetivo en este momento quizás sea sólo sobrevivir, por lo cual el primer objetivo de *Más allá de la cumbre* será ayudarle a sobrevivir. El segundo objetivo es llevarlo de la sobrevivencia a la estabilidad, luego, de la estabilidad al éxito, y finalmente, del éxito a la excelencia.

NOTA: Si desea una reproducción tamaño 8" x 12" de «La Cumbre», lista para ser enmarcada, envíe un sobre con su correspondiente franqueo (para un peso de dos onzas) dirigido a su nombre; o dos dólares a The Zig Ziglar Corporation, 3330 Earhart, Carrollton, Texas 75006-5026.

2

Tenerlo todo

Hay una alianza natural entre la creación de riqueza y el cultivo del carácter. El éxito económico se construye sobre fundamentos morales: el marco de la ley, la fe, la disciplina, contratos, ahorros, integridad, un trabajo ético. Familias sanas que elevan estas creencias son la fuente de mucha de la fuerza y futuro de nuestra cultura.

Jack Kemp

Hace algunos años, hice algo que normalmente no hago, fundamentalmente porque no tengo ni el tiempo ni el entrenamiento necesarios. Aconsejé a un joven en mi oficina de Dallas. He aquí cómo ocurrió.

PONER LA VIDA EN PERSPECTIVA

Una persona en Toronto, Canadá me envió una carta incluyendo un cheque por un monto importante. Escribía a nombre de un joven amigo, quien, como lo explicaba, estaba literalmente matándose por trabajar demasiado. Salía para su trabajo cada día a las seis y generalmente no volvía a su casa sino hasta las diez u once de la noche. Eso ocurría seis días a la semana. Su familia estaba desatendida, su salud se deterioraba, y en varias ocasiones se había salido de la carretera por quedarse dormido tras el volante tanto hacia como desde su trabajo.

Parecía que había elegido como modelo para su vida a su patrón, a quien consideraba que estaba en la cumbre. Quería tener tanto éxito como él. Me sugería que si podía pasar una hora con él y su amigo, viajarían a Dallas y yo podría conservar el cheque. Me explicaba que yo era una de las pocas personas que su amigo tendría voluntad de escuchar porque me respetaba.

Como dije, normalmente no doy consejería, pero la sinceridad del hombre me hizo sentir que tendría que hacer una excepción. Devolví el cheque y los invité a que vinieran a Dallas.

Comencé la entrevista asegurándome que el joven sí había identificado a su patrón, a quien consideraba en la cumbre, como su héroe y su modelo. Le pedí que me diera su definición de éxito. ¿Qué tendría que ser, hacer o tener, para estar en la cumbre?

Después de unos veinte minutos y aunque no en el mismo orden en que yo lo he hecho, identificó los ocho factores que he descubierto que la gente, a través del mundo, identifica con el éxito. Dijo que si él o cualquiera persona es feliz, tiene salud, es razonablemente próspero, se siente seguro, tiene amigos, paz mental, buenas relaciones familiares y esperanza de que las cosas continuarán así o mejorarán, podría considerar a esa persona como de éxito.

PREGUNTA: Si usted tuviese estas ocho cosas, ¿se consideraría una persona de éxito? Las probabilidades son buenas si responde afirmativamente.

USE UNA VARA DE MEDIR

L e sugerí al joven:
—Vamos a hacer algo que muy poca gente hace. Pongamos una vara de medir sobre su patrón para ver exactamente cuán exitoso es y si en realidad está en la cumbre.

Habíamos precisado lo que el joven consideraba que eran los ingredientes para el éxito. Teníamos identificado a su héroe. Entonces empecé con la lista, preguntándole dónde ponía a su patrón. Mi primera pregunta fue:

—¿Cuán feliz es?

Pensó un momento y luego dijo:

—Bueno, no creo que sea completamente feliz.

—Está bien —dije—, te creo y pondré una x donde no haya alcanzado la felicidad. Pero, ¿por qué cree usted que no es feliz?

—Es fácil. Rara vez lo he oído reír, casi nunca sonreír y tiene úlceras.

A eso, respondí:

—Bien, tomando en cuenta que muchas personas tienen úlceras no por lo que comen, sino por lo que se los está comiendo a ellos, eso me dice que tendremos que poner una x en el asunto salud y otra en paz mental.

Luego, señalé al joven que le había hecho una sola pregunta, pero su respuesta indicaba que su patrón había fallado en tres de las ocho cosas que cualquiera desea tener en la vida.

—¿Cuán próspero es su patrón? —le pregunté.

Se le dibujó una amplia sonrisa en el rostro, y dijo:

—Mire, él es muy próspero, y hace más dinero cada día.

—Muy bien, vamos a ponerle un sobresaliente en ese punto. Mi próxima pregunta es: ¿Cuán seguro se siente su patrón?

De nuevo sonrió, y dijo:

—Bueno, supongo que se siente muy seguro. Figúrese, ha logrado tener mucho dinero y está ganando más.

Ya que el joven igualaba la seguridad con el dinero, le conté la historia de un bien conocido político texano quien, en un momento, su riqueza se estimaba en 100 millones de dólares, pero después fue a la quiebra. Y la de un industrial cuya riqueza llegó a estimarse en medio billón de dólares y que ahora también estaba en la bancarrota. Le pregunté si comparaba a su patrón con aquellas personas. Sonriendo, reconoció que su patrón no tenía esa clase de dinero.

—Entonces —le dije—, vamos a poner un signo de interrogación sobre el punto de seguridad. ¿Le parece justo?

Estuvo de acuerdo. Luego le pregunté:

—¿Cuántos amigos tiene su patrón?

El joven pensó la respuesta por un momento, y luego dijo:

—En realidad no creo que tenga muchos amigos. Para ser sincero, yo no soy su amigo. Sólo trabajo para él y admiro lo que ha hecho.

Luego intentó una sonrisa y agregó:

—Para ser sincero, parece un poco pesado.

—Muy bien, vamos a poner otra x en esto de los amigos. —Y agregué—: Cuénteme algo de su familia.

Alzando las cejas, dijo:

—Bueno, su esposa está en proceso de divorciarse de él.

—Tendremos que darle otra x en buenas relaciones familiares —le respondí de la única manera que podía haberlo hecho.

Echemos otra mirada a las cosas que el joven identificó como características vitales de personas de éxito. Son felices; su patrón no lo era. Gozan de buena salud; su patrón, no. Son razonablemente prósperos; su patrón sí lo era. Tienen seguridad; pusimos un signo de interrogación en este aspecto. Tienen amigos; su patrón, no. Tienen paz mental; su patrón tampoco tenía esto. Tienen buenas relaciones familiares; de nuevo, su patrón no.

Cuando llegamos a la pregunta de la esperanza, el joven dijo que él creía que su patrón la tenía, pero sentía que se trataba de una falsa esperanza. Basado en el resto de la historia, estuve de acuerdo. Aquí también pusimos un signo de interrogación.

¡De las ocho medidas del éxito, el patrón del joven recibió un excelente en una, un signo de interrogación en dos, y un deficiente en cinco!

Entonces, le pregunté:

—Sabiendo lo que ahora sabe y usando la vara de medir para medir a su patrón, ¿quisiera cambiar su lugar con el de él?

Aunque pareció una eternidad, el joven no se tomó más de medio minuto para considerar cuidadosamente la pregunta. Luego, lentamente se puso de pie y me extendió la mano, al tiempo que decía:

—No. Definitivamente, no.

La entrevista terminó.

Déjeme hacerle la misma pregunta: ¿Cambiaría su lugar con el de su patrón? O, para ponerlo de otra manera, ¿daría usted todo lo que más quiere con tal de tener unos pocos billetes más en el banco? No lo creo.

El resto de la historia del joven tomará una vida completarla.

Pero me complace decirle que se cambió a un trabajo más tranquilo, dejó de matarse trabajando, y dos años después estaba haciéndolo mucho mejor en todas las áreas de su vida, incluyendo la financiera. Las cosas han mejorado sustancialmente en las relaciones en su hogar, e incluso un nuevo miembro ha venido a agregarse a la familia. Este es un ejemplo de verdadero crecimiento.

¿PUEDE REALMENTE TENERLO TODO?

Quizás su próxima pregunta sea: «Zig, ¿cree usted, sinceramente, que cualquiera (incluyéndome a mí) puede tener las ocho cosas que ha identificado?»

Mi respuesta es sí, con alguna calificación. No creo que cualquiera puede llegar a ser billonario o aun millonario, pero sí creo que cualquiera puede estar en la cumbre, que es hacia donde usted se debe dirigir.

> **«El dinero comprará cualquier cosa para mi familia, pero no puede comprar su amor».**

Confieso que una vez estuve como el joven que igualaba la seguridad con el dinero y el dinero con el éxito. Pude ayudarle a ver que su perspectiva estaba desenfocada porque la vida me ha enseñado que la verdadera satisfacción y el éxito total vienen de las cosas que el dinero no puede comprar. No me malentienda. Me gustan las cosas que se pueden comprar con dinero, y apostaría que a usted también. Me gusta la ropa fina, una hermosa residencia, automóviles confortables, vacaciones que realmente permitan descansar, membresía en un club campestre de categoría, y así por el estilo. Pero, amo las cosas que el dinero no puede comprar. Puede comprarme una casa, pero no un hogar; una cama, pero no una noche de sueño apacible; placer, pero no felicidad; un tiempo grato, pero no paz mental; un acompañante, pero no un amigo.

Si usted busca primero nivel de vida (dinero), probablemente gane grandes sumas, pero no tendrá ninguna garantía que su calidad de vida mejorará. Sin embargo, si busca primero calidad de vida, su nivel de vida inevitablemente irá subiendo. Con este criterio, llegará al final del camino de su vida con más de las cosas que el dinero puede comprar y muchísimo más de las que el dinero no puede comprar.

Lo desafío a que cuidadosamente revise los catorce puntos identificados al principio del primer capítulo y en cada uno, vaya haciéndose esta pregunta: Si estoy en la cumbre, ¿tendré o tengo las ocho cosas que Zig ha identificado a través de la primera parte del capítulo 2? Un detenido análisis lo convencerá que con la posible excepción de salud y prosperidad, su posición en la cumbre le garantizará las otras seis, y probablemente tendrá mejor salud y será más próspero. Una gran enfermedad o incapacidad puede dañar su salud física o financiera, pero usted puede alcanzar salud emocional y espiritual. Y la elección de su vocación, tal como ser un ministro, un profesor o un trabajador social puede limitar sus ingresos, pero con paciencia, economía y buenas decisiones, puede definitivamente ser más próspero. Sé que estoy prometiendo bastante, pero *En la cumbre* es el libro de instrucción que le brinda el plan de juego que puede hacer en su vida realidad estas promesas.

YO LO HICE, USTED TAMBIÉN PUEDE

Creo esto porque en alto grado lo he alcanzado. Puedo decirle sinceramente que cuando escribí *Nos vemos en la cumbre* creía que la vida era bella, y lo era, comparada con lo que había experimentado hasta entonces. Pero, comparada con el lugar donde me encuentro hoy, debo decir que en aquel tiempo apenas estaba comenzando a vivir. La profundidad y amplitud de cada faceta de mi vida hoy ha sobrepasado cualquier concepto que me pude imaginar veinte años atrás.

Nos vemos en la cumbre fue el trampolín para la vida que

vivo hoy. Mis relaciones son más profundas, más personales y amorosas y mucho más abiertas.

> *«Por años estuve tan involucrado en aprender y enseñar que fui incapaz de sentarme, relajarme, recibir y disfrutar el amor y la atención que decía a mis lectores que dieran a otros».*

En *Nos vemos en la cumbre* prometí que usted puede tener en la vida todo lo que quiera si sólo ayudaba a otras personas a obtener lo que ellos querían. Debido a que seguí mis propias instrucciones (aun inconscientemente), puedo decir con toda sinceridad y con gratitud que la filosofía funciona. Tengo las cosas que el dinero puede comprar, y también las que el dinero no puede comprar.

¡SORPRESA, SORPRESA!

No debería haberme sorprendido de que la filosofía resulta, pero, en cierto grado, así fue. Mi énfasis estaba en ayudar a los que oían mis conferencias, leían mis libros o escuchaban mis grabaciones, y en realidad no di mucho pensamiento consciente a dónde estaba «yo» en relación con esa promesa.

Uno por uno los miembros de mi familia señalaron los cambios que veían en mi vida. Sus comentarios eran positivos. Decían que me veían más relajado, más tranquilo y más preocupado por ellos. Me veía más feliz, más saludable y más contento como no recordaban haberme visto. A mi familia le era más fácil hablar conmigo sobre asuntos sociales sin llevar yo la conversación a negocios o a un nuevo proyecto, como había ocurrido en el pasado.

Como uno de los resultados, participé mucho más en reuniones familiares. Siempre estaba dispuesto para charlar, y no se necesitaba una emergencia para conseguir mi atención. Notaron que tenía más amigos reales (no meramente conocidos) que nunca antes. Debido a discusiones en profundidad acerca de asuntos que alguna vez consideré negativos, mis hijos me acusaron de ser realista y me agradecieron por dar valor a sus sentimientos.

¿Si no he sido realista antes, entonces qué he sido? La pregunta me lleva a analizar dónde comencé para llegar adonde estoy ahora. ¿Cuál fue la diferencia?

¿La diferencia? Yo estoy *Más allá de la cumbre*. Y es fantástico. La constante lucha ya terminó, pero mejores esfuerzos mantienen una permanente parte de mi vida y mis metas son más ambiciosas que nunca.

La buena noticia para usted es esta: No conservo derechos exclusivos sobre esta posición, ni tampoco la gente que identifico como que está *Más allá de la cumbre*. Hay lugar para usted. Es un hecho, mientras más personas vamos hacia la cumbre y lleguemos allá, más fácil será para nuestros amigos y seres queridos seguir nuestro ejemplo. La clave para establecerse en la cumbre es esta: Ayude lo suficiente a otras personas a lograr lo que quieren. Este es un viaje que usted no puede hacer por sí solo.

> La clave para establecerse en la cumbre es esta: Ayude lo suficiente a otras personas a lograr lo que quieren.

«Pero, Zig», dice usted, «yo pensé que este libro sería diferente. Usted me lo dijo en *Nos vemos en la cumbre* y en todos los demás libros que ha escrito. Y lo repite cada vez que se para a hablar».

Lo hice y lo hago. Fue verdad entonces y es verdad ahora. Lo diferente con *Más allá de la cumbre* es que este libro no simplemente establece la verdad; la examina detenidamente, la explica, la valoriza, la verifica y la prueba.

¡OH, SÍ, USTED PUEDE!

Ahora, en el caso de que se pregunte si puede o no realmente tener todas estas cosas maravillosas que he mencionado, le voy a hacer algunas preguntas que le harán pensar. Luego, le retaré con un ejemplo que comenzará el proceso de convencerlo de que usted ya tiene todo lo que se necesita para llegar a la cumbre y ser más exitoso.

PRIMERO, la pregunta que sólo usted puede responder: ¿Me siento satisfecho donde estoy respecto a los ocho requerimientos de la vida (felicidad, salud, razonable prosperidad, seguridad, amigos, paz mental, buenas relaciones familiares, esperanza)? SEGUNDA PREGUNTA: Si en los siguientes cinco, diez y veinte años continúo haciendo lo que he venido haciendo en los últimos cinco, diez y veinte años, ¿estaré satisfecho con lo que soy, dónde estoy y lo que tengo?

Si su respuesta es no, tranquilo. Las respuestas sobre cómo cambiar, las que debe hacerse para estar satisfecho con usted mismo, con dónde está, y con lo que tendrá en el futuro, ahora están en sus manos. Sólo que en caso de que erróneamente usted crea que puede experimentar cambio sin modificar lo que está haciendo, déjeme darle un dicho favorito de los miembros de Alcohólicos Anónimos: la demencia hace las mismas cosas una vez tras otra, esperando resultados diferentes.

PRÓXIMA PREGUNTA: ¿Es usted una persona sincera con al menos una inteligencia razonable? Seguro que contestará que sí y quizás hasta se extrañe por qué hago esta pregunta. Como persona sincera, ¿trabaja el día antes de salir de vacaciones lo que normalmente alcanza a hacer en dos, tres, cuatro o aun cinco días? Posiblemente nunca antes se ha hecho esta pregunta, pero ahora que la tiene ahí necesita saber por qué hace más el día antes de salir de vacaciones y si puede duplicar ese esfuerzo sobre una base diaria.

Comienzo con una profunda afirmación que permanecerá en su memoria. La noche de aquel último día antes de salir de vacaciones usted hizo una lista exacta de lo que tenía que hacer en el trabajo al día siguiente. Esto es fijar una meta de corto alcance y enfatizo que se la fijó fuera del trabajo. Segundo, organizó y priorizó esa lista en orden de importancia. Tercero, aceptó la responsabilidad por hacer su trabajo, para no dejar una carga adicional a sus compañeros durante su ausencia. Cuarto, hizo el compromiso que sí, en realidad, lo iba a dejar hecho.

> **Lo que usted haga fuera del trabajo juega un rol muy importante en cuanto a lo lejos que pueda llegar en el trabajo.**

(Mucha gente hace compromisos con la excitación de un piloto kamikase en su treintinueveava misión.)

Quinto, cuando llegó a su trabajo al día siguiente, determinó concentrarse en lo que tenía que hacer. La importancia de concentrarse me la dio Roger Staubach, ganador del trofeo Heisman y del equipo de los Dallas Cowboys en una reciente conversación que tuvimos. Me dijo que siempre obtenía mejor puntación en Annapolis durante la temporada de fútbol que en cualquiera otro tiempo. Su tiempo era tan limitado que tenía que organizar, concentrarse y hacerlo. Eso es exactamente lo que usted hace el día antes de salir de vacaciones.

Sexto, al darse cuenta que trabajando más estrechamente con sus colegas podría hacer más que si lo hiciera solo, llegó a ser parte de un equipo. *Equipo*, según Mary Lou Retton, la gimnasta que ganó medalla de oro en los Juegos Olímpicos de 1984 forma un acróstico que dice: *Together Everyone Achieves More* («Juntos, cada uno logra más»). ¡Cuán verdadero es eso!

Séptimo, se disciplinó para realizar el trabajo que tenía que hacer. Cuando otros trataron de comprometerlo en cosas que le distrajeran de su tarea, amablemente se excusó y siguió trabajando. Octavo, trabajó con más entusiasmo porque, con una excitante y claramente definida meta a la vista, quería estar en condiciones de disfrutar las vacaciones sin ningún sentimiento de culpa por haber dejado algo sin hacer y porque otro tendría que completarlo.

Noveno, como resultado de los pasos anteriores, estaba absolutamente convencido de que terminaría su tarea, por lo que apareció en su camino una actitud de pensamiento positivo (APP). Décimo, como resultado, llegó a ser más competente en la ejecución de sus responsabilidades. Luego, se sintió tan bien acerca de lo que era capaz de alcanzar que su confianza y autoimagen subieron muy alto, lo que resultó en una actitud de estar en la cumbre.

Siempre se sentirá bien con usted mismo cuando haga lo mejor, y eso es exactamente lo que esta actitud le permite hacer. Por favor, note que usted trabajó más inteligentemente, no más fuerte.

Las diez razones que he anotado explican por qué logra hacer más el día antes de salir de vacaciones. Por favor, recuerde que su superior productividad fue el resultado de mirar hacia adelante, hacia la salida de vacaciones. Es fácil crear energía acerca de algo que se quiere, sea una vacación, o la sola realidad del empleo que tiene y que le hace posible la misma. Déjeme explicarle.

¿SEGURIDAD DE TRABAJO? NO; ¿SEGURIDAD DE EMPLEO? SÍ

Una cosa que fue obvia para cualquier observador cuidadoso a finales de los años 80 fue la desaparición de la seguridad de trabajo. Cuando usted mira a la cantidad de grandes compañías tradicionales que tuvieron que despedir a cientos —y aun miles— de trabajadores, es impactado fuerte y claramente.

Sin embargo, hay seguridad de empleo, y esto es importante. En el clima incierto de trabajo, si usted trabaja cada día como el anterior a sus vacaciones, cada empleador con quien he hablado —y es un gran número— me asegura que su seguridad de empleo aumentará sustancialmente. ¿Se puede imaginar a un patrón despidiendo a un empleado que viene cada día a trabajar con la actitud con que se viene a trabajar el día antes de salir de vacaciones?

Personalmente, no puedo, y creo que usted tampoco. He aquí un ejemplo clásico.

La gente dedicada tiene seguridad de empleo

Mi yerno, Richard Oates, es superintendente para una de las más grandes compañías de construcción de casas en la nación.

Ha estado con ellos durante cinco años, y nunca ha llegado tarde al trabajo, a pesar del mal estado del tiempo, problemas con el auto, el tráfico, accidentes u otras demoras. Su trabajo lo entusiasma tanto que lo que labora de un día es mayor que la paga que recibe. Solo durante cuatro días ha dejado de ir al trabajo por causa de enfermedad, y no ha usado un promedio de tres días de sus vacaciones por año.

Mientras la compañía exista, estas acciones y actitudes producirán verdadera seguridad en el trabajo. Para ser realistas, hay algunas cosas que usted no puede controlar aunque ponga en ello sus mejores esfuerzos, pero considere esto: Si su compañía se fuera a la quiebra, ¿qué clase de recomendación cree que conseguiría de su empleador? Recuerde ahora que Richard ha demostrado lealtad, seriedad, puntualidad, entusiasmo, una actitud de cooperar al trabajo de equipo y muchas otras virtudes.

PREGUNTA: ¿Le parece que él sería la clase de persona con la cual disfrutaría trabajando, o que le gustaría tener como empleado? PREGUNTA: ¿No le da eso seguridad en el empleo? PREGUNTA: Adoptar esa misma actitud y desarrollar esas mismas virtudes ¿no le darían seguridad en el empleo?

ÚLTIMA HORA: Cuando este libro entre en la imprenta, Richard habrá aceptado una mejor oportunidad con *The Zig Ziglar Corporation*.

Seguridad de empleo = no termine sus estudios

Un clásico ejemplo de alguien que no ha puesto fin a su educación es la mujer que ha mecanografiado todas estas palabras que usted está leyendo. Laurie Magers ha sido mi asistente administrativa por diecisiete años. Cuando llegó a trabajar, venía con menos que la educación secundaria, pero entendió claramente que continuaría su educación como lo hizo desde el momento que dejó la escuela para entrar a trabajar. Es una ávida lectora y una buena estudiante del vocabulario. Regularmente asiste a conferencias y seminarios, y esto lo ha estado haciendo por años.

RESULTADOS: Recientemente llevamos a cabo una evaluación

comprensiva para el personal clave de nuestra compañía, y Laurie superó levemente el promedio del nivel de maestría en educación. (Un estudio de la Escuela de Medicina de la Universidad de Georgetown reveló que en el cien por ciento de los casos, cuando una persona mejora su vocabulario, su cociente de inteligencia aumenta.) Para mí, esta afirmación es muy importante. Porque Laurie continuó su educación dentro y fuera del trabajo, no sólo tiene seguridad laboral en nuestra compañía, sino seguridad de empleo, si algo le llegara a pasar a nuestra compañía.

AHORA LE TOCA A USTED

Si usted es un fanático del fútbol, reconoce el nombre de Jeff Hostetler. Si es un fanático intransigente, sabrá que jugó de lanzador para los Gigantes de Nueva York antes de ser contratado como agente libre por Los Angeles Raiders. Los primeros cuatro años que estuvo en la liga, había lanzado solamente sesenta y ocho pases en la temporada regular de la NFL (National Football League). Cuando iba terminando su séptima temporada, había lanzado menos de doscientos pases, y ninguno había sido decisivo en el resultado de algún juego. Entonces Phil Simms, el lanzador abridor se lesionó, y el entrenador Bill Parcells, mirando a la banca de reservas, dijo: «Bien, Jeff, ahora te toca a ti».

Jeff Hostetler se paró, se puso su casco, entró corriendo al campo, y llevó a su equipo a la victoria no sólo en ese partido sino en los que quedaban de la temporada, e incluso del Super Bowl. Ese año, los Gigantes, con Jeff como lanzador, ganaron el campeonato del mundo.

Supóngase que cuando el entrenador lo llamó, Jeff hubiese dicho: «Un momento, entrenador, primero me pondré en condiciones».

Aunque nunca he hablado personalmente con él, estoy seguro que sintió que estaba listo para abrir después de dos o tres años en la liga. Basado en informes de prensa y en su éxito desde entonces, sé que él estaba listo a abrir después de cuatro o cinco años en la liga.

Considere esto: Lo que usted haga fuera del trabajo es factor determinante de cuán lejos pueda llegar en él. (¿Recuerda la meta que se puso la noche del último día antes de salir de vacaciones?) Comenzamos con el supuesto que mientras está en el trabajo, está trabajando y dando lo mejor de sí. Para eso es para lo que le están pagando, y su integridad demanda tal clase de comportamiento.

Sin embargo, si va a salir adelante en ese trabajo, sus actividades y preparación fuera del trabajo serán factores determinantes. Cada atleta, cantante, bailarín o estelar de cine o de la televisión entiende claramente eso. Médicos de éxito, dentistas, profesores, conferenciantes, planificadores financieros o abogados entienden que lo que hacen antes de conseguir sus clientes o pacientes determina cuán efectivos serán cuando ellos lleguen. En el

> **Lo que haga fuera del trabajo es factor determinante de cuán lejos puede llegar en él.**

caso de Jeff Hostetler, ¿qué estuvo haciendo durante esos casi siete años antes de que se le diera la oportunidad de abrir?

ESTÉ LISTO: LA OPORTUNIDAD ESTÁ ALLÍ

Jeff fue completamente leal a su compañero estelar, al entrenador y al equipo. No estaba llamando constantemente a conferencias de prensa para decir que él sería el lanzador abridor. Por el contrario, vagaba por los bordes del campo, dándole las jugadas a Phil Simms, el lanzador abridor. Durante los períodos de descanso, tanto como en el medio tiempo, si veía algo en la defensa que Phil Simms hubiese podido pasar por alto, se lo decía. En resumen, era un consumado jugador de equipo.

Durante esos siete años, lanzó miles de pases a través de un neumático movible. Trabajó con sus recibidores abiertos y corredores en innumerables sesiones de práctica, perfeccionando y puliendo sus habilidades. Levantó toneladas de peso, hizo cientos de ejercicios, trotó muchas, muchas millas e hizo numerosas carreras de velocidad. Literalmente pasó cientos de horas estudiando los libros de juego, estudiando no sólo su propia ofensiva y su defensa, sino las defensas de los equipos oponentes.

Trabajó todo el año, incluyendo el período de fuera de temporada. Durante la temporada, estuvo en cada sesión de práctica, y cada semana era el lanzador explorador, o jugaba el rol de lanzador oponente. Cada semana estaba bajo presión por parte de sus propios compañeros de equipo al tratar de hacer las sesiones de práctica tan reales como las de juego.

Entonces un día, cerca de siete años después de haberse hecho miembro del equipo, Phil Simms se lesionó, y el entrenador le dijo: «Muy bien, Jeff, ahora te toca a ti». Me imagino que al momento de ponerse el casco y salir al campo de juego pensaría: *Esta es la mía. Para esto me he venido preparando por todos estos años.*

PREGUNTA: ¿Cómo se prepara usted durante su tiempo «fuera de temporada» (después de las horas de trabajo)? Si, cuando al día siguiente usted llega al trabajo y su jefe inmediato lo llama para decirle: «Muy bien, Sally (o Jim), ahora le toca a usted» ¿tendría que decir: «Espere un momentito; tengo que prepararme»? ¿O saltaría y diría: «Esto era lo que estaba esperando; estoy listo»?

NO SIEMPRE LA RESPONSABILIDAD ES SUYA

A pesar de su habilidad, entrega, intenciones, integridad, fe, arduo trabajo y planificación, hay aún una cantidad de instancias y circunstancias que son parte de la vida y sobre la cual usted no tiene control. Cuando estas cosas le ocurren y desarrolla un moderado (o severo) caso de pensar pesimista y empieza a creer que la vida es injusta y que usted es una víctima, le insto a que lea estas páginas de nuevo y piense cuidadosamente acerca de la siguiente analogía y ejemplo.

En muchas maneras, la vida es como una competencia atlética, un juego de ajedrez, un negocio o un matrimonio. Hay veces cuando usted necesita jugar a la ofensiva y hay veces cuando necesita jugar a la defensiva. Toda la información en este libro está escrita para ayudarle a tratar cualquiera cosa que le suceda (cambio en la economía, serio daño físico o enfermedad, desastre natural, compañeros que se van) *a* usted. También le animará y le instruirá sobre cómo hacer que las cosas ocurran *para* usted. Esta información es el mejor plan de juego para reducir las cosas que le van a suceder. Los siguientes ejemplos hipotéticos pueden ser aplicados a varias otras áreas de la vida.

ESTO NO PUEDE SUCEDER

Supongamos que lo imposible ocurre y los Dallas Cowboys van a la bancarrota. El propietario Jerry Jones reúne a los jugadores, les da la mala noticia y les dice que desde ese momento están oficialmente desempleados. ¿Cree usted que sea una buena posibilidad para que Emmit Smith, Troy Aikman, Nate Newton, Michael Irvin, Jay Novacek y los demás puedan encontrar trabajo en otros equipos de la NFL? (Si no tiene ningún interés en el fútbol profesional, puede pedir ayuda a cualquier aficionado respecto a esta pregunta.)

¿Encontrarían estos jugadores trabajo en otros equipos porque son exjugadores de los Dallas Cowboys, o por su habilidad, experiencia, entrega y actuación? Ya que la respuesta es obvia, ¿no es más claro que el cristal que su seguridad de empleo está básicamente en *sus* manos, y que ella depende primeramente de su habilidad, actitud, experiencia, compromiso y actuación? PENSAMIENTO: Su seguridad de empleo tiene una conexión directa con sus relaciones familiares, así el rendimiento en el trabajo tiene una conexión directa con el balance en su vida. Piense en estos hechos mientras pasamos al capítulo siguiente.

Finalice esta página, luego deténgase en la lectura y entre en acción, lo cual es el único camino para beneficiarse de los conceptos de *Más allá de la cumbre*.

Paso de acción 1: En una tarjeta de 3 x 5 pulgadas empiece a desarrollar una actitud como la del día antes de salir de vacaciones respecto de la vida, escribiendo estas palabras en ella:

Yo, _____, soy honesto, inteligente, responsable, organizado, fijo metas, soy un individuo comprometido cuyas prioridades están firmemente establecidas. Soy centrado, disciplinado, entusiasta, de pensamiento positivo, decidido a correr una milla extra, competente, activo, con concepto de equipo, abridor nato, determinado a desarrollar y usar todas estas virtudes de liderazgo en mi vida personal, familiar y de negocios. Estas son las virtudes de un ganador, para lo cual nací.

Paso de acción 2: Varias veces al día, lea lentamente estas afirmaciones positivas y espere resultados positivos.

P.S. Al final del capítulo 8 usted entenderá claramente por qué esto es tan poderoso y de tanto beneficio.

3

La responsabilidad es suya

Asumir la responsabilidad por su conducta, sus gastos y sus actos y no suponer siempre que la sociedad debe perdonarlo porque «no es culpa suya», es la virtud más necesaria en el siglo venidero.
Barbara Tuchman, dos veces ganadora del Premio Pulitzer

Comienzo mis seminarios con esta pregunta, inspirada en una de las páginas del libro del sicólogo Bob Wubbolding: ¿Cuántos de ustedes creen que no obstante lo mal que ande en estos momentos su vida personal, familiar y de negocios, aún hay algunas cosas que podrían hacer para empeorarla? PRÓXIMA PREGUNTA: ¿Cuántos de ustedes creen que sin importar cuán buena sea su vida personal, familiar y de negocios, aún hay algunas cosas que pueden hacer para mejorarla? Preguntas ridículas, ¿no le parece? Ahora, las elecciones que usted necesita hacer son obvias, ¿verdad?

Al reflexionar en estas preguntas, si cree sinceramente que hay algo que pueda hacer que su vida sea mejor, o peor, usted ha llegado a una profunda conclusión. Es esta: «No importa cuán mala sea mi vida, no importa cuán buena sea mi vida, hay algo que puedo hacer para cambiarla, y la decisión es mía».

Lo que en realidad está diciendo es: «Asumo la responsabilidad por mi futuro». Este es un gran paso, porque lo saca a usted del «juego de la culpa» y lo pone directamente en el camino para ser más, hacer más y tener más.

Por eso, si es sincero al aceptar y asumir la responsabilidad por su futuro, está a un paso de lograr cambios monumentales y serios progresos en su vida. Usted ha decidido asumir la responsabilidad por sus actos, lo cual realmente significa que está aceptando la responsabilidad por su futuro. En importancia, eso es como un terremoto, porque mientras usted no acepte responsabilidad por su futuro, éste estará en manos del azar y el azar es un cruel seductor.

PLANEAR-PREPARAR-ESPERAR

Para ir a la cumbre, usted tiene que planear la victoria, y el plan tiene que ser bueno. La buena noticia es que usted había empezado bien, aun antes que tuviera suficiente edad para tomar decisiones. Su arribo fue bien planificado allá, en la eternidad. Su madre y su padre quizás no hayan planeado específicamente tenerlo a usted, ni pensado que el tiempo era o no el más adecuado, pero amigo, le aseguro que usted es el ganador que se planeó que sería. El siguiente ejemplo lo dice muy bien.

Escuche al conferenciante James Parker: «Su nacimiento, que obviamente ocurrió a pesar de las probabilidades de más de un millón contra uno, significa que usted llegó a ser un ganador aun antes de haber nacido. Un esperma "vio" un huevo, lo persiguió, hizo la conexión y usted empezó a ser».

Piense en que nunca más va a enfrentar probabilidades aparentemente insalvables. Usted ya ha ganado el premio gordo, ya es la persona que debe ser, y a través de *Más allá de la cumbre*, aprenderá cómo desarrollar el correcto plan y ganar muchas pequeñas batallas que, acumulativamente hablando, le asegurarán la victoria en el gran juego de la vida.

Bobby Knight, entrenador jefe de baloncesto y ganador de tres campeonatos nacionales en la Universidad de Indiana, con toda precisión afirma que «la voluntad de ganar no es nada sin la voluntad de prepararse para ganar». Tiene razón.

PENSAMIENTO: Ahora es el momento de anotar el plan de juego. Cuando estas tres palabras —*planear, prepararse* y *es-*

perar— entran en acción, determinan su hoy y su mañana. Si usted no está feliz con el nivel de éxito que ha experimentado hasta ahora, tiene que cambiar sus planes y su preparación para el futuro tanto como sus expectativas. Para sobresalir, debe eliminar falsas asunciones y evitar conductas destructivas.

¿HACE LA CIUDAD LA DIFERENCIA?

Algunas de las respuestas bien podrían ser resumidas en un informe publicado por la revista *Forbes* en uno de sus números de 1987. Un estudio a empresarios reveló que invariablemente aquellos que hicieron dinero, lo lograron después de haberse trasladado a una nueva ciudad. Ahora, antes que empiece a hacer las maletas, permítame señalarle que algunos de ellos hicieron su dinero cuando se trasladaron de Boston a Chicago. Sin embargo, otros hicieron dinero cuando se trasladaron de Chicago a Boston. Algunos, cuando se fueron de Dallas a Denver; y otros, cuando se fueron de Denver a Dallas.

«Usted puede planear, preparar, esperar y hacer el compromiso correcto donde está, haciendo exactamente lo que está haciendo».

El punto es que en la mayoría de los casos, la ciudad no fue el factor determinante. «Pero, espere un minuto, señor Ziglar», puede decirme, «usted acaba de indicar que ellos hicieron su dinero después que se trasladaron de ciudad». Correcto. Pero lo hicieron porque planearon hacer dinero en la nueva ciudad. Se prepararon para ganar dinero, y por lo tanto, legítimamente, esperaron hacerlo. Y no solo eso, sino que se comprometieron a hacerlo. REALIDAD: No tiene que dejar su asiento para prepararse, planear y esperar.

Cuando usted gasta tiempo planeando y preparándose para el futuro, inconscientemente está delineando su misión en la vida. Toda vez que usted es responsable de su futuro y no quiere dejarlo a la casualidad, permítame animarle a que esté consciente de la misión que sus planes representan. Puede hacer esto escribiendo resueltamente la declaración de su misión.

El siguiente ejemplo y parábola le ayudará a entender por qué es importante para su éxito y por qué es una característica de la gente que está en la cumbre desarrollar su propia declaración de misión.

MISIÓN POSIBLE

La declaración de misión de la Corporación Zig Ziglar es:

> *Ser el hacedor de las diferencias en la vida personal, familiar y de negocios de tantas personas como para hacer una diferencia positiva en los Estados Unidos y el mundo.*

Reconozco que se trata de una tremenda declaración de misión, y para una compañía de nuestro tamaño pudiera parecer algo demasiado grandioso. Sin embargo, estoy convencido que cuando usted concluya la última página de este libro, estará endosando entusiastamente nuestra declaración de misión y participando en ella. He aquí el porqué.

La historia se refiere a un abuelo caminando con su nieto por la playa. El abuelo, de vez en cuando se agacha, recoge un caracol y lo arroja al mar. Después de un rato, el niño le pregunta: «Abuelito, ¿qué estás haciendo?» Y el abuelo, con una sonrisa, le dice: «Mira, hijo. Estos caracoles son organismos vivos, y si no los devuelvo al mar, morirán por el sol».

> **Cuando usted hace cambios para mejorar su mundo, está en una perfecta posición para cambiar el mundo de los que le rodean.**

El nieto replica: «Pero abuelito, ¡hay miles y miles de ellos! ¿Qué diferencia puede hacer que tú lances unos pocos al mar?»

El abuelo, tranquilamente, vuelve a agacharse, recoge otro caracol y lo lanza al mar, diciendo: «Para ese, es toda la diferencia del mundo».

MENSAJE: Es posible que usted no pueda cambiar el mundo, pero cuando cambia *su* mundo, ha dado un importante paso para cambiar *el* mundo. Cuando usted hace cambios para mejorar su mundo, está en una perfecta posición para cambiar el mundo de los que le rodean.

USTED ES UN FACTOR DE DIFERENCIA

Alguien dijo que ninguna gota de lluvia es responsable de una inundación, ni un copo de nieve de una ventisca, aunque en realidad cada uno contribuye con su parte. Desafortunadamente, demasiada gente alza sus brazos y dice: «¿Qué puedo hacer yo?» Hablando en sentido figurado, usted puede devolver el caracol al mar y permitirle vivir. Puede agacharse y extender una mano de ayuda a la gente en necesidad. Puede hablar y ser alguien que dé ánimo, no sólo a los que viven a su alrededor, sino a través de ellos influir a incontables otras personas. La vida que usted vive hace un real impacto.

UN EXTRAORDINARIO CONFERENCIANTE UN MÁS EXTRAORDINARIO HOMBRE

Uno de los hombres más extraordinarios que jamás he conocido es Charlie Wedemeyer, de Los Gatos, California. Charlie entrenó al equipo de fútbol de secundaria de Los Gatos en el único campeonato del estado que han ganado. Recuerdo el día cuando asistí a un entrenamiento con él y su equipo. Sosteníamos una larga conversación junto al campo y de vez en cuando un asistente corría y hacía preguntas sobre movimientos ofensivos y defensivos. Por ejemplo: «¿Cómo podemos hacer para evitar un bloqueo en esa jugada?» Sin dudar un segundo, Charlie, que había estado observando atentamente durante toda nuestra conversación, decía lo que había que hacer. Unos momentos después, otro entrenador llegaba con otra pregunta, y de nuevo, Charlie tenía una respuesta para él.

Lo maravilloso es que las únicas partes del cuerpo que puede mover son sus ojos y su boca. Charlie Wedemeyer sufre del Mal de Lou Gehrig. Esta enfermedad lo ha afectado de tal manera, que de su boca no sale sonido alguno. Su esposa, Lucy, es su intérprete. Ella lee sus labios y entrega el mensaje.

Charlie tiene la más extraordinaria actitud y el más grande sentido del humor que yo jamás haya visto. Aunque resulta difícil hacer arreglos para que viaje, regularmente habla en escuelas, a gente de negocios, en prisiones y en iglesias. Tiene algo que decir, y Lucy lo verbaliza ante su audiencia. Quizás sea el único conferenciante en los Estados Unidos que no puede hablar. Sin tener que decirlo, su vida y su esposa comunican un poderoso mensaje de esperanza, amor y espíritu de perseverancia. Ambos tienen una pasión por marcar la diferencia.

LA VICTORIA DE CHARLIE

El 29 de mayo de 1992, Charlie fue honrado en los Estados Unidos como el «Inválido del Año». Se había programado que estuviera presente el Presidente Bush, pero a último minuto tuvo que cancelar su participación. En su discurso de aceptación, Charlie lamentó que el presidente no estuviera porque específicamente le iba a decir: «Lea mis labios». No necesito decirle que cuando Lucy comunicó el mensaje de Charlie, ¡la casa se vino abajo! ¡Qué inspirado equipo hacen!

El ejemplo de Charlie, de compromiso y valentía, mantiene una inquebrantable actitud hacia la vida y es una inspiración para, literalmente, millones de personas. Su libro, *Charlie's*

Victory levantará el ánimo a cualquiera que haya estado siquiera un poco desalentado. Puedo asegurarle que cuando lea su historia, su PY (síndrome de «pobrecito yo»), si por alguna razón padece de él, mejorará dramáticamente.

Cuando mira a Charlie y sabe que fue el «Atleta de la Década» de los años sesenta en Hawai, se da cuenta que este hombre, que una vez fue tan dotado atléticamente y que ahora está reducido a sólo mover sus labios, realmente es alguien que usa al máximo lo que tiene y no se queda a lamentarse por lo que perdió. Tiene muchas virtudes sobresalientes, pero a la cabeza de la lista están la fe, el valor, una actitud mental positiva (AMP) y un gran sentido del humor. Charlie es, además, un tremendo comunicador, un extraordinario jugador de equipo y un montón de cosas más. Cuando usted ve a Charlie y habla con él, se da cuenta que su misma vida es una inspiración, y hace que desee hacer más con lo que tiene. Dondequiera que él va, estudiantes, presos y gente de negocio, están de acuerdo que la vida de Charlie Wedemeyer es una profunda afirmación.

ZIG, ES QUE USTED NO ENTIENDE

Solo en el caso que usted tuviera una ligera presencia del síndrome de PY y dijera: «Pero Zig, usted no entiende nada de mi pasado. Yo no soy como Charlie Wedemeyer. Déjeme decirle lo que me ha ocurrido a mí y por qué, probablemente, mi vida nunca dejará huella alguna», tengo una mejor idea. En lugar de explicarme por qué no funciona para usted, déjeme decirle cómo ha funcionado para otros.

Un estudio de trescientos dirigentes a nivel mundial, incluyendo a Franklin D. Roosevelt, Sir Winston Churchill, Helen Keller, Mahatma Gandhi, la madre Teresa y Martin Luther King, Jr., reveló que el veinticinco por ciento de ellos tuvo serias incapacidades físicas y un cincuenta por ciento o fueron abusados cuando niños o crecieron en medio de la pobreza.

Esos líderes respondieron (positivamente) en lugar de reaccionar (negativamente) a lo que les había ocurrido. Recuerde:

Lo que va a hacer la diferencia en su vida no es lo que le sucede, sino cómo lo enfrenta.

El padre de Neil Rudenstein fue un guardia de prisión y su madre una mesonera a tiempo parcial. Hoy, el Dr. Neil Rudenstein es presidente de la Universidad de Harvard. Él dice que desde muy temprano en la vida aprendió que hay una correlación entre el comportamiento y la recompensa. Rudenstein y los trescientos dirigentes mundiales aprendieron personalmente que lo importante no es dónde se comienza sino dónde se termina.

> **Lo importante no es dónde se comienza sino dónde se termina.**

EL REMEDIO PARA EL MAL DE PY

En 1990 hablé en Colorado Springs para la *National Quality and Business Development Foundation*. Otro conferenciante en la plataforma era un joven estudiante universitario llamado John Foppe. Quedé tremendamente impresionado que el joven, de solo veintidós años de edad, pudiera hablar tan directa y entusiastamente a los más altos ejecutivos de las más grandes compañías de todo el mundo. Aun con la presencia de almirantes, generales y el secretario de Defensa entre la audiencia hizo un maravilloso trabajo.

Decidí conocerlo mejor, y en los últimos años he sabido que es uno de ocho muchachos en su familia, que terminó la universidad en tres años y medio y que se graduó con altos honores. Habla en escuelas secundarias, iglesias y audiencias de hombres de negocio por todo el país. Hoy en día, es uno de los jóvenes más capaces que jamás haya visto y, además, tiene un gran sentido del humor.

Es una inspiración conocer y observar a John. Nació sin sus dos brazos. Verlo manejar un automóvil es algo impresionante.

Se afeita, hace café, cocina huevos con tocino y hace virtualmente cualquier cosa de las que hacemos todos los días.

Algo que la mayoría de nosotros no podemos hacer es dibujar bien. También es un talentoso artista. Una de mis más codiciadas posesiones es un retrato mío que John pacientemente dibujó y coloreó. Ocupa un lugar destacado en mi oficina privada. He aquí un joven que ha aprendido a adaptarse y a destacarse en un grado extraordinario.

Como mucha gente, hubo un punto en la vida de John en el que un incidente tuvo un dramático impacto en él. Cuando tenía diez años de edad, su madre, creyendo que algún día abandonaría el hogar y tendría que valerse por sí mismo, decidió poner fin a toda la ayuda que había venido recibiendo de sus hermanos. John, como resultado de tan repentino cambio, empezó a hacer pucheros y a patalear. Su madre, sin decir una palabra, puso una columna del periódico delante de él. Era la historia de una pequeña niña que tampoco tenía brazos, pero que tampoco tenía pies. John dice que ese fue el día que él comenzó a fijarse en lo que tenía en lugar de en lo que no tenía.

En ese momento, John Foppe empezó a crecer y a madurar. Hoy asegura a sus audiencias dondequiera, que todos en alguna medida somos incapacitados, pero la gente en la cumbre desarrolla y usa lo que tiene para llegar a ser vencedores, que es para lo que nacieron.

CONDICIÓN O PROBLEMA

La extraordinaria historia de John Foppe es posible porque sus padres, y en particular su madre, realmente una mujer maravillosa, escogieron no hacer de su condición física un problema. Más tarde, John mismo adoptó esa actitud, la cual es una de las razones para que la Cámara Junior de Comercio de los Estados Unidos lo haya seleccionado como uno de los diez jóvenes estadounidenses más sobresalientes del año 1993.

John y sus padres tuvieron la opción sobre cómo manejarían su condición. Pudieron haber reaccionado a ella, lo cual es negativo, o pudieron haber respondido a ella, lo cual es positivo. Afortunadamente, eligieron responder a la condición, trabajando con y en torno a ella. Mucha gente creería que no hay nada positivo en nacer sin brazos, pero los verdaderos triunfadores en la vida se enfrentan a un problema y entienden que hay un equivalente o quizás hasta grandes beneficios en ese problema. Luego buscan las soluciones, la alternativa.

Usted podría preguntar: ¿Qué posible beneficio podría haber en no tener brazos? Bueno, vamos a examinar el asunto desde un punto de vista realista. Si John hubiese nacido con los más grandes, largos y fuertes brazos que jamás hayan sido agregados a un cuerpo humano, aun así habría habido un límite a las cosas que podría haber hecho con ellos. Toda vez que tiene un límite lo que podemos hacer con los brazos, hay un límite a lo que John dejó de hacer al no tenerlos.

Como niño, John sintió la falta de ellos cuando se dio cuenta que no podía jugar a la pelota con los otros niños ni subirse a los árboles con sus hermanos. El único incidente que tuvo el mayor impacto en John ocurrió cuando estuvo en Haití, en un viaje misionero de su iglesia. Vio la extrema pobreza y a niños desnutridos, no sólo por falta de comida sino también de cariño. Un pequeñín, de unos cuatro o cinco años de edad, muy amistoso y espontáneo, corrió y le abrazó sus piernas. John lo miró hacia abajo y quiso abrazarlo también, pero no pudo. Sí, hay momentos cuando John particularmente desearía tener brazos, pero ha aceptado su ausencia, y está usando todo lo que tiene con convicción, confianza y gratitud.

La historia de John es el clásico ejemplo que respalda la declaración del Dr. Nathaniel Branden, de que «mientras más sólida es nuestra autoestima, mejor equipados estamos para poder con las pruebas que surjen en nuestras carreras y vidas personales».

USE LO QUE TIENE

Para desenvolverse en la sociedad actual, John tiene que ser extraordinariamente creativo y extremadamente paciente. En varias ocasiones ha tenido que desplegar una increíble porción de valor y sabiduría. Hay un límite para lo que podemos hacer físicamente; con la mente, el techo es infinitamente más alto. El hecho de que John haya sido forzado en todos esos creativos esfuerzos lo ha hecho más compasivo, brillante, sabio y más productivo. En un día tiene que usar su imaginación creativa más de lo que mucha gente la usa en un mes. Debido a que John capitaliza con sabiduría su condición en las oportunidades creativas, está en capacidad de competir y sobresalir en cualquier área de la vida.

John tiene varias virtudes que todos admiran: su valor, su actitud positiva, su sentido del humor, su inteligencia, su capacidad de ajuste, su habilidad para improvisar, su creatividad y su adaptabilidad a casi cualquiera situación. En verdad, es una inspiración para aquellos que trabajamos con él y para todos los que son tan afortunados de conocerlo u oírlo hablar.

La mayoría de nosotros tenemos tanto brazos y piernas como virtudes que John Foppe tiene, así Fred Smith nos reta con la pregunta: «¿Por qué la gente no usa sus talentos?» Y señala que somos mayordomos de nuestros talentos y tenemos la responsabilidad de desarrollarlos y usarlos. Deberíamos aceptar los dones y talentos que Dios nos da y decir gracias. La única forma en que realmente podemos expresar nuestras gracias es desarrollándolos y usándolos.

PREGUNTA: ¿Por qué la gente no desarrolla ni usa sus talentos? Según Fred Smith, una razón es por *negarlos*. Mucha gente encuentra más cómodo negar un talento. Usan la excusa «pobrecito yo», «yo sólo soy una ama de casa», o «apenas soy un graduado de la secundaria». (NOTA: Catorce de los más altos ejecutivos de las 500 compañías de *Fortune* sólo terminaron la secundaria.) Después de todo, si niegan sus talentos, quizás puedan persuadir a otros de que realmente no tienen nada que ofrecer. En consecuencia, no van a ser criticados o condenados por no haber hecho nada ya que no han tenido con qué hacerlo.

Luego Fred ofrece la segunda razón por la cual la gente no usa sus talentos, y esta se llama *dilación*. Usarán sus talentos en el inexistente futuro en la Isla Algún Día («cualquier día voy a»), que es una isla inexistente. La Isla Algún Día es una de las grandes excusas jamás dadas. Mañana es el mecanismo más eficaz jamás inventado para promover la pereza.

Creo que el *miedo* (que es fe a la inversa) es la mayor razón para no usar nuestros talentos. Mucha gente no entiende que el fracaso es un acontecimiento y no una persona, por eso deciden jugar a lo seguro y no hacen absolutamente nada. Así, no habrán fracasado porque nunca intentaron hacer nada.

La cuarta razón porque la gente no usa sus talentos es *irresponsabilidad*. Encuentran más fácil culpar a otras cosas y a otras personas por sus fracasos. No aceptan ninguna responsabilidad por haber fallado y prefieren tranquilamente culpar al sistema. En sus mentes, ser irresponsable no es una falla, más aún, aceptar la responsabilidad y no tener éxito sí que lo es.

> *«Estas siete cortas palabras —si va a ser, dependerá de mí— son absolutamente válidas. La solución es hacerlo ahora».*

Algunas de las palabras más tristes que jamás haya oído son «qué pudo haber sido». La conferenciante Vicki Hitzges lo pone en una manera única y diferente cuando pregunta: «¿Mirará usted atrás en la vida y dirá: "Me gustaría haber tenido" o "Me alegro de que lo hice"?» *Más allá de la cumbre* va a hacer posible que usted algún día pueda mirar atrás y decir: «Me alegro que lo hice». Usted tiene que hacer la decisión.

«PERMÍTAME PRESENTARME DE NUEVO»

Hace algunos años, después de haber hablado en Atlanta, Georgia, una señora y su esposo pacientemente esperaron mientras autografiaba libros. Cuando todos se hubieron ido, ella y su esposo se me acercaron. Se presentó, diciendo:

—Soy Jan McBarron. Yo soy la que le escribió la carta, y este es mi esposo, Duke Liberatore —y añadió—: Quería identificarme y detallar lo que dije en la carta. Como usted, yo también pesé más de doscientas libras y, como puede ver, ya no tengo sobrepeso.

Y no lo tenía.

—A diferencia de usted, fumaba dos y tres paquetes de cigarrillos al día, pero ya no fumo. A diferencia de usted, bebía, y me da pena decir que hubo ocasiones cuando bebí más de la cuenta. Pero ya no bebo.

»Fui enfermera durante ocho años —continuó— y amaba mi trabajo porque sabía que estaba realizando un servicio vital. Pero para ser sincera, mi autoimagen estaba en cero. Entonces empecé a escuchar su serie de grabaciones "Cómo estar motivado", y oí algunas cosas que fueron de tremendo aliento para mí. Entre mis favoritas están: "Si no le gusta lo que es y donde está, no se preocupe porque usted no está atascado ni con lo que es ni donde está. Usted puede crecer. Usted puede cambiar. Usted puede ser más de lo que es". Me gustó cuando citó a la Dra. Joyce Brothers —agregó—, quien dice que uno no puede ser consistente en algo que es inconsistente con la forma en que uno se ve.

»Particularmente —continuó Jan— aprecié el hecho de que usted enfatizaba que la vida es dura, pero que cuando uno es duro con uno mismo, la vida le será infinitamente más fácil. Que si usted se autodisciplina para hacer las cosas que tiene que hacer cuando necesita hacerlas, el día llegará cuando pueda hacer las cosas que quiere cuando quiera hacerlas. Pero creo que lo que más aprecié fue que usted realmente insiste en el hecho de que hacer las cosas que queremos hacer requiere una considerable cuota de esfuerzo, pero ese esfuerzo vale la pena. Es difícil, pero las recompensas son grandes.

Hizo una pausa y continuó:

—Quisiera volver a presentarme, señor Ziglar. Soy la doctora

Jan McBarron. Soy una de seis mujeres en los Estados Unidos que se han especializado en bariatría, el área de la medicina que tiene que ver con el tratamiento y el control del peso.

Me explicó que se había pagado sus propios estudios en la escuela de medicina. Ahora, eso es como escalar de espaldas el monte Everest. La mayoría de los médicos le dirán que lo más difícil que tuvieron que enfrentar en su vida fue pasar por la escuela de medicina, y para Jan hacerlo como enfermera de tiempo completo es casi increíble. Nota: Lo que hizo fuera de su trabajo (escuela de medicina) no sólo determinó cuán lejos llegó en el trabajo sino que expandió todas las áreas de su vida.

JAN Y DUKE LO TIENEN TODO, DE LA MISMA MANERA QUE LO PUEDE TENER USTED

Hoy en día, Jan y Duke son buenos amigos nuestros. Frecuentemente los veo cuando estoy por el área donde viven, y ellos han estado en Dallas para visitarnos, a la pelirroja y a mí. Puedo decirle que son una pareja feliz. Tienen salud, son razonablemente prósperos y tienen seguridad. Tienen amigos, paz mental, buenas relaciones familiares y el inapreciable ingrediente llamado *esperanza* de que el futuro irá aún mejor que el pasado y el presente.

Jan McBarron ha publicado varios libros, tiene tres clínicas, viaja a través de todo el país dando conferencias y aún tiene tiempo de enseñar a leer —uno por uno— a analfabetos funcionales. No es sorprendente que esta generosa contribución le dé la más grande alegría que pudo obtener de la vida.

Sí, Jan McBarron es una catalizadora en gran cantidad de vidas, muchas de las cuales nunca conocerá. De sus libros se han vendido más de medio millón de ejemplares, por lo cual usted puede estar seguro que la diferencia que ella hace es sustancial.

El resto de esta excitante historia es que Duke Liberatore no solo ha sido tremendamente animado y dado su respaldo a Jan, sino que él mismo «compró» las ideas y la filosofía. En enero de 1992, abrió una tienda de comida natural, «PeachTree Natural Foods», que en 1993 fue escogida como la tienda de alimentos naturales del año en la categoría de mejores nuevas tiendas.

La historia de Jan McBarron y Duke Liberatore es un clásico ejemplo de la filosofía en la cual hemos levantado nuestro negocio y llevado nuestras vidas personales y familiares: Usted podrá tener en la vida cualquiera cosa que desee si sólo ayuda lo suficiente a otras personas a tener lo que ellos desean.

LO QUE CUESTA CONSEGUIR LO QUE SE QUIERE

Obviamente, hay muchas facetas y virtudes en una persona como Jan McBarron que hace tan dramáticos cambios en su vida profesional, personal, de negocios y comunitaria. Es muy esmerada, como lo demuestran su deseo de ser médico y el rol que juega en educar a analfabetos funcionales. También es una persona inteligente, que trabaja duro, de una gran iniciativa y demuestra gran carácter. Cuando decidió llegar a ser médico, volvió a la escuela para adquirir esa parte de su educación. Se requería visión y persistencia para mirar el camino y pasar todos esos años trabajando como enfermera y estudiante de medicina a tiempo completo.

Estoy seguro que hubo muchas ocasiones cuando Jan se sintió agotada; necesitó dormir, relajarse y tiempo para ella misma. Debido a que se había hecho un plan, se había preparado y comprometido a ser médico, sabía que si continuaba en la realización de su sueño, llegaría el día cuando las retribuciones habrían de compensar lejos el precio que estaba pagando en ese momento (en realidad, usted no paga el precio, sino que disfruta de los beneficios. Una imagen mejor, ¿verdad?)

Y hablando de imagen, el capítulo 4 tratará extensamente con cambiar su imagen para que empiece a verse como alguien cuya vida puede hacer la clase de declaración que las vidas de John Foppe, Charlie Wedemeyer y Jan McBarron hacen. Esto es excitante y necesario para llegar a la cumbre.

4

Cambie la imagen

*La opinión más importante que usted tiene es la de usted mismo, y las
cosas más importantes que usted dice son las que dice de usted mismo.*

A diferencia de muchos de
los misterios del cine y la televisión, en el caso de su vida y el
progreso que ha o no ha experimentado, probablemente no fue
el mayordomo que lo hizo o provocó que usted no lo hiciera. Es
posible que haya sido el arquitecto. SITUACIÓN HIPOTÉTICA:
Supóngase que, al fin, tuvo los recursos para construir el hogar
de sus sueños. Encontró a un maravilloso arquitecto con una
excelente reputación, le explicó lo que quería, y él preparó los
planos. Hizo algunas sugerencias para innovar, lo que sustancialmente mejoró su idea original, brindándole todo lo que usted
había soñado, más algunos extras.

QUIZÁS LA CULPA NO ES TODA SUYA

Cuando los planos estuvieron completos hasta el más mínimo
detalle, usted buscó a un constructor que tenía una impeca-
ble reputación y había estado en el negocio por años. Le entregó
los planos con las instrucciones de que deberían ser seguidos al
pie de la letra. Debería usar los materiales recomendados por el
arquitecto y seguir el plan exactamente.

Fiel a su compromiso, el constructor hizo lo que el arquitecto
habría prescrito. Usó los materiales recomendados; consiguió

los mejores carpinteros, albañiles, plomeros, electricistas y cada artesano necesario para construir su hermoso hogar.

Finalmente, ante lo que parecía una eternidad, la casa estuvo lista, en realidad era una magnífica estructura, bellamente diseñada y construida. Con gran fanfarria usted y su familia la habitaron, y una vez que todo estuvo instalado, tuvieron una fiesta para sus amigos, familiares y socios. La ocasión fue un éxito; las felicitaciones abundaban. Como cualquier orgulloso dueño de una nueva residencia, usted era completamente feliz. Cuando la fiesta hubo terminado y el trabajo de limpieza concluyó, usted y su esposa se sentaron a conversar emocionadísimos sobre los años que tenían por delante para disfrutar el hogar de sus sueños.

Los primeros meses fueron tan bellos como lo esperaban, pero empezaron a ocurrir cosas. Aparecieron grietas en las paredes y en el cielorraso. El piso comenzó a hundirse. En unas pocas semanas, resultó inseguro vivir allí. Algunas de las vigas de soporte estaban a punto de venirse abajo, todo era un desastre. La pregunta es: ¿A quién echarle la culpa?

Recuerde que el arquitecto diseñó los planos y el constructor los siguió al pie de la letra. Usted, ¿culparía al arquitecto o al constructor? Una simple reflexión mostrará que obviamente el arquitecto había hecho las cosas mal. Los materiales eran de la más alta calidad, y los trabajadores eran lo mejor que se había podido encontrar. El constructor había seguido el plano al detalle. El problema era muy simple: El plan era defectuoso.

CAMBIAR ES UNA ALTERNATIVA

He aquí mis preguntas, las cuales básicamente están diseñadas para tranquilizarlo y darle ánimo: ¿Es posible que usted no haya alcanzado en la vida lo que le habría gustado alcanzar? ¿Será porque carece de habilidad, o más bien que pese a tener todo lo que se necesita, ha estado siguiendo un plan de acción equivocado?

Ahora, usted enfrenta una decisión. Puede elegir mantenerse haciendo (siguiendo el mismo plan) lo que ha estaba haciendo, lo que significa que seguirá logrando lo que ha venido logrando, o decide aceptar que tiene lo que necesita, pero ha estado siguiendo un plan equivocado.

> **«Una definición de locura es creer que se puede seguir haciendo lo que se ha venido haciendo y obtener resultados diferentes».**

EL PLAN ES UNA IMAGEN MENTAL

Los sicólogos le dirán en un minuto de Nueva York (que por cierto, son sólo treinta y dos segundos) que usted, invariable e inevitablemente, se mueve hacia la más fuerte impresión en su mente. Por ejemplo, un policía de tránsito que saca a un infractor del camino tiene siete veces más probabilidades de que su auto patrullero sea chocado por un automovilista que va pasando si deja sus luces intermitentes prendidas, que si las apagara.

Somos atraídos a la más fuerte impresión en nuestra mente. La imagen que creamos en nuestras mentes tiene buenas posibilidades de realizarse. Los padres que dicen al niño que quiere ayudar a lavar la loza: «Muy bien, pero ten cuidado. Esta es loza fina; no la vayas a romper», no podrían haberle dado mejores instrucciones, salvo haber orado toda la noche: «Señor, ¿qué puedo hacer para ayudar a este niño a que rompa la loza?» La imagen creada en su mente es clara: romper la loza.

El pateador de campo que se dice: «Si yerro, perdemos el partido», ya ha dibujado una imagen clara: errar. Por lo tanto, es menos probable que logre el gol que el pateador que dice: «Haré el lanzamiento justo [una mejor imagen] y ganaremos el partido». (Estoy asumiendo que ambos pateadores tienen fuerza en las piernas y son expertos en patear.) El concepto de imagen funciona o influencia el comportamiento en la familia, la escuela, los negocios, el equipo, la iglesia y la comunidad.

¿ENTRENADOR VERBAL? SÍ
¿ENTRENADOR DE FÚTBOL? NO

Soy un fanático del fútbol, no un experto. Lo único que realmente sé sobre fútbol es que cuando el árbitro cobra una falta en contra de mi equipo, los Dallas Cowboys, está equivocado. También sé que sobre el veinte por ciento de los puntos anotados en la NFL son hechos en los últimos dos minutos de la primera y de la segunda parte del juego.

Hay dos razones para esto. Una es que durante toda la semana los equipos practican su ofensiva de dos minutos; planean anotar, se preparan para anotar y, como resultado, realmente, esperan hacerlo. Debería agregar que en la vida, cuando planeamos ganar, y nos preparamos para ello, tenemos todas las razones legítimas para esperar lograrlo.

La segunda razón por el aumento en el puntaje es que en una forma increíble, la defensa coopera con la ofensiva para ayudarles a anotar. Ahora, espero que usted, experto en fútbol, esté en desacuerdo con esta última declaración. Casi puedo oírle decir: «¡Eso es ridículo! Mire, hasta preparan una defensa preventiva especial. Traen sus mejores defensas contra los pases, amontonan los guardalíneas y mandan a sus más rápidos defensas traseros. Cambian a la actitud de "doblar pero no quebrar", dispuestos a conceder unas pocas yardas pero no un pase largo y todo está preparado para prevenir la anotación que la ofensiva está planeando, preparando y esperando lograr». PREGUNTA: ¿Da resultados la defensa preventiva? RESPUESTA: La ofensiva anota tres veces más rápido contra una defensa preventiva que contra una regular.

PUNTO PRINCIPAL: Los atacantes juegan para ganar; los defensores juegan para no perder. Esa es una importante diferencia entre el éxito y el fracaso. Cuando usted juega a no perder, la más vívida imagen en su mente es definida por la palabra perder. Miles de años atrás, un hombre llamado Job dijo: «La cosa a la que más he temido ha venido sobre mí» (Job 3.25).

Ahora, volvamos al juego de fútbol. Mientras la defensa

preventiva corre a la cancha, usted puede oír a los fanáticos gritar: «¡No los dejen anotar!» «¡Aguántenlos!» «¡No dejen que paren el reloj!» Los entrenadores defensivos les dicen a sus jugadores cuando entran al campo: «¡Despiertos muchachos, miren a su hombre, párenlo, no dejen que se les pase!» Los fanáticos, los entrenadores y muchas veces los propios jugadores temen que los atacantes vayan a anotar.

PREGUNTA: ¿Qué clase de defensa deberían usar? Como no soy entrenador de fútbol, voy a dejar la selección de los jugadores y la alineación que ellos usan a los entrenadores.

Sin embargo, soy un entrenador verbal, por lo que voy a saturar mi descripción de la defensa y los defensores con imágenes de palabras positivas. Yo le llamaría nuestra defensa de control, defensa para quitar o para recuperar el balón (piense en estas imágenes).

En lugar de llamarlos defensas posteriores, los llamaría los intimidadores, los conquistadores, los especialistas en quitar el balón. Usaría palabras como equipo de poder, la muralla, o los dominadores.

IMÁGENES CORRECTAS AYUDAN
IMÁGENES INCORRECTAS PERJUDICAN

En el mundo de los negocios, los gerentes de venta que dicen a los vendedores: «Este es nuestro cliente número uno. Sea cuidadoso. No vaya a fallar», están obviamente creando una imagen equivocada y estremeciendo la confianza del vendedor. IMAGEN CORRECTA: «Este es nuestro cliente número uno. Esta es la razón porque lo estoy mandando a usted a la cita. Sé que puede manejarla muy profesional y efectivamente».

Basta una frase para imprimir una imagen correcta o una incorrecta. La persona que dice: «Espero que no se me olvide» o «No deje que se me olvide» se está dando las instrucciones incorrectas. Es mucho mejor para él decir: «Voy a recordarme que puse las llaves en la gaveta superior de mi escritorio».

La lista puede ser interminable. Lo animo a que tome una

libreta de notas y cada vez que se sorprenda diciéndose algo que cree una imagen negativa, escriba lo que recién dijo y dígalo con otras palabras para formar una imagen positiva. Repita esa afirmación positiva hasta que

> **La evidencia científica es conclusiva: lo que usted se dice tiene una influencia directa en su rendimiento.**

llegue a ser parte de usted. El número de marzo de 1990 de la *USA Magazine* claramente establece que la evidencia científica es conclusiva: lo que usted se dice tiene una influencia directa en su rendimiento. En realidad, la persona más influyente que le va a hablar a usted hoy, es usted mismo, por eso debe ser muy cuidadoso acerca de lo que se dice.

Hasta aquí básicamente he hablado, en lo que concierne a imágenes, sobre alcanzar objetivos en la vida como el pateador de campo convierte tantos, recordando o ahorrando en loza. Ahora, voy a entrar en importantes detalles sobre cambiar la imagen que usted tiene de usted mismo, porque mientras ella no cambie, va a continuar siguiendo el plan equivocado.

SE NECESITAN ANTEOJOS QUE NO DEN REFLEJO

En diciembre, la Pelirroja y yo entramos a una óptica en el Centro Comercial Prestonwood, en Dallas, Texas. Un joven se nos acercó con la pregunta de rigor:

—¿En qué les puedo servir?

Le dije que buscaba un par de anteojos que no dieran reflejo. Me preguntó si era fotógrafo, y le dije que no, sino que planeaba usarlos para una grabación que sería transmitida por satélite. Entonces me preguntó si era productor.

—No, soy conferenciante —le repliqué.

Entonces quiso saber acerca de qué hablaba. Le dije:

—Básicamente sobre liderazgo, motivación, entrenamiento para ventas, fijar metas, control de actitudes y seminarios tipo familiar como *Cortejar después del matrimonio* y *Cómo criar hijos positivos en un mundo negativo.*

Con lo que le dije, se interesó considerablemente, y agregó:

—¡Ah, así como el tipo aquel Zig Ziglar!

—Bueno, algo así —le repondí.

—Él es Zig Ziglar —dijo la pelirroja, señalándome.

Aquel era un joven bien despierto. Dio un paso atrás, me miró de arriba abajo por unos segundos, luego empezó a mover la cabeza al tiempo que decía:

—¡Oh, no! Usted no es Zig Ziglar. He visto videos de él y siempre está saltando y brincando.

—¿Ves, cariño? —dije sonriendo—. Te dije que no podríamos engañar a este joven. Probablemente esperaba encontrarse con un vejete de unos cuarenta o cincuenta años de edad, y en cambio ve a dos jovencitos. Me observó muy bien, de modo que sabe que yo nunca podría ser Zig Ziglar.

—Exactamente —dijo el joven sonriendo.

Seguimos adelante con nuestra compra. Cuando estuvo listo para hacer la factura, el joven tomó su pluma y me preguntó:

—Bien, ¿cuál es su nombre?

—Bueno, acostumbro deletrearlo Z-I-G-L-A-R —dijo sonriendo.

El joven literalmente soltó la pluma sobre la vidriera y exclamó:

—¡Usted *es* Zig Ziglar!

Me eché a reír y le contesté:

—Así es, y lo he sido por mucho tiempo.

LA IMAGEN ERA ESTRECHA Y SUPERFICIAL

Cuento esta historia porque el joven tenía una imagen de mí, y hasta donde la imagen lo permitía, era bastante exacta. En ocasiones, salto y brinco. Pero en realidad, su imagen de mí era estrecha y superficial, y ofrecía poco de lo que realmente soy y de lo que soy capaz de hacer.

A través de los años, en todas mis lecturas e investigaciones, he llegado a convencerme plenamente de que la aplastante mayoría de la gente en nuestro gran país —y, por tal motivo, alrededor del mundo— tiene una imagen de sí que es tan estrecha y superficial que comunica poco o nada acerca de quiénes son o qué pueden hacer.

Demasiadas personas no tienen idea de lo que pueden hacer, porque todo lo que se les ha dicho ha sido lo que no pueden hacer. No tienen idea de lo que quieren porque no saben qué hay disponible para *ellos*. Desafortunadamente, demasiadas personas ven cómo otras personas pueden triunfar y la buena vida que pueden disfrutar y dicen: «¿Para mí? ¡Olvídelo!»

Mi meta es trabajar con usted para cambiar esa imagen a una más realista que le permita reconocer sus verdaderas habilidades. Tener habilidad e inteligencia no es la clave; la clave es reconocer la habilidad, confesarla, apreciarla, desarrollarla y, entonces, usarla. Esa es la clave.

¿SABE QUIÉN ES SU PAPÁ?

En su hermoso libro *Rising Above the Crowd* [Sobresaliendo en la multitud], Brian Harbour cuenta la historia de Ben Hooper. Cuando Ben Hooper nació, hace muchos años, allá en las estribaciones del Este de Tennessee, niños y niñas como Ben, que habían nacido de madres solteras eran discriminados y tratados terriblemente mal. Cuando ya tenía tres años, los otros niños raramente jugaban con él. Los padres decían cosas tan idiotas como: «¿Qué hace un muchacho como ese jugando con nuestros hijos?», como si el niño tuviera algo que ver con su nacimiento.

El sábado era el día más difícil de todos. La mamá de Ben lo llevaba a la pequeña tienda para comprar las cosas para la semana. Invariablemente, los otros padres en la tienda hacían cáusticos comentarios lo suficientemente altos como para que la madre y el niño los oyeran, como por ejemplo: «¿Tienes una idea de quién sea su padre?» Fue una niñez muy, muy dura.

En aquellos días no había jardines infantiles. Así, a los seis años, el pequeño Ben entró a primer grado. Se le dio su propio escritorio, como a los demás niños. En los recesos, se quedaba en su escritorio y estudiaba porque ninguno de los niños quería jugar con él. Al mediodía, se servía su almuerzo solo. La alegre charla de los niños que lo evitaban apenas se oía en el lugar donde se sentaba a comer.

Era un gran acontecimiento cuando algo cambiaba en las estribaciones del Este de Tennessee, y cuando Ben tenía doce años, llegó un nuevo pastor a hacerse cargo de la pequeña iglesia del pueblo.

Casi de inmediato, Ben empezó a oír cosas excitantes acerca de él, sobre cuán amoroso e imparcial era. Cómo aceptaba a la gente tal cual era, y que cuando estaba con ellos, los hacía sentirse como las personas más importantes del mundo. Definitivamente, el predicador tenía carisma. Cuando se integraba a algún grupo, del tamaño que fuera, dondequiera, el rostro de la gente cambiaba. Sonreían, aumentaban las risas y sus espíritus revivían.

EL PRIMER PASO DEL CRECIMIENTO ES LA ACCIÓN

Un domingo, aunque nunca en su vida había ido a la iglesia, el pequeño Ben Hooper decidió ir y escuchar al predicador. Llegó tarde y salió antes porque no quería atraer la atención de la gente, pero le gustó lo que oyó. Por primera vez en aquella joven vida, alumbró un rayo de esperanza.

Volvió al domingo siguiente, y al siguiente y al siguiente. Siempre llegaba tarde y salía antes que finalizara el servicio, pero su esperanza crecía cada domingo.

Por el sexto o séptimo domingo, el mensaje fue tan conmovedor y excitante que Ben quedó completamente cautivado. Era como si detrás de la cabeza del predicador hubiera un rótulo que dijera: «¡Hay esperanza para ti, pequeño Ben Hooper, hijo de padre desconocido!» Ben estaba tan absorto en el mensaje, que se olvidó de la hora y no se dio cuenta que una cantidad de personas había llegado después que él hubo ocupado su asiento.

De repente, el servicio terminó; rápidamente, Ben se puso de pie para salir, como lo hacía todos los domingos, pero el pasillo estaba repleto de gente y le fue imposible salir corriendo. Mientras trataba de abrirse camino entre la multitud, sintió que una mano se posaba sobre su hombro. Se volvió, miró hacia arriba, y sus ojos se encontraron con los del joven predicador, quien le hizo la pregunta que había estado en la mente de cada persona de allí por los últimos doce años: «¿De quién eres hijo?»

Instantáneamente, se hizo silencio en la iglesia. Poco a poco, en el rostro del joven predicador empezó a dibujarse una amplia sonrisa, y de pronto se rió y exclamó: «¡Oh! ¡Yo sé de quien eres hijo! Porque los rasgos familiares son inconfundibles. Tú eres un hijo de Dios!»

Y con eso, el joven predicador, le dio una palmada en la espalda y dijo: «Es una tremenda herencia que has recibido, muchacho! Ahora, anda y vive de acuerdo a ella».

Muchos, muchos años después, Ben Hooper dijo que ese fue el día cuando fue elegido y más tarde reelegido gobernador del estado de Tennessee. La imagen había cambiado, y cuando cambió, todo cambió en la vida del pequeño Ben. Pasó de ser el hijo de un padre desconocido a ser el hijo del Rey. Es verdad que lo que una persona le dice a otra puede cambiar dramáticamente su comportamiento. Lo mismo es verdad en cuanto a usted y la mujer de la siguiente historia. Cambie la imagen y usted cambiará su vida.

DE PANADERA Y COSTURERA A VICEPRESIDENTA DE VENTAS

Después de haber estado durante un tiempo en el negocio de las baterías de cocina, me di cuenta que necesitaba ayuda. Puse un anuncio en el periódico de Columbia, South Carolina, y una mujer llamada Gerry Arrowood respondió. Antes de nuestra entrevista, la experiencia de trabajo de Gerry incluía cocinar cakes y coser, con lo que ganaba el dinero para mantener a su familia. La entrevista resultó bastante buena. Ella era calladita pero agradable. Cuando terminamos, me explicó que el trabajo le parecía interesante y que le gustaba mucho cocinar.

Incluso me aseguró que no le importaría lavar la loza y limpiar la cocina; sin embargo, era tímida y no le gustaba relacionarse con la gente. Por lo tanto, nunca debía pedirle que participara en una demostración. Como lo puntualizó muy bien: «Zig, haré todo el trabajo, usted tendrá que ser el que hable».

Pude ver inmediatamente que Gerry y yo nos llevaríamos realmente bien, y así fue, por los siguientes tres meses. Entonces una noche, mi boca me traicionó e hice más promesas que las que el tiempo me permitiría cumplir. Como vendedor en el negocio de baterías de cocina, llevaba a cabo demostraciones donde preparábamos comida para seis u ocho parejas a quienes alguien, como anfitrión, invitaba a su casa. Las demostraciones nos permitían vender nuestros artículos tanto al anfitrión como a los invitados. Les despachábamos los artículos a los compradores y luego les enseñábamos cómo usarlos en su propia cocina.

Una noche en particular, como dije, mi boca hizo promesas que no pude cumplir; hice demasiadas citas. Cuando me di cuenta que no podría atenderlas todas, le pedí ayuda a Gerry. Naturalmente, ella me preguntó qué era lo que quería que hiciera. Le expliqué que deseaba que llevara esa noche la batería de cocina a las seis parejas a las que yo les había vendido y que les enseñara cómo usarlas en su propia cocina.

Es probable que usted sea incapaz de entender la siguiente afirmación. El terror hizo su aparición en sus ojos. Con sus manos estremeciéndose, me dijo: «¡Yo no puedo hacer eso! ¡No lo puedo hacer!»

No la pude persuadir a que cambiara de actitud. Pero en el camino a casa, pensó un poco más, y casi al salir del automóvil, me dijo: «Está bien. Lo voy a hacer. Puso su cuello y no quiero vérselo cortado. Sin embargo, déjeme ser sincera, Zig, y decirle que esta noche no voy a dormir un momento; estaré absolutamente trastornada». Luego hizo algo que ella niega haber hecho, pero que está claro en mi mente. Agitó su dedo frente a mi cara (bueno, casi) y dijo: «Zig, le voy a decir que si usted se sobrepasa una vez más, será su cuello el que corten, no el mío».

No iba exactamente feliz aquella noche cuando se fue a casa, y para ser sincero, no sé si pudo dormir. Yo, definitivamente, no pude.

ELLOS ME ALABARON

Mis temores, como la mayoría de los temores, no tenían fundamento. A la siguiente noche, recibí una de las más excitantes llamadas telefónicas que jamás he recibido. Gerry tenía más cuerda que un reloj de nueve días. Con enorme entusiasmo, dijo: «¡Zig, usted no puede imaginarse lo entretenido que ha sido el día de hoy! La primera familia a la que entregué la batería de cocina, tenía la cafetera y un pedazo de cake listos para mí. Me alabaron y me dijeron cuán profesional había sido, qué personalidad más agradable tenía, y cuánto se habían alegrado de haberme tenido en su hogar. ¡Incluso me invitaron a volver con mis hijas para cenar y que ellos cocinarían! Tres de las seis parejas tenían el café y el postre listos, y todos me dijeron qué trabajo más bueno había hecho. Realmente me hicieron sentir muy bien».

Concluyó su conversación telefónica diciendo: «No recuerdo haber tenido un día tan lindo o haberme sentido tan bien. Me sentiré feliz de hacer esto cada vez que me lo pida». Su imagen había sufrido un dramático cambio.

RESUMEN: No ocurrió ni esa semana, ni ese mes, o quizás ni ese año, pero menos de cinco años después, Gerry Arrowood era la vicepresidente internacional a cargo del entrenamiento de vendedores para una multimillonaria compañía de cosméticos. Cuando le pedí entregar aquellos seis juegos de batería de cocina no tenía idea del excitante futuro que le esperaba.

Cómo me habría gustado retener los nombres de aquellos clientes a quienes Gerry atendió ese día, especialmente el primero de ellos. Se me ocurre que después de la primera calurosa bienvenida que le dio la primera pareja, Gerry se dirigió al segundo hogar con mucho más entusiasmo y confianza. Aquella primera pareja sirvió de catalizadora, ¿no le parece? Al ver las buenas cualidades de Gerry y decírselo, empezaron en ella un proceso de crecimiento que continúa hasta hoy.

Hoy, ella y su esposo, Bob Volberding, viven en San Rafael, California, donde fabrican cosméticos para una cantidad de marcas privadas, compañías conscientes de la calidad de sus productos. Cuando la imagen que Gerry Arrowood tenía de ella cambió, su vida cambió. Esto puede ser realidad también en su vida.

LA HISTORIA DE GERRY DESDE SU PROPIA PERSPECTIVA

Lo más alentador en la historia de Gerry es que es aplicable a usted y a su vida. Primero, se necesitó una buena cuota de valor por parte de Gerry para dar el paso y entregar la batería de cocina. Realmente, valor es la base sobre la cual se construyen todas nuestras buenas virtudes. Sin el valor para dar el primer paso, nos quedaremos donde estamos.

Una razón por la que dio el paso fue por la compasión que sintió por mí. Sabía que yo estaba en un lío y que si no entregaba la mercadería, eso afectaría mi credibilidad, y ella no quería que tal cosa ocurriera. Realmente estaba preocupada.

> *El preocuparse es más que un compromiso y más que un acuerdo mutuo para no perjudicarse el uno al otro. Es un acuerdo tácito para que se ayuden el uno al otro.*
> **Anónimo**

Gerry es una persona muy humilde, lo cual la hace muy educable, porque parte con la ventaja de no saberlo todo. También es muy orgullosa de su trabajo y de la pulcritud de su apariencia. Es, y siempre lo ha sido, muy consciente y completamente cumplidora en lo que hace. Hace todo lo que se espera de ella y más. Tal clase de compromiso produce resultados en la cumbre.

Después de dar el primer paso, ella se sintió altamente motivada, y su autoimagen mejoró dramáticamente. Su confianza brotó, su personalidad empezó a florecer y llegó a ser más enérgica. Comenzó a establecer metas más grandes; desarrolló un agudo sentido del humor; su optimismo creció; se transformó en más positiva. Los resultados hablan por sí solos.

Déjeme señalar que Gerry comenzó con solo siete de estas virtudes, las cuales había desarrollado en algún grado. Tenía valor, compasión, orgullo y humildad; era concienzuda, digna de confianza y una trabajadora incansable. Las otras virtudes se desarrollaron como resultado directo de usar lo que ella ya tenía. ¡Esta es una tremenda lección para aprender motivación!

> **No espere hasta sentir el deseo de dar un paso positivo. Délo y luego sentirá la satisfacción de haberlo dado.**

No pase por alto un punto muy, muy importante. La motivación vino después que ella empezó a actuar. Lección: No espere hasta sentir el deseo de dar un paso positivo. Délo y luego sentirá la satisfacción de haberlo dado. Eso es asumir la responsabilidad, y cuando Gerry lo hizo, la imagen que tenía de sí misma cambió, y su vida también.

OTRO PUNTO IMPORTANTE

Estoy absolutamente seguro que cuando Gerry Arrowood aceptó repartir aquellos juegos de batería de cocina y enseñó a nuestros clientes a usarlos, no estaba pensando, *voy a hacer esto porque realmente quiero ser la vicepresidente del departamento de entrenamiento de vendedores para una gran compañía de cosméticos, y Zig me dijo que puedo tener cualquier cosa en la vida si sólo ayudo lo suficiente a otras personas a conseguir lo que ellos quieren.*

Obviamente, aquello habría sido ridículo. Esa es la razón porque usted debe entender claramente que estoy hablando de una filosofía y no de una táctica. Gerry hizo lo que hizo para mí porque genuinamente quería ayudarme a salir del lío en que me encontraba. No hubo un motivo de buscar beneficio para sí. Este es un clásico ejemplo de lo que ocurre cuando usted es la clase de persona correcta.

> *Lo importante no es lo que usted sabe*
> *ni a quien conoce sino lo que*
> *usted es.*
> **Anónimo**

LA IMAGEN AFECTA LOS GRADOS

El número de febrero de 1992 de la revista *Scientific American* traía un fascinante artículo relacionado con los resultados de la educación cuando se siguen ciertos procedimientos y se desarrolla un genuino orgullo. El artículo se enfoca en los inmigrantes de Indonesia que vinieron a los Estados Unidos después de haber estado en campos de detención por dos o tres años. Se establecieron en el centro de las ciudades del país, y todo lo que realizaron académicamente fue sobresaliente.

Hubo en todo esto la participación de varios factores. Primero, frecuentemente los padres leían para sus hijos, y aparte de que leyeran en su idioma nativo o en inglés, la diferencia no era mucha, académicamente hablando. Segundo, a los niños se les enseñó a sentirse orgullosos de su herencia y a ser orgullosos tanto como agradecidos del privilegio de ser estadounidenses. Tercero, los padres cooperaron y trabajaron con los educadores de modo que juntos pudieran dar a los niños la mejor educación posible.

Similares resultados se registraron con los estudiantes japoneses-estadounidenses después de la Segunda Guerra Mundial, cuando los prejuicios y las animosidades contra los japoneses estaban en su nivel más alto. Estos estudiantes, a quienes sus padres les leían y animaban a estudiar, y a quienes se les enseñaba a sentirse orgullosos de su cultura y de ser estadounidenses, hicieron un trabajo excelente en la escuela.

Una historia del pueblo judío que vino a los Estados Unidos y siguió los mismos procedimientos produjo los mismos resultados. El artículo también hacía notar que los afroamericanos dentro de las ciudades de los Estados Unidos que dieron los mismos pasos alcanzaron el mismo resultado académico.

Una información parecida apareció en *USA Today* el 15 de diciembre de 1992. Una entrevista con el senador electo (ahora senador) Ben Nighthorse Campbell, un demócrata por Colorado, reveló una interesante información acerca de los resultados en nuestras universidades tribales en los Estados Unidos. El senador Campbell señaló que nueve de cada diez estudiantes indios que fueron directamente de la secundaria a las principales universidades fracasaron, pero nueve de diez que fueron a las universidades tribales, triunfaron.

Además, muchos graduados de universidades tribales vuelven a sus reservaciones a servir como médicos, enfermeras, profesores, artistas, ingenieros, consejeros y ejemplo para las próximas generaciones de estadounidenses nativos. Es maravilloso el orgullo que desarrollan y que continúa mientras mantienen su propia cultura y obtienen una educación de calidad que les capacita para competir en el moderno Estados Unidos.

Cuando observamos estos ejemplos académicos, la misma imagen emerge de cada grupo. Todos los estudiantes tienen una saludable imagen de ellos mismos. La imagen fue desarrollada y repetidamente reforzada por el amor, la atención y el tiempo dedicado a ellos por sus padres. Fue fortalecida por la cooperación entre padres y educadores, y fundamentada por el desarrollo del orgullo por su cultura y herencia.

PIENSE EN ESTO

Si evaluara cuidadosamente lo que ha leído, se daría cuenta que he estado hablando de varias razas, colores y credos que componen una variedad de creencias religiosas de todo el mundo. Todos alcanzaron casi idénticos resultados cuando dieron el mismo tratamiento que estoy cubriendo a través de *Más allá de la cumbre*. Piense en las increíbles oportunidades y posibilidades que el concepto ofrece.

> **«Eliminar los prejuicios (incluido el auto-prejuicio) en nuestro país nos capacitaría para usar nuestro mayor recurso, que es nuestro pueblo: todos ellos».**

NOTA: En caso de que no recibiera, por parte de sus padres y educadores, amor, tiempo, atención y ánimo para desarrollar orgullo cultural, déjeme recordarle que la mayoría de los trescientos dirigentes a nivel mundial, de quienes hablamos anteriormente, tampoco tuvieron estas ventajas. Qué ha pasado con usted o dónde ha comenzado, en realidad, no hace la diferencia. Lo que usted haga ahora con esta información marcará la diferencia.

EL MICRÓFONO ESTÁ ABIERTO Y LA CÁMARA ESTÁ FILMANDO

Regularmente oímos de algunos políticos, atletas, estrellas de cine u otras figuras públicas que hacen una pobre (para decir lo menos) afirmación y consiguen ser ridiculizados por la prensa. La personalidad, entonces, ofrece una frívola excusa en el sentido que no sabía que el micrófono estaba en el aire o que la cámara estaba filmando. El siguiente incidente señala un punto y enseña una valiosa lección.

Hace varios años, me encontraba dando una conferencia en una escuela de comercio de Tulsa, Oklahoma, con cientos de estudiantes en la audiencia. Al principio, aproximadamente un tercio de los estudiantes escuchaba con atención. Un tercio estaba leyendo periódicos, revistas o algo que les interesara, y el otro tercio tenía sus ojos cerrados, aparentando estar dormidos.

La estación de televisión local había oído que yo hablaría en la escuela y envió un equipo con una cámara para obtener algunas tomas. Cámara en mano caminaron por el fondo del auditorio con su reflector iluminándolo todo para poder filmar a los estudiantes que escuchaban la presentación. Caminaron por el pasillo, subieron a la plataforma, se pusieron detrás de mí y empezaron a filmar.

De pronto se produjo un interesante fenómeno. El ciento por ciento de los estudiantes puso atención; se irguieron en sus asientos, arreglaron sus ropas y se peinaron. La atención estaba puesta en ellos.

En muchas maneras la atención está siempre sobre nosotros en lo que concierne a nuestra moral, ética y responsabilidad. Por ejemplo, si supiéramos que en este preciso momento se está haciendo una imagen permanente de nosotros y nuestra conducta, instintivamente correríamos a tratar de cambiar y mejorar la imagen que quedará grabada permanentemente. Multitudes de espejos en los estudios fotográficos dan fe de este hecho innegable. No dejemos que se nos sorprenda desprevenidos. Al vivir como si la cámara estuviera filmando y el micrófono en el aire, estaremos viviendo en integridad, y la imagen que tendremos de nosotros será el carácter basado en ausencia de hipocresía, lo que significa que no tendremos que disculparnos por, o explicar mañana, lo que hicimos hoy.

> *A los genios se les admira. A los ricos se les envidia. A los poderosos se les teme, pero sólo a los hombres de carácter se les tiene confianza.*
> **Arthur Friedman**

Este realmente es un asunto de carácter.

Y con confianza, usted puede construir amistades, un matrimonio, una carrera y una alta calidad de vida. La gente más allá de la cumbre tiene carácter.

MÁS ACCIÓN = MÁS BENEFICIO

Piense en lo que ha leído. Seguramente las historias de John Johnson, Neil Rudenstein, Charlie Wedemeyer, John Foppe, Ben Hooper, Jan MacBarron, Gerry Arrowood y otros, le han ayudado a ver que si ellos pueden estar más allá la cumbre, usted también puede.

Paso de acción 1: Para cambiar la imagen, tome una tarjeta de 3 x 5 pulgadas (estos pasos son sólo para personas como usted que seriamente planea ir hacia la cumbre) y aprópiese de las virtudes que Gerry Arrowood usó para enriquecer su vida y escalar en su carrera. La tarjeta debe decir:

Yo, _____, soy valiente, atento, compasivo, humilde, fácil de enseñar, optimista, consciente, trabajador. Siento orgullo genuino de mi apariencia y mi trabajo. Mi autoimagen es buena y está mejorando porque soy cumplidor, tengo confianza en mí, soy motivado, audaz (firme), simpático y además tengo un buen sentido del humor. Estas son las virtudes del triunfador, para lo cual nací, y hoy estoy usando mis virtudes en mi vida personal, familiar y de negocios.

Paso de acción 2: Durante el día, tómese un minuto y lea cuidadosamente estas afirmaciones positivas con una voz suave frente a un espejo (si le es posible y práctico). Al final de este libro, entenderá claramente por qué esto es tan importante y beneficioso.

NOTA: La convicción con que lea la tarjeta y las veces que repita el proceso tendrán una relación directa en la efectividad del ejercicio.

5

La actitud del inmigrante

El verdadero optimismo está consciente de los problemas, pero reconoce las soluciones; sabe de las dificultades, pero cree que pueden ser superadas; ve lo negativo, pero acentúa lo positivo; está expuesto a lo peor, pero espera lo mejor; tiene razón para quejarse, pero prefiere sonreír.

Willian Arthur Ward

Como ciudadano estadounidense, me preocupa profundamente que en 1990 la camiseta de más venta en Japón haya sido:

¡Somos el número uno!

mientras que la camiseta más vendida en los Estados Unidos tenía impreso el mensaje

¡Flojo, y orgulloso de serlo!

Desafortunadamente, algunos piensan que es divertido, pero cuando se considera la imagen que proyecta, el humor rápidamente se desvanece. Estoy convencido de que esto es trágico, o que al menos indica una lamentable actitud. ¿Por qué? En mi opinión, cualquier individuo que use una camiseta de esas no puede ser un empleado. Además, si un empleador piensa que un candidato a empleado mantiene esa actitud, sea que use o no la camiseta, probablemente no le dé el trabajo.

Sería difícil sobrestimar la importancia de su actitud. Una de las más fascinantes informaciones que he recogido recientemente, vino del autor y conferenciante Walter Hailey, un distinguido y exitoso ex ejecutivo de seguros. Él me dice que los inmigrantes legales tienen cuatro veces más probabilidades de llegar a ser millonarios que los nacidos en Estados Unidos. Esto es verdad en cuanto a negros, blancos o cualquiera otra raza, trátese de hombre o de mujer. La razón para ello me la hizo evidente una pequeña de cuatro años de edad.

¡CIELOS!

Eran las 12:48 p.m. del viernes 10 de julio de 1992. Salía de Dallas en American Airlines, vuelo 874 con destino a Norfolk, Virginia, ocupando el asiento 2C. Fui el primer pasajero en abordar, y en el momento en que estaba ocupando mi asiento una madre con tres pequeñas hijas entró al aparato. Me pareció que era su primer viaje en avión. La madre guiaba al grupo, llevando a un bebé en sus brazos y halaba a otro que recién empezaba a caminar. Pasaron raudos por mi lado y se dirigieron a la parte de atrás del avión.

La niña de cuatro años iba varios pasos atrás. Al entrar al avión, se dio cuenta que en frente de ella estaban cargando la comida para el almuerzo. Parándose en medio del pasillo, dobló las piernas, puso sus manos sobre las rodillas, y por unos segundos observó atentamente a dos empleados que rápidamente ponían las cajas con comida en su sitio. Luego, lentamente volvió la cabeza hacia la izquierda para mirar hacia la cabina del piloto. Estoy seguro que estaba completamente cautivada con lo que veía: tres impresionantes figuras vestidas de uniforme con un manojo de barras sobre sus hombros. Ante ella estaban los dos controles de palanca, las dos ruedas para conducir el avión, docenas y docenas de luces, y probablemente más mecanismos electrónicos que ella jamás haya visto en toda su vida.

Por unos segundos siguió allí, totalmente fascinada. Cuando lentamente empezó a volverse, sus ojos azules eran tan grandes como dos platillos. Ante la vista tenía un largo, muy largo fuselaje, con asientos completamente vacíos, por lo que su mirada pudo abarcarlo todo, hasta el final del avión. Mientras miraba el largo pasillo, pronunció una sola palabra que lo dijo todo: «¡Cielos!»

DEMASIADO TARDE: ELLOS YA LO HICIERON

Esto es lo que los inmigrantes legales dicen cuando vienen a los Estados Unidos. No pueden creer lo que está ante ellos. En la mayoría de los casos, ven más belleza, lujos y oportunidades de lo que pueden imaginar. Lo miran todo, día a día, con la actitud de ¡Cielos! Miran asombrados en los periódicos la cantidad de ofertas de trabajo, luego afanosamente tratan de conseguir uno. Reconocen que están ganando el mínimo, pero el mínimo en los Estados Unidos es el máximo comparado con muchos otros países. Los inmigrantes típicos están dispuestos a vivir con lo menos posible y, si pueden, conseguir un segundo trabajo. Trabajan increíblemente duro, son economizadores y ahorran su dinero.

Antes que descubran todos los problemas y dificultades que tenemos aquí, es demasiado tarde: ya han triunfado. Están agarrados a la idea de que su futuro es brillante, y aceptan la responsabilidad de que va a ser brillante u opaco según ellos escojan que lo sea. Se les ha dado un sueño más allá de todas sus expectativas de niños. Sus esperanzas son increíblemente altas.

Ante ellos está la oportunidad de vivir, trabajar, crecer y triunfar en el país más grande del mundo. Y casi sin excepción, su gratitud hacia los Estados Unidos y la oportunidad que representa es profunda y sincera. Piense en esto. Cuando reclama las cualidades de las páginas 27 y 61, está expresando gratitud por cuanto tiene. Esta es la mejor forma de tener más por lo cual expresar gratitud.

LA CALIDAD HACE QUE SUCEDA

Unas pocas semanas después del incidente con la pequeña de cuatro años, viajé a Nueva Orleans, Louisiana, para hablar en una convención nacional. Después que hube terminado mi conferencia, tomé un taxi para volver al aeropuerto, cuando quise entablar conversación con el chofer me di cuenta que no era ciudadano del sur. Le pregunté de dónde era, me dijo que de Nigeria. Su nombre es Pious Obioha. Me dio un gran discurso acerca de su trasfondo y su familia. Había venido a los Estados Unidos doce años atrás con su esposa y ahora tenían cuatro hijos de cuatro, seis, ocho y diez años.

Cuando le pregunté si había podido estudiar más desde que había llegado a los Estados Unidos, me contestó con una gran sonrisa: «¡Oh, sí!» Había estudiado. De hecho, recibiría su doctorado en octubre de 1992. También me dijo que su esposa ya estaba estudiando para obtener su maestría. Entonces le comenté que me imaginaba que sus niños también estarían haciéndolo muy bien en la escuela. Orgulloso respondió que sí, que los tres que estaban en la escuela eran estudiantes de honor.

Le pregunté acerca de sus padres, y me dijo que eran analfabetos. Que no lo había sabido sino hasta su primer día en la escuela, cuando regresó a casa y pidió ayuda para hacer su tarea. No pudieron ayudarlo porque no sabían ni leer ni escribir. Dijo que fue entonces cuando decidió lograr una buena educación.

Cuando le dije que aquello parecía inusual en un niño de cinco años, me dijo que quizás sí lo era. Pero recordaba muy bien el dolor en el rostro de sus padres cuando le dijeron que no podrían ayudarle. Ese día, se prometió que tal cosa nunca le ocurriría a él.

Luego le pregunté cómo se las había arreglado en los Estados Unidos para mantener a su familia. Me señaló que, como podía ver, por ese tiempo era chofer de taxi; también había sido sepulturero y guardia de seguridad; había cargado y descargado camiones; y había servido como tutor. En resumen, había hecho todo lo necesario con tal de alcanzar sus objetivos. Se aseguró que entendiera que su esposa había trabajado tan duro como él.

También me contó que había conseguido un trabajo con una importante firma de Wall Street, de modo que se irían a Nueva York tan pronto recibiera su doctorado en negocios y finanzas. Planeaba trabajar dos años en Wall Street, y volver a Nigeria donde ocuparía una alta posición en el gobierno.

DOLOR TEMPORAL, GANANCIA DE POR VIDA

Vamos a echar una mirada a las virtudes que permitieron a Pious Obioha alcanzar su sueño de una buena educación. Para empezar, demostró una fe tremenda al abandonar su tierra natal y a sus familiares y trasladarse a los Estados Unidos. Necesitó tener fe en sus habilidades para alcanzar su objetivo y fe de que este nuevo país realmente era la tierra de oportunidad. Hizo un tremendo compromiso, aceptó la responsabilidad por su futuro, se concentró en exactamente lo que quería, y desplegó una gran persistencia. Fue un hombre muy paciente y, por necesidad, muy economizador ya que proveía a su familia desde trabajos modestos.

Obviamente era un estudiante, y exhibió una buena voluntad para posponer cualquier gratificación personal, trabajando duro y negándose en el presente lo que le permitiría asegurarse mejores cosas en el futuro. Todo esto es, sin duda, signos de un sano juicio y madurez. Son virtudes con las que cualquiera puede ir a cualquier lugar de trabajo en el mundo y demostrar que está altamente calificado. Estas cualidades le dan seguridad de empleo y todos los otros beneficios que van con una persona que está más allá de la cumbre.

LA CONVICCIÓN PRECEDE AL COMPROMISO

Pious Obioha tenía un tremendo deseo alimentado desde su niñez por el analfabetismo de sus padres. Cuando vio la angustia de su incapacidad para ayudarle en sus tareas, nació un deseo que fue creciendo firmemente durante toda su vida. Tan fuerte deseo hizo que se dedicara intensamente a educarse. En consecuencia, llegó a ser muy creativo en su pensamiento y búsqueda de alcanzar su objetivo. Tenía la profunda convicción de que la educación era la clave para todo lo que él deseaba en la vida.

Quizás la parte más importante de esta historia sea entender que la disciplina tuvo que ser una parte importante en la vida de la familia durante doce años. ¿Podemos imaginarnos las veces que Pious volvió de su trabajo muerto de cansancio, necesitando dormir algo, pero la responsabilidad de la familia y las asignaciones para el día siguiente exigieron su tiempo y energía? Hacer lo que tenía que hacer, en lugar de hacer lo que le habría gustado hacer requirió disciplina en un grado increíble, ya que la palabra *disciplina* tiene una tendencia —debido a que no se entiende totalmente— de evocar imágenes de aquí «-hay-algo-más-que-tengo-que-hacer», sondearé en sus aspectos positivos un poco más adelante.

Pero en caso de que usted crea que la historia de Pious Obioha es única, déjeme recordarle que los inmigrantes legales han llegado a ser millonarios en una proporción de cuatro a uno sobre los nacidos estadounidenses. Y lo han hecho a pesar de los obstáculos adicionales del idioma, falta de contactos, choques culturales o separación de sus familiares. ¿O llegaron a ser millonarios porque se hicieron más fuertes y más creativos mientras trabajaban a través de los obstáculos?

Otros inmigrantes legales e hijos de inmigrantes que lo han hecho muy bien incluyen: al general John Shalikashvili (para simplificarlo por todos nosotros, el Presidente Clinton lo llama el General Shalik), quien inmigró de Polonia a los Estados Unidos y ahora es nuestro jefe del Estado Mayor Conjunto; Bob Maynard, dueño del *Oakland Tribune*, hijo de inmigrantes de Jamaica y el primer afroamericano en ser dueño de uno de los grandes periódicos; y también el hijo de inmigrantes de Jamaica, general Colin Powell, quien creció en el Bronx y fue nuestro jefe del Estado Mayor Conjunto. Sam Moore, el director de la casa de publicaciones de este libro, es un inmigrante que aún tiene la actitud de ¡Cielos!, al igual que los altos ejecutivos de cuatro de las diez corporaciones identificadas por la revista *Fortune* como los lugares más apetecidos en los Estados Unidos para trabajar.

Frecuentemente encuentro en mis seminarios inmigrantes de todos los puntos de la tierra. El comentario que más oigo es este: «Si los estadounidenses disgustados fueran a mi país y por una semana vivieran como yo vivía, volverían tan agradecidos a los Estados Unidos como yo lo estoy».

En una nota personal, Krish Dhanam, un amigo y miembro clave de nuestro personal en la Corporación Zig Ziglar, es oriundo de India, corrobora todo lo que estoy diciendo. Es una de nuestras personas clave porque es brillante, trabaja duro, tiene discernimiento y es comprometido. Siendo todavía un muchachito, tomó la decisión de venir a los Estados Unidos, hizo sus planes y llegó aquí con un montón de sueños y nueve dólares para financiar sus comienzos. Al principio, sacrificó pacientemente muchas cosas. Hoy, Krish está haciéndolo bien para él mismo y, para nosotros, un excelente trabajo. Les aseguro que su futuro es brillante.

La actitud del inmigrante implica honestidad, fe, disciplina, convicción, enfoque, dirección, deseos, esperanza, crecimiento personal, paciencia, economía, persistencia, flexibilidad y gratitud, con G mayúscula. Y no olvidar la tendencia de decir: «¡Cielos!»

TREMENDA COSA

PREGUNTA: ¿Cuántos de nosotros que nacimos en los Estados Unidos estaríamos dispuestos a cavar tumbas, manejar un taxi o cargar camiones para alcanzar nuestros objetivos a largo plazo? ¿Qué pensarían nuestros amigos y familiares? El falso orgullo hace que mucha gente se mantenga en el fondo, porque no están dispuestos a hacer hoy lo que se requiere para tener todo lo que el mañana tiene para ofrecer.

LA RIQUEZA ES UNA ACTITUD,
LOS MILLONARIOS SON ABURRIDOS

Ahora, usted puede sentirse un poco confundido acerca del éxito, la fama y la riqueza. Erma Bombeck lo dijo muy bien: «No confunda el éxito con la fama. Madonna tiene la una, madre Teresa tiene la otra». Echemos una mirada a algunas otras personas de éxito que pueden no ser exactamente lo que los medios de comunicación presentan como exitosos. (Note las virtudes que los ricos tienen en común con los inmigrantes.)

La empresa Louis Harris, que encuestó a personas que ganaron más de 142.000 dólares al año y tenían un valor neto de sobre medio millón de dólares sin incluir sus residencias, los describió como poco interesantes, de edad mediana y cautos. Enfatizaban los valores de la familia y la ética en el trabajo. Ochenta y tres por ciento de ellos estaban casados. Noventa y seis por ciento lograron lo que tenían sobre la base del trabajo duro, lo que significa que tenían la actitud de negarse. (Se negaron gratificaciones inmediatas para poder tener más tarde todo lo que realmente querían tener.) Ochenta por ciento son políticamente conservadores, o centristas, y son relativamente no materialistas.

En otras palabras, sus metas fueron más allá de su dinero. Ochenta y cinco por ciento dijeron que su principal objetivo era proveer para sus familias (esta es una actitud de responsabilidad). Sólo el once por ciento dijo haber tenido un automóvil caro como algo importante en su lista de prioridades. El prestigio y el distintivo del éxito no les preocupaban tanto como su familia, su educación y sus negocios o trabajo. No mucha excitación pero sí un montón de felicidad. Tenían un buen nivel de vida pero, infinitamente más importante, tenían una excelente calidad de vida. Persistencia, consistencia, disciplina y trabajo duro (todo lo cual son habilidades que se aprenden) hacen la diferencia. Sus vidas parecen estar en equilibrio.

Otro estudio realizado por Thomas J. Stanley (*Medical Economics*, 20 de julio de 1992) mostró casi lo mismo, aunque

> **El perfil de una persona rica es este: trabajo duro, perseverancia y, por sobre todo, autodisciplina. El promedio de las personas ricas ha vivido toda su vida de adultos en la misma ciudad. Son casados una vez y siguen casados. Viven en un barrio de clase media cerca de gente con una fracción de su riqueza. Son ahorradores e inversores compulsivos y han hecho el dinero por ellos mismos. El ochenta por ciento de los estadounidenses millonarios son ricos de primera generación. (No parece que la oportunidad ya haya dejado de existir para mí.)**

identificó unas pocas virtudes adicionales que yo quisiera enfatizar por aparte.

La investigación del Dr. Stanley es consistente con lo que Salomón dice en Proverbios 21.5: «Los pensamientos del diligente ciertamente tienden a la abundancia». La actitud, la más grande diferencia entre los millonarios y el resto de nosotros, hace el esfuerzo posible.

Soy un convencido de que los inmigrantes hacen cuatro veces más millonarios que los no inmigrantes porque ellos llegan a los Estados Unidos con una actitud de esperanza, entusiasmo y gratitud.

Desafortunadamente, demasiados estadounidenses nacidos aquí se levantan cada mañana, miran a su alrededor y en lugar de decir: «¡Cielos!», dicen con sarcasmo: «¡Tremenda cosa!» y empiezan a buscar dinero rápido o un almuerzo gratis. Bien, amigo, estoy aquí para decirle que realmente es una tremenda cosa vivir en este gran país.

PREGUNTA: ¿Cuándo fue la última vez que se despertó, miró a su alrededor y dijo: «¡Cielos!»? ¿Cuándo fue la última vez que recordó su libertad (de viajar, educación, de adorar y así por el estilo) y dijo: «¡Cielos!»?

Lo reto a que de inmediato empiece a mirar a través de los ojos de aquella pequeña de cuatro años de edad y de los miles de inmigrantes legales que regularmente llegan a nuestras costas y dicen: «¡Cielos!» Adopte la actitud de ¡Cielos! acerca de la vida, y la enriquecerá inmensamente.

LOS CAMPEONES SON DISCIPLINADOS

Disciplina, según el diccionario, significa «instruir o educar, informar a la mente, preparar mediante la instrucción en principios y hábitos correctos; avanzar y preparar mediante la instrucción». La escritora Sybil Stanton dice que la verdadera disciplina no está detrás de usted, punzándole con imperativos. Está a su lado, tocándole con incentivos. Estas son imágenes mejores porque son verdad y porque en verdad proveen esperanza para el futuro.

Al gran violinista Isaac Stern, quien fue determinante en preservar el Carnegie Hall, se le preguntó: «¿Se nace con el talento?» La pregunta se hizo en referencia a una excepcional presentación del propio Isaac Stern. Respondió que sí, que se nace con el talento, pero los músicos se hacen. Se requiere una increíble cantidad de disciplina, trabajo duro y talento para llegar a ser un gran músico. No importa cuán grande sea el talento o el campo del esfuerzo, a menos que el individuo esté personalmente disciplinado, mucho de su potencial seguirá siendo eso: potencial.

Roy L. Smith dice que «la disciplina es el fuego refinador mediante el cual el talento llega a ser habilidad».

El ex secretario de Defensa Donald Laird dice: «Usted logrará hacer mucho más si se acicatea a usted mismo».

Vincule la disciplina al compromiso y llegará a ser una decisión irreversible que usted hará hoy lo que la mayoría de la gente no hace, y podrá tener mañana lo que la mayoría de la gente no tendrá.

Vamos a asumir que usted es uno de los millones de personas en este mundo que han sido incapaces, pese a sus esfuerzos, de disciplinarse. Déjeme animarle a aceptar el hecho que no es necesariamente una debilidad. Sin embargo, sí es, definitivamente, una debilidad no reconocer y aceptar que usted tiene ese problema. Reconocer un problema o debilidad es el primer paso para remediarlo.

Parafraseando a James Baldwin, enfrentar un problema no siempre implica la solución, pero mientras usted no lo enfrente, no va a haber solución. Piense en el asunto así.

LOS FUERTES Y SABIOS ADMITEN QUE SON DÉBILES

Hay fortaleza en admitir una debilidad. La mayoría de nosotros somos vulnerables en ciertas áreas de nuestras vidas; los que son sabios y ambiciosos admitirán sus debilidades y vulnerabilidad. Por ejemplo, tengo un amigo que se hizo adicto a la pornografía y ha roto con su hábito. Al reconocer su debilidad, está atento a no exponerse ni a la más mínima cosa relacionada con la pornografía. Si está en un lugar donde la televisión está encendida y está presentando lenguaje sugestivo o conductas lascivas o de naturaleza seductora, inmediatamente abandona el lugar. Eso es ser precavido.

A las personas que se están recuperando del abuso del alcohol o de las drogas se les advierte repetidamente que eviten a cualquier costo cualquier escena, asociación o circunstancia que tenga algo que ver con el beber o las drogas.

Uno de nuestros ex empleados que era una mujer muy atractiva y de sana moral fue abordada por un joven apuesto cuyos intereses iban más allá de simplemente tomarle la mano. Cuando ella rehusó verlo bajo cualquiera circunstancia, la acusó de no confiar en ella misma. Con una sonrisa, ella respondió: «¡Exacto! ¡Eso es, precisamente!», y se fue. Buena estrategia.

De una naturaleza totalmente diferente, muchos de nosotros necesitamos ayuda en diversas disciplinas de nuestras vidas, y es de fuertes reconocer y compensar aquella deficiencia. Mi hijo Tom necesitaba perder peso, y su esposa, Chachis, quería ganar algunos kilos y, a la vez, ganar algo en fuerza. En ambos casos, los hábitos de comida apropiados y los ejercicios fueron de vital importancia. Al darse cuenta que habían comenzado e interrumpido programas de salud en varias ocasiones, se inscribieron en un programa organizado y entraron en contacto con un entrenador profesional que a la vez era dietista, el cual podría dirigirles, animarlos y hacerlos responsables. Se comprometieron a seguir disciplinadamente el plan y a trabajar regularmente con él. Al comienzo, sintieron una tremenda desazón y hubo quejidos y lamentos, pero habían hecho un compromiso y se mantuvieron fieles a él.

El resultado en ambos casos fue sustancial. Tom perdió peso, aumentó considerablemente sus fuerzas, ganó energía adicional y confianza (¡no que haya estado escaso de ella!) Su efectividad y productividad aumentó en el trabajo, y la nueva imagen que ahora tiene de él le afecta en cada área de su vida.

Chachis, a quien llamo Bonita, ganó también peso, el nivel de sus fuerzas y energías aumentó considerablemente, y su salud y entusiasmo por la vida mejoraron. MENSAJE: Si usted tiene una debilidad, sea lo suficientemente fuerte para admitirla y busque ayuda, cualquiera sea el área donde la esté necesitando.

DISCIPLINA: INGREDIENTE DE CAMPEONES

Muchos atletas, músicos y políticos son enormemente disciplinados en la búsqueda del éxito en sus profesiones, pero son indisciplinados en su vida personal, lo que les hace sufrir, de una u otra manera, en todas las áreas de su vida.

Uno de los factores más importantes acerca de la disciplina es que demanda más que solo la voluntad personal de controlar sus acciones para alcanzar sus objetivos. Estoy hablando de los aspectos físico, mental, emocional y espiritual de la disciplina. Mucha gente está dañando su vida, y el dolor tiene diversas facetas. Es difícil estar concentrado cuando un miembro de la familia se está autodes-

> **Revise las marcas. Nunca una persona indisciplinada ha sido campeona. Sea cual fuere el campo de actividad, usted verá que esto es verdad.**

truyendo, o cuando hay conflictos de personalidad con alguien en el trabajo. También es difícil persistir cuando pareciera que no estamos haciendo progreso a pesar de nuestros esfuerzos. Frecuentemente nos sentimos heridos y protestamos en contra de lo injusto de la vida cuando nosotros o nuestros seres queridos hemos sido tratados injustamente y estamos sufriendo por algo que no es culpa nuestra.

Por esto es tan importante el compromiso de por vida para el crecimiento personal. Cuando estamos creciendo y progresando en nuestras vidas, es más fácil tratar el dolor físico y/o emocional que es tan perturbador en personas que no están disciplinadas y que no tienen sus vidas enfocadas hacia objetivos específicos. Estoy seguro que Pious Obioha fue capaz de mantener su disciplina porque el consistente progreso que fue haciendo hacia su meta de alcanzar una educación superior le dio la esperanza que, finalmente, podría lograr su objetivo.

Más allá de la cumbre no pretende darle una visión de la vida a través de cristales color de rosa o de miseria; pretende darle un enfoque muy claro de la realidad. La realidad puede ser una hermosa imagen si usted la acepta, y eso es lo que está en proceso de hacer, aun mientras lee estas palabras. Cuando usted sufre dolor en su vida personal, familiar o de negocios; cuando sufre física, mental y espiritualmente, puede manejar el dolor infinitamente mejor si revisa mucho de lo que ya hemos dicho. El sicólogo John Leddo dice: «Frecuentemente, la disciplina en sí produce dolor, pero el dolor es temporal, mientras que el crecimiento es permanente».

CÓMO TRATAR CON EL DOLOR

El ex campeón olímpico Bob Richards, al entrevistar a campeones olímpicos, frecuentemente les pregunta: «¿Cómo trata el dolor?» Alguien le dijo que por qué hacía esa pregunta, y él respondió: «Usted nunca será un campeón en el mundo del atletismo sin algo de dolor, y para manejarlo habrá tenido que adoptar algún plan». El plan debe ser específico, bien pensado, y perfeccionado ante la eventualidad de que se presente.

Un campeón a quien se le preguntó cómo trataba el dolor, dijo: «Oro mucho. Le digo al Señor: "Tú lo levantas y yo lo bajaré"». Cuando levantamos este pie, es relativamente fácil bajarlo y dar el próximo paso.

Los campeones empiezan y se mantienen siéndolo. Edwin Moses, excampeón mundial, dueño del récord de los 400 metros con obstáculos y ganador de 122 carreras consecutivas, dijo que él ganó vez tras vez porque tenía una mejor capacidad para el dolor.

Me apresuro a añadir que los campeones en criar a sus hijos adecuadamente, los campeones en los negocios, en la academia, en el gobierno y en otros campos, también tienen que trabajar a través del dolor que es peculiar a su campo de acción. Ellos comienzan y se mantienen siendo campeones. No aplazan una decisión, no se rinden.

SE NECESITA ORGULLO

Cuando usted hace una evaluación sincera de sí mismo y reconoce todas sus virtudes positivas, se sentirá orgulloso de lo que es y de lo que es capaz de hacer.

> *«Falso orgullo o vanidad es una cualidad muy negativa y algo que lleva a las personas a meterse en grandes problemas».*

Hace algunos años, un amigo me ofreció invertir en un negocio. En ese tiempo no tenía dinero para involucrarme en una inversión riesgosa. Él reconoció que se trataba de algo altamente riesgoso, pero estaba poniendo su propio dinero en ello y creía que el riesgo era justificado. Mi vanidad —y eso es todo lo que fue— no me permitió decir con sinceridad que no tenía dinero o que el momento no era el propicio. Mi amigo trató de convencerme bajo la ilusión de que yo era rico y no quise desilusionarlo. Aquello era tan ridículo como cuando el toro se para en los rieles frente al tren. Usted admira su valor, pero ciertamente duda de su buen criterio. (Perdí el dinero.) Veamos ahora los resultados de un orgullo genuino, y evaluemos cómo podemos desarrollarlo.

EL SERVICIO MILITAR INCULCA CUALIDADES

Muchos años atrás, cuando supe que un jefe militar se había retirado y le habían dado una alta posición ejecutiva en una gran corporación, me pregunté: «¿Qué puede saber una persona así sobre cómo llevar un negocio tan grande?» Ese pensamiento cambió rápida y dramáticamente cuando nuestra compañía empezó cierto entrenamiento con el ejército. Fue una experiencia para abrir los ojos. El ejército está hecho de un excelente grupo de personas, y su entrenamiento y experiencia los prepara excepcionalmente bien para una segunda carrera en los negocios, la academia, la religión o el mundo de la política.

¿Qué virtudes desarrollan en el ejército que los hacen personas de tanto éxito en la comunidad de los negocios? Las primeras dos que ya hemos descubierto son disciplina y compromiso. Consideremos ahora el orgullo y la precisión. El Presidente Carter dijo que en la Marina aprendió rápidamente que cuando se dice 08:00, no se quiere decir 08:01. La precisión del ejercicio, el planchado en los pantalones o la camisa, el brillo de los zapatos, el cuidado con que se hacen las camas y el orden en el cuarto, todo indica orgullo y precisión. Hay un cierto sentimiento en marchar todos juntos, en el chasquido del saludo y en la belleza de observar a cientos de nuestros soldados marchando en estricto orden.

La mejor manera de desarrollar orgullo y muchas otras virtudes positivas la encontramos en el acróstico orgullo (*PRIDE* (en inglés) = *P*ersonal *R*esponsibility *I*n *D*aily *E*ndeavour, [responsabilidad personal en el esfuerzo diario]). Dos de los ingredientes perdidos en gran parte de nuestra sociedad actual es el orgullo por la apariencia personal y por la eficiencia en el trabajo. Para no mencionar el desaliño con el que ensuciamos las escuelas, calles, carreteras, aeropuertos y otros edificios públicos. Entre los militares, el orgullo —orgullo en sobresalir en eficiencia personal, orgullo en terminar un trabajo comenzado, orgullo en mantener el honor y la integridad del servicio— es parte importante del entrenamiento.

Lamentablemente, muchos lectores superficiales de la Biblia creen que el orgullo fue la causa de la caída del hombre y lo ven como un pecado. Una lectura cuidadosa de la Biblia, sin embargo, y una evaluación de cómo las palabras a veces cambian de significado con el paso del tiempo, revelan que la Biblia habla de vanidad. Vanidad es falso orgullo, y es cierto que es una de las más negativas y destructivas virtudes que una persona puede tener. PRUEBA SIMPLE: ¿Es un error de mi parte decirle a uno de los miembros del personal: «Me siento orgulloso del trabajo que estás haciendo», o a uno de mis hijos: «Estoy orgulloso de los valores que tienes en tu vida»? Realmente, el sano orgullo es una «evaluación sincera de lo que es bueno».

Un ejemplo clásico de cómo las palabras cambian su significado es la palabra *necio*. La mayoría de nosotros nos sentiríamos ofendidos si alguien nos acusara de ser necios, pero la palabra *necio* viene de otra cuyo significado era, originalmente, «ser bendecido, feliz, saludable y próspero». Con este conocimiento, ahora usted debería sentirse feliz de que alguien le llame necio. Si tal cosa ocurriera, usted sonreiría en silencio y le respondería: «¡Tiene toda la razón!»

DE AUTORITARIO A AUTORIDAD

Otra importante virtud de los militares es la obediencia. Cuando la vida de un individuo está en peligro, la obediencia es vital. Por esto es porque al personal militar se le enseña a través de la disciplina que las órdenes son para obedecerlas y no para discutirlas. Esto es claramente aceptado desde el principio porque en el fragor de la batalla, cuando no hay tiempo para explicaciones, y el sargento dice: «¡Muévanse!», las tropas lo harán con confianza y sin ninguna vacilación.

> **«Todos nosotros trabajamos mejor y más dispuestos cuando sabemos por qué estamos haciendo lo que se nos ha dicho o pedido que hagamos».**

Una de las verdades más perdurables es que «la enorme puerta de la oportunidad, para abrirse, a menudo gira sobre los pequeños goznes de la obediencia». Usted debe aprender a obedecer para aprender a mandar. En el proceso, se establece el respeto. Primero, lo da, luego, lo recibe, porque se lo ha ganado. Cuando usted está dispuesto a obedecer órdenes, transmite esa misma disposición a quienes está dirigiendo.

Inicialmente, la forma es autoritaria, pero a medida que va subiendo de rango en la vida militar y en la vida corriente, el estilo cambia, de autoritario a autoridad. Usted ha aprendido las reglas del juego; su comandante o jefe conoce las reglas, y él o ella también sabe que la gente inteligente responde más a una persona con autoridad que a un autoritario. La persona autoritaria dice: «Usted hace esto porque yo le digo que lo haga». La persona con autoridad dice: «Vamos a hacer esto porque...» o «Vamos a tomar esta dirección porque...» En el ambiente de la familia, vi un ejemplo clásico del uso de la autoridad. El principio y el procedimiento funcionan en cualquier ambiente. He aquí la historia.

LA CLAVE ES EL RESPETO Y LA CORTESÍA

El 16 de diciembre de 1992 me reuní en el aeropuerto de Cleveland, Ohio, con David Mezey y sus dos hijos, Brian, de sexto grado, y Gregory, de primero. De camino a mi hotel, nos detuvimos para recoger a Jane, la esposa de David y almorzar juntos. Hubo varias cosas que me impresionaron de esa familia. Número uno, los niños estaban vestidos con toda pulcritud, con saco y corbata, pero más importante que eso, estaban vestidos con hermosos espíritus, modales y actitudes.

Descubrí la razón para ello mientras íbamos de un lugar a otro. Brian, que es bueno para hablar y cuyo vocabulario probablemente corresponda al nivel de noveno o décimo grado, sugirió a su papá que doblaran en cierto punto y así podrían ahorrar tiempo para llegar al siguiente destino. David, agradablemente, dijo: «Bien, tú sabes, Brian, yo pensé en eso, pero si seguimos recto podremos viajar por una ruta más directa y creo que llegaremos antes. Pero has tenido una buena idea. Gracias por mencionarla».

La respuesta de David lo explicó todo. Trató a su hijo con respeto, le explicó por qué había escogido la ruta que estaba tomando, le demostró que lo había escuchado con atención, y le agradeció su oferta de ayuda. Esta es una importante clave para construir relaciones ganadoras, sea en la familia, en el mundo militar, o en el de los negocios. Realidad: Usted nunca será rudo con alguien a quien respete, lo cual nos lleva a la cualidad de cortesía.

Los líderes en el hogar, la escuela o los negocios son invariablemente corteses. David y Jane Mezey son corteses con sus hijos y viceversa. La gente que triunfa en la carrera militar es cortés. También son fuertes, pero justos.

El diccionario define *modales* (otra palabra para cortesía) como comportamiento, conducta y amabilidad. Modales quiere decir mucho más que lo que ocurre en la mesa del comedor; las personas que no tienen modales sufren de una gran desventaja.

El Dr. Smiley Blanton dice: «El ochenta por ciento de los problemas de los pacientes que vienen a verme se origina en que cuando niños nunca se les enseñó buenos modales. Ya adultos, cometieron errores que les hizo ser rechazados. No pudieron jugar el juego de la vida porque no conocían las reglas».

Cuando los padres enseñan a sus hijos modales, les están enseñando autodisciplina. Mi filósofo favorito, Daniel el Tra-

vieso, vestido en su traje de mago, dijo que haría sólo dos trucos
de magia porque sólo conocía dos palabras mágicas, *por favor*
y *gracias*.

TRAGARSE EL SAPO

Uno de los ejemplos clásicos de la importancia de tomar en
cuenta a la persona total que genera confianza y respeto fue
dado por el General Norman Schwarzkopf en la guerra con Irak.
Él estuvo en contacto permanente con sus comandantes. Antes que
el movimiento por tierra comenzara, los llamó para una sesión
final sobre estrategia. Les pidió sus opiniones y discutieron
diversas opciones. Hizo una decisión estratégica básica, la cual
era contraria a lo que varios de ellos pensaban. Explicó cuidadosamente por qué su plan podría funcionar, tomó la decisión y
logró el acuerdo para una total cooperación. El resto es historia.

Él tenía autoridad. Confiaba en sí mismo, y como resultado
del éxito que había disfrutado en su carrera militar, combinada
con la forma en que los trataba, sus tropas tenían confianza en
él. Su decisión era difícil, ya que involucraba las vidas de miles
de soldados, por lo que reunió toda la información que pudieron
darle sus comandantes, la evaluó cuidadosamente, le agregó lo
que él instintivamente sentía, y rápidamente tomó la difícil
decisión de entrar en acción. Como la gente dice por ahí: «¡Si
tienes que tragarte el sapo, no querrás mirarlo por mucho tiempo!» Esa es otra virtud que se aprende en el ejército: la decisión.

El personal militar también aprende a ser versátil. Durante
su permanencia en Arabia Saudita, estaban en un clima y cultura
totalmente diferentes. Tenían
que vivir según otras reglas.
Las circunstancias también son
diferentes entre una base militar y otra; por ejemplo, Fargo,
North Dakota, versus Pensaco-
la, Florida. El clima y el medio

> Una vez que la confianza
> es traicionada, ascender
> hacia la cumbre de la
> carrera es imposible.

ambiente de Japón y Hawai difieren grandemente. Hay que

adaptarse a la cultura y a la población local. Eso da al personal militar una valiosa experiencia en versatilidad que, en los ambientes cambiantes del mundo de hoy, es importante. Necesitamos ser versátiles, ver las cosas desde el punto de vista de otros para poder comunicarnos exitosamente con ellos.

La integridad es un ingrediente clave para tener éxito en la carrera militar y, como en la vida civil, sin integridad nadie escucha y sin confianza, nadie sigue. En la vida militar es un hecho establecido que si un oficial miente a otro, su carrera prácticamente está terminada. Lo mismo es cierto en la vida civil.

En el mundo de los negocios es aceptable cometer errores, pero el «Centro para la investigación creativa», en un importante estudio, descubrió que una cosa que toca la campana de la muerte para alguien que aspira a ascender a la cumbre es traicionar la confianza. Casi cualquier otra cosa puede ser superada con el tiempo, pero una vez que la confianza es traicionada, llegar a la cumbre ya no es posible.

Entre otras cosas, la confianza es la clave en la comunicación. Cuando la confianza es alta, nos comunicamos fácilmente, sin mayor esfuerzo, en forma instantánea. Podemos cometer errores, y aun así los demás entenderán nuestra intención. Pero cuando la confianza es poca, la comunicación es agotadora, consume tiempo, es inefectiva y extraordinariamente difícil.

CAPACIDAD - CARÁCTER - COMPASIÓN AMOR Y SIMPATÍA

Cuando el general Schwarzkopf fue entrevistado por Barbara Walters, ella le preguntó cuál era su definición de liderazgo. Él pensó por un momento, y dijo: «Es capacidad. Más aun, es carácter. Es tomar decisiones. Es hacer lo correcto [con ética]». Estas cuatro virtudes son decisivas para el éxito en el mundo de los negocios.

Después, Barbara le preguntó qué quería que se escribiera en su lápida. Guardó silencio por un momento. Luego, con la insinuación de una lágrima en sus ojos, dijo: «Me gustaría que dijera: "Amó a su familia, amó a sus soldados; y ellos lo amaron a él"». Compasión, amor y simpatía son partes muy definidas en la fórmula del éxito. Tener la capacidad de caminar en los zapatos de otros es de una importancia suprema. Cuando usted en verdad sepa cómo siente la otra persona, podrá comunicarse con él o ella más fácilmente y dirigirle con mayor efectividad.

La idea de que los líderes militares son esencialmente rígidos, «hágalo-como-yo-lo-digo», despiadados, es lo más alejado de la verdad. Prácticamente, los comandantes se dan cuenta de que su sobrevivencia depende de lo que comuniquen a sus soldados en palabras y hechos. Usted no puede exigir amor y lealtad; eso debe ganarse. Puede demandar de sus soldados o de sus empleados que traten con eficiencia sus responsabilidades, pero a menos que pueda inspirar un sentimiento genuino de amor y respeto hacia su persona, su gente estará lejos de caminar una segunda milla por usted. Este interés de preocuparse por la gente hará que sus asociados piensen en términos de *nuestra* compañía en lugar de en *la* compañía. La diferencia en eficiencia es notable.

El crecimiento personal es una marca que identifica a los militares y a cualquiera que busca con seriedad surgir en la vida. Por ejemplo, la mayor parte del tiempo, las tropas no están participando en combate, pero necesitan estar ocupadas, haciendo algo constructivo para ser felices y estar preparados para responder al llamado cuando el combate sea inevitable.

Para llenar esta necesidad, los militares ofrecen muchas oportunidades educacionales a través de cursos por extensión, universidades, escuelas técnicas así como entrenamiento especializado. Como resultado, según la revista *U.S. News & World Report*, de los cincuenta mil oficiales del ejército que serán dados de baja en 1995, el noventa y ocho por ciento tiene sus títulos universitarios, el ochenta y tres por ciento el rango de mayor y muchos han logrado una maestría y algunos hasta el doctorado.

HÁGASE IRREMPLAZABLE Y LLEGARÁ A SER INAMOVIBLE

El futuro de una persona en el ejército está determinado, en un alto grado, por el número de personas a las que él o ella ayuda a alcanzar altos rangos. Lo mismo es cierto en el mundo de los negocios. Su habilidad para desarrollar a otros es el camino para que usted adelante en su carrera. Donald K.David dice que el mejor camino para ser el primero es enseñar a la persona que está abajo cómo surgir. Usted nunca conseguirá ser promovido si nadie conoce su trabajo. La mejor base para ir avanzando es organizarse fuera de cualquier trabajo en el que sea puesto. La mayor parte de la gente avanza porque es empujada por los que vienen debajo en lugar de ser atraídos por los que están más allá de la cumbre.

LECCIÓN: Cuando anime, desarrolle o entrene a personas que están por debajo de usted de modo que sean promovidos, les estará ayudando a conseguir lo que ellos quieren. RESULTADO: Usted es promovido, que es lo que ha venido deseando. La filosofía funciona.

PREGUNTA: ¿Tiene usted que unirse al ejército para aprender las virtudes que distinguen a los militares? No. Son todas habilidades, y usted ya tiene algunas de esas habilidades inherentes al éxito de los militares y puede desarrollar las demás.

Si miramos a todas las virtudes exhibidas por los inmigrantes y el personal militar, surge la pregunta: «Si yo desarrollo la actitud de "¡Cielos!" y las virtudes que van con ella, ¿cómo las voy a usar para que en vez de estar donde estoy, pueda realmente alcanzar las cosas de que estamos hablando?» Bien, soy un convencido que el punto de partida es la motivación, y de esto trataremos en el capítulo siguiente.

6

Motivación es la clave

La motivación le da el «querer», y le provee la chispa para encender el fuego del conocimiento. Lo capacita para utilizar su entrenamiento y experiencia, mientras saca a la superficie la fuerza, carácter y compromiso que lo mantendrán yendo hacia adelante cuando las cosas se pongan difíciles.

En diciembre de 1984, mi hijo Tom y yo, nos dirigíamos a casa desde Phoenix, Arizona, después de haber participado en un torneo de golf. Durante la competencia, el tiempo había estado magnífico, pero el día que salimos de Phoenix, estaba cayendo granizo y el tráfico se había congestionado. Cuando llegamos al aeropuerto había un enredo tal de vehículos, que no pudimos acercarnos para descargar nuestro equipaje. ¡Nos empapamos! Cuando entramos, nos encontramos con 11.286 personas (aproximadamente), muchas de las cuales se veían bastante contrariadas.

Caminamos hacia la puerta donde tendríamos que abordar nuestro avión para Dallas, y nos encontramos con 1.121 (más o menos) airados pasajeros que esperaban la autorización para abordar. Todos, o al menos así parecía, se veían más que molestos y mayormente con el funcionario de la puerta. Lo culpaban por el estado del tiempo, la demora, las fallas de la computadora e incluso por el estado de la economía del país. Cada uno descargaba en él sus quejas y su rabia.

MEJORÍA INSTANTÁNEA

Al ponernos en la línea noté que cada vez que el empleado, rubio y de piel blanca, atendía a las personas, el rojo de su cuello iba subiendo progresivamente hasta su cara. Cuando nos tocó el turno, parecía un pelirrojo ardiendo. Miraba como si lo estuvieran matando o como si le hubiéramos comido sus caramelos u otra tragedia similar le hubiera caído encima.

Cuando mi hijo y yo nos detuvimos para que nos entregara nuestra tarjeta de abordar, lo saludé con entusiasmo, como generalmente lo hago, con las palabras:

—Buenos días. ¿Cómo le va?

El joven me miró y, con una buena dosis de sarcasmo, replicó:

—¿Comparado con quién?

Sonriendo, le respondí:

—Comparado con aquellas personas que no tienen trabajo, que no tienen un traje elegante, ni ropa gruesa que ponerse, ni un edificio confortable donde trabajar; comparado con aquellas personas que no tienen un futuro que puedan decir que es de ellos. Y, especialmente, comparado con aquellos que viven en países donde no hay libertad de expresión, de viajar o de adorar. ¿Cómo le va?

¡Cómo puede cambiar el ser humano! El suyo fue un cambio completo, total e instantáneo. Sonrió tan ampliamente que parecía como que se hubiera comido una banana atravesada. Replicó:

—¡Estoy muy, muy bien, y muchas gracias por recordármelo!

El cambio de actitud en el joven le llevó a un dramático cambio en su proceder. ¡Cómo sería el cambio, que a mi hijo y a mí nos mandó a primera clase! Y continuó así mientras atendía a los pasajeros que venían detrás de nosotros. Ahora se veía muy animado, cortés y recibía las quejas con mucha paciencia.

PREGUNTA: ¿Cree usted que, como resultado directo de una conversación que no duró más de treinta segundos, aquel joven llegó instantáneamente a ser un mejor funcionario encargado de la puerta, y un aún más valioso empleado de la línea aérea? ¿Sí o no? ¿Cree usted que tenía buena posibilidad de conservar su

> «*Cuando usted decide ser agradable y positivo en su trato con los demás, también decide, en la mayoría de los casos, cómo va a ser tratado por los demás*».

empleo? ¿Sí o no? ¿Cree usted que si estaba casado y con hijos, sería un mejor marido y padre cuando volviera a casa? ¿Sí o no?

La respuesta más probable a estas preguntas es sí. Pero aquí tenemos otra: ¿Qué le enseñé en cuanto a ser un mejor empleado de la línea aérea, un mejor esposo o un mejor padre? Obviamente, no le enseñé nada, pero mejoró porque experimentó un cambio sustancial en su actitud. Necesito recordarle que el tiempo seguía siendo malo, los aviones seguían saliendo atrasados, la computadora seguía sin funcionar y los pasajeros seguían molestos. Sin embargo, las cosas fueron sustancialmente mejor para él porque cambió de actitud.

PREGUNTA: ¿Por qué cambió?

RESPUESTA: Es verdad que según usted siembre (o quienquiera que siembre) así cosechará.

VERSIÓN COMPUTARIZADA: Basura que entra, basura que sale. Toda esa larga mañana había estado tratando con la rabia, la frustración, la impaciencia y la irracionalidad de gente que había estado echando basura verbal en su mente. Él había estado recogiendo esa basura y en lugar de usar su conocimiento, pericia y entrenamiento, la estaba devolviendo.

En eso estaba cuando mi hijo y yo entramos en escena e introdujimos al joven empleado en la versión ziglarizada: Pon cosas buenas adentro, y sacarás cosas buenas. Tomé el mismo principio «según-usted-siembre» y sembré pensamientos en una forma amigable, entusiasta y optimista. Él cosechó estas palabras, se motivó, y comenzó a sembrarlas en las mentes de los siguientes pasajeros con resultados notables. El mensaje es simple, pero cambia vidas. Lo que entra en su mente afecta su pensamiento, sus pensamientos afectan su eficiencia y su eficiencia afecta su futuro.

BUENAS NOTICIAS: Ya que es posible controlar lo que se lee, se ve en la televisión o en el cine, y lo que se escucha de amigos, conocidos y familiares (usted puede retirarse o cambiar el asunto si están hablando basura), y ya que está a cargo de su propio hablar, usted, específicamente, puede hacer algo sobre su futuro.

SIN EMBARGO, ¿CUÁL ES LA MOTIVACIÓN?

Estar motivado es sacar lo que está adentro. El empleado de la puerta ya sabía cómo ser un buen empleado. El conocimiento, la información y el entrenamiento estaban dentro de él. Mi pregunta para hacerle pensar sacó afuera estas virtudes, y él las puso a trabajar en una forma más efectiva. Esta es otra de las razones por las que el crecimiento personal diario y el entrenamiento relacionado con el trabajo en último término producen beneficios positivos que están creciendo constantemente.

Hace ya bastante tiempo que me encontré con el empleado de la línea aérea y cambió su actitud, por eso, permítame preguntarle: ¿Cree usted sinceramente que aquel joven sigue motivado y entusiasmado, y que todavía hace un trabajo maravilloso en la compañía aérea como en el hogar, todo porque hablé con él durante treinta segundos? Naturalmente que no. El impacto de aquellos treinta segundos hace tiempo que pasó. Explicaré esto con mayor amplitud más adelante en este mismo capítulo.

MOTIVACIÓN + INFORMACIÓN = INSPIRACIÓN

Durante un receso en una de las sesiones de grabación en el *Meyerson Symphony Hall* en Dallas, Mary Ellen Caldwell se acercó a mí con mucho entusiasmo. Y me mostró una lista de cosas que había preparado para su padre para mantenerlo ocupado cuando él y su madre se mudaran a Dallas.

Me explicó que su padre, a los sesenta y dos años de edad, se había visto forzado a retirarse y eso lo había hecho muy infeliz. Sentía que no tenía un verdadero propósito en la vida y nada bueno con el cual contribuir. Dijo que había estado muy preocupada por él, pero que gracias al seminario tenía una interesante lista de cosas para que él —y ellos— hicieran.

Unas pocas semanas más tarde, en otro seminario en Meyerson, me presentó a su padre. Los dos estaban tan entusiasmados, pero el padre, especialmente, estaba radiante. No daba ninguna señal de que fuera un hombre sin propósito.

EL HECHO: El seminario a que Mary Ellen había asistido y donde cogió las ideas y desarrolló aquellos planes no era de planeamiento ni formulación de metas. En realidad, no expuse ni identifiqué una sola idea o plan de los que ella había puesto en su lista y que la tenía tan contenta.

PREGUNTA: ¿Qué había pasado?

RESPUESTA: Ella se motivó. Motivarse, como lo dijimos antes, significa sacar lo que está adentro. Sin embargo, como el locutor de noticias Paul Harvey diría: «He aquí el resto de la historia»; así como una expansión de lo que ocurre cuando la motivación entra en escena.

LEA CON MUCHO CUIDADO: ESTO AFECTARÁ SU VIDA

No sólo la motivación lo capacita a usted para usar efectivamente lo que está fresco en su mente, sino que también le ayuda a sacar y hacer uso de cosas que por largo tiempo han estado sepultadas y, en su opinión, olvidadas.

Se ha probado científicamente que la información inspiracional relacionada en una forma entusiasta hace que la glándula pituitaria libere neurotransmisores que aumentan nuestra energía, creatividad y resistencia. Mi mensaje aquel día fue motivador y yo estaba entusiasmado de darlo.

RESULTADO: El cerebro de Mary Ellen estaba inundado con esta química creativa, y varias de las ideas y mucha información que ella había venido almacenando en su banco de memoria durante toda su vida fueron activadas, puestas en acción y salieron a relucir. La nueva información e ideas, completamente inconexas que le di fueron también puestas en acción.

En ese punto tuvo lugar un matrimonio. La información acumulada, la sabiduría y las ideas de toda su vida unieron fuerzas con aquellas ideas e información que le di, y nacieron nuevos conceptos y nuevas ideas. Esto era lo que formaba la lista en su libreta de notas.

PUNTO IMPORTANTE #1: Si ella no hubiera estado reuniendo información e ideas a lo largo de su vida, ni hubiera tenido esa preocupación y amor por su padre, y si no hubiera estado involucrada en el crecimiento personal, que fue lo que la trajo al seminario, sus ideas probablemente no habrían visto la luz del día.

PUNTO IMPORTANTE #2: Realmente, la motivación es la chispa que enciende el fuego del conocimiento.

PUNTO IMPORTANTE #3: Mientras más información vigente tiene usted sobre un amplio rango de asuntos, más beneficios va a cosechar de nuevas ideas e información que se le presenten con entusiasmo en una manera corriente. Esto permite el matrimonio entre viejas y nuevas ideas. La información que provoca el nacimiento de ideas y conceptos las separará y lo llevará hacia adelante en muchas áreas de la vida.

Lo mismo que le ocurrió a Mary Ellen en el seminario me ocurre a mí cuando visito a Fred Smith. Él me enseña muchas cosas, pero lo que es más importante, me hace pensar a través de darme pequeñas cápsulas que me motivan a ser y a hacer más.

Por ejemplo, la semana pasada, mientras la Pelirroja y yo estábamos cenando con Fred y su esposa, Mary Alice, él me dijo que «los que aprenden mucho no son necesariamente personas que piensan mucho». Estaba enfatizando que todos nosotros necesitamos pasar más tiempo tranquilos para pensar sobre lo que sabemos, y explicó por qué es eso importante y cómo podemos usarlo para beneficio de otros tanto como de nosotros mismos.

PUNTO IMPORTANTE #4: Pase ese tiempo de quietud para pensar seriamente y entonces podrá usar lo que sabe. Pocas cosas generarán tanto gozo y entusiasmo como la creación de una idea útil o la solución a un problema.

Para ser bien específico, todos los pensamientos en esta sección de «Motivación + Información = Inspiración» cuajaron en mi mente durante una caminata para pensar de cuarenta minutos en Tampa, Florida, y la muy tranquila cena que la siguió. Mis pensamientos se unieron a causa de: (a) mi información y experiencia previas, (b) la motivación provocada por Fred Smith con su sugestiva declaración, y (c) el tiempo de quietud que dediqué a una reflexión intensa sobre el asunto. Por eso nunca escucho grabaciones de ningún tipo cuando hago mis caminatas.

Mientras trabajaba en este libro, me di de golpes contra una pared al menos veinte veces, sin saber qué camino seguir. Cuando tal cosa ocurrió, dejé de escribir y salí a caminar. Invariablemente, me sentí fresco físicamente y con una idea creativa que fue la solución para pasar a través, alrededor o por sobre esa pared. Una importante excepción fue mi experiencia al definir la cumbre tal como la describo en el capítulo 1, e incluso esa conquista vino durante un apacible momento de oración.

MOTIVACIÓN + INFORMACIÓN = MEJORES NEGOCIOS

A los veinticinco años de edad llegué a ser el supervisor de división más joven en los sesenta y seis años de historia de una importante compañía de ventas directas que distribuía baterías de cocina sin agua y para uso intenso. Cuando el supervisor de división para nuestra área renunció para asumir otra posición, fui promovido a ese cargo por sobre otros dos candidatos, ambos sobre los cincuenta años de edad.

Con ese ascenso tenía cuatro gerentes de campo en mi división. En las ventas directas, los gerentes de campo son la clave para el éxito de la organización. Realizan reuniones semanales de ventas y sesiones regulares de entrenamiento, hacen frecuentes contactos por teléfono, y un montón de otro trabajo de seguimiento. Son el corazón y el alma del negocio.

Yo estaba en la cima del mundo, pero muy pronto mi mundo empezó a desmoronarse y se vino abajo dando tumbos. Uno de mis gerentes de área sufrió un ataque al corazón, lo que lo dejó incapacitado para seguir trabajando. Su organización se deterioró rápidamente. Casi al mismo tiempo, un segundo gerente de área se cercenó casi por completo el dedo gordo del pie derecho mientras manejaba una máquina de cortar césped. Estuvo veinte días hospitalizado y durante dos meses anduvo con muletas; la organización de su área se vino abajo. El tercer gerente de área tenía algunos problemas de integridad. Su gente perdió la confianza en él y su organización se contrajo sustancialmente. El cuarto había sido promovido prematuramente para llenar la vacante que yo había dejado al ser ascendido. Simplemente no estaba listo para tal tipo de asignación, y la organización se vino en picada.

Este es el panorama: Un mes éramos una organización atrevida, entusiasta y de alta productividad. Dos meses más tarde, la organización estaba produciendo menos de la mitad, y los rumores de que la compañía me culpaba de no manejar bien el trabajo empezaron a volar. Claro, me consternaba que tales rumores circularan. Para mí, yo era el tipo bueno, el niño mimado, el aparente heredero de mayores cosas. No había tenido nada que ver con el ataque al corazón, con el corte del dedo gordo, ni con los demás problemas. En ese momento sufría de un avanzado caso de pesimismo, y estaba a punto de contraer el pavoroso mal de «pobrecito yo».

DEL DOCTOR PEALE A ZIG

Entonces, un día en que me hallaba caminando calle abajo en Knoxville, Tennessee, divisé un libro escrito por el fallecido Dr. Norman Vincent Peale que se exhibía en una ventana. El título era *El poder del pensamiento positivo*. No es necesario decirlo, pero me encontraba terriblemente necesitado de ese libro, de modo que entré en la tienda, lo compré y me dirigí al aeropuerto para tomar un avión hacia Nashville, Tennessee, donde tenía que hablar en una reunión. El Dr. Peale había escrito su libro específicamente para mí y a mí.

Casi puedo oírlo decir: «Tú tienes absolutamente toda la razón, Zig. No tienes nada que ver con el ataque al corazón, el problema de integridad, el dedo cortado, etc. Esas cosas no se debieron a alguna falta tuya ni son de tu responsabilidad. Pero Zig, tú eres totalmente responsable por la forma en que manejas el problema y sí hay algo que puedes hacer para mejorar la situación».

Ahora, me apresuro a agregar que el problema del dedo seguía existiendo, así como el de integridad, el del corazón y el de inexperiencia del otro gerente.

De pronto, pese a que nada había variado, todo cambió en mi mente y pensamiento. Una vez más fui el altamente motivado, entusiasta e interesado supervisor de división. En lugar de ponerme a llorar, lamentarme y hacer rechinar mis dientes, puse la electricidad creativa a funcionar, renové mi compromiso y entusiasmo, fijé algunos

> **La diferencia en su vida no es lo que le sucede, sino cómo lo enfrenta.**

objetivos específicos, tracé un plan de acción y volví al trabajo con pasión.

Tomé mi conocimiento y experiencia de toda la vida y lo combiné con la nueva información y motivación del Dr. Peale. El resultado fueron nuevas ideas y una actitud totalmente diferente.

Y esto fue lo que sucedió: Aunque había sido ascendido en mayo, al final del año nuestra división fue la vigésimo segunda en la nación de entre sesenta y seis. Al año siguiente, fuimos el número cinco. En 1954, que fue mi último año en la compañía, fuimos el número tres con solo New York y Kansas derrotándonos por menos de $7.000 en ventas.

Es maravilloso como todo cambió en mi división cuando se modificó mi pensamiento. Cuando las cosas cambian dentro de usted, también cambian alrededor suyo. Se lleva mejor con los demás; sus negocios mejoran; su salud mejora; todo mejora.

¿Creo que la motivación y las actitudes correctas son importantes? ¡Por supuesto que sí!

RECUERDE: El Dr. Peale no me enseñó nada acerca del negocio de las baterías de cocina, pero cambió mi manera de pensar con nueva información y me inspiró para usarla, con la experiencia y la habilidad que ya tenía. Ese es un verdadero beneficio de la motivación.

PENSAMIENTO: Si este libro no le enseña nada acerca de la vida o los negocios, pero lo inspira para usar lo que ya conoce y tiene, hará una tremenda diferencia en su vida.

LO EXTRAÑO SOBRE LA MOTIVACIÓN

Con frecuencia, la gente en los medios de comunicación me pregunta antes de ofrecer un seminario público si voy a emocionar a la multitud. Y siempre respondo que, hablando en términos generales, la gente que viene a los seminarios ya está emocionada. Mi objetivo es emocionarlos más y darles instrucciones sobre cómo pueden mantener un alto nivel de entusiasmo y eficiencia. Casi sin excepción, me preguntan: ¿Cuánto les durará la emoción? ¿Dónde estará aquella gente motivada de aquí a un mes, o a un año? Lo que ellos realmente quieren saber es: ¿Es permanente la motivación?

Cuando iba hacia el empleado de la puerta de abordaje en la línea aérea, señalé que la motivación no es permanente, pero tampoco lo es comer o bañarse, aunque la mayoría de nosotros no esperamos que estas actividades físicas sean permanentes. Una de mis observaciones favoritas es que es malo que nuestras mentes y emociones no rezonguen cuando necesitan alimentarse, de la misma manera que el estómago cuando necesita comida. Si ellas lo hacen, las alimentaremos diariamente y en el proceso produciremos una cura permanente contra el mal de pobrecito yo.

Ya que la motivación es la clave para usar nuestras habilidades para alcanzar objetivos que valen la pena, necesitamos explorar el asunto a fondo.

LA ESPERANZA ES EL GRAN MOTIVADOR

La gente que huele el éxito está altamente motivada, y persigue su objetivo con entusiasmo. Está motivada y se dirige en la dirección correcta. En el atletismo como en la vida, sabemos que el ímpetu inicial es un factor tremendo y que ese ímpetu es alimentado por la esperanza, que es una expectativa llena de confianza. También sabemos que en el atletismo, el ímpetu inicial puede cambiar en un abrir y cerrar de ojos y muy rápidamente en nuestro cambiante mundo de los negocios.

Un equipo de fútbol está dominando a otro cuando de repente ocurre un gran cambio para el equipo perdedor: un vuelco, una intercepción, una recuperación del balón, un pase largo y cada jugador es dominado en forma instantánea por un sentimiento de entusiasmo, alimentado por esperanza que se transforma en la convicción de que pueden y van a ganar el juego. Sienten la victoria, la cual es reforzada por la mirada en los ojos de los jugadores oponentes, muchos de los cuales están pensando, *¡Aquí vamos otra vez!*

La vida es así. Cuando nos parece que algo positivo va a ocurrir, sentimos una energía extraordinaria. Cuando nos parece o tememos que nos van a derrotar, perdemos energía y nos replegamos con resultados negativos. Por eso la motivación es importante para los buenos y los malos tiempos. Esta es la razón por la que una persona que quiere maximizar la vida programará a propósito una información motivadora regular de la misma manera que elabora un programa para poner alimentos en su estómago.

La infusión o inyección de una nueva idea, un pensamiento que genere confianza o un concepto que dé sentido proveerá energía a esa persona, y dará origen al ímpetu inicial. Su productividad mejora y aprende más cuando está arriba, por eso es el tiempo para asegurarse alguna motivación. Usted necesita ponerse de pie cuando las circunstancias le han dado golpes duros. Por ejemplo, cualquier vendedor con cierta experiencia le dirá que usted podrá estar esforzándose por sobrevivir cuando de pronto se abre una brecha y ya está en la carrera. Hace la gran venta, luego viene otra, y de repente, las expectativas que se generan le dan un nuevo ímpetu.

Lamentablemente, también trabaja de la otra manera. Usted pierde varias ventas una tras otra, y empieza a dudar y a esperar que la gente le diga que no. Muchos vendedores, y hablo con una experiencia de más de cuarenta y cinco años en ventas y ganancias, alcanzan el punto donde literalmente casi comienzan a desafiar a sus posibles clientes a que compren. Otros tiran temprano la toalla y nunca logran saber si pudieron haber triunfado en las ventas (o en cualquier otro trabajo o profesión que les ofrece más desafíos que los esperados).

> **«La motivación alimenta la actitud que produce la necesaria confianza para mantener la persistencia».**

EL FRACASO PUEDE, Y DEBE SER, UN MOTIVADOR

El Dr. J. Allan Petersen, en su publicación mensual *Better Families* [Mejores familias], lo dice mejor:

> *Todos, en un tiempo o en otro, hemos sentido un completo fracaso. Muchos han permitido que el temor a fracasar los destruya. En realidad, el miedo es mucho más destructivo que el fracaso y, en cualquiera área de la vida, el temor a fracasar puede derrotarlo aun antes que usted comience.*

¿Qué es lo que nos hace tenerle miedo al fracaso? Es estar preocupados por lo que la gente piensa. «¿Qué dirán ellos?», preguntamos, como si fallar fuera el escándalo supremo. Suponemos que porque hemos cometido uno o varios errores, somos unos fracasados y por lo tanto, estamos descalificados para siempre. ¡Qué ridícula suposición! ¿Cuántas personas tienen éxito total en cada área de la vida? Nadie. La gente con más éxito es aquella que aprende de sus errores y transforma sus fracasos en oportunidades. Cada invento de la ciencia, cada empresa comercial y cada matrimonio feliz es el resultado de una serie de fracasos. Nadie alcanza el éxito sin ellos.

Fracasar significa que usted ha puesto desde el comienzo algún esfuerzo. Y eso es bueno. El fracaso le da una oportunidad para aprender una mejor forma para lograrlo. Eso es positivo. El fracaso enseña algo y añade a su experiencia. Esto es de gran ayuda. El fracaso es algo que ocurre, nunca es una persona; una actitud, un resultado; un inconveniente temporal; un escalón. Nuestra respuesta al fracaso determina de cuánta ayuda puede ser para nosotros.

NUESTRA IMÁGEN DETERMINA CÓMO MANEJAMOS LOS FRACASOS

Cal Ripken, el campo corto de los Orioles de Baltimore, firmó recientemente un contrato por cinco años por más de treinta millones de dólares, pese a que el año anterior había logrado alrededor de un solo bateo por cada cuatro veces que le tocó su turno. Ahora, por un momento, vamos a pensar juntos en esto. Si usted fallara tres de cuatro veces en su trabajo, ¿cómo se sentiría? ¿Cuál sería su autoimagen?

PREGUNTA: ¿Cuál cree usted que es la imagen que Cal Ripken tiene de sí mismo cuando va a batear? ¿Cree usted realmente que pienso: *Muchacho, ¡qué pérdida de tiempo! Tengo sólo una oportunidad en cuatro de conseguir un imparable. No sé por qué sigo fastidiando con esto. Seguro, ellos me pagan un montón de dinero, pero es vergonzoso y terriblemente desmoralizador lograr solo un imparable por cada cuatro viajes que hago al plato. ¿No habrá otra manera de ganarse la vida? Soy un perdedor. ¡No soy bueno, y no sé por qué me torturo tanto si todos ya saben lo que yo ya sé!* ¿Piensa usted que él se habla de ese modo? Si no, ¿cómo cree que se habla?

Yo creo que mientras se dirige al plato con una gran impaciencia por enfrentar al lanzador, va pensando: *Muy bien, me agarraste la última vez, pero ahora te voy a agarrar yo a ti. He estado pensando en esto, te he estado observando y sé que soy uno de los mejores jugadores del mundo. He bateado esa bola bajo cualquiera circunstancia conocida por el hombre. He conseguido imparables con lanzadores altos y con más pequeños, con ganadores y con perdedores. He bateado en juegos difíciles y en juegos fáciles, y esta vez es mejor que te cuides porque vengo por ti. ¡Este es mi turno!*

Cal Ripken se ve como un ganador y se siente alborozado de que tiene una oportunidad de volver al plato.

MENSAJE: A pesar de lo que le haya ocurrido la última vez que estuvo en el plato, este es un nuevo día, y en este momento usted se está preparando para triunfar. Eso es motivación.

UN FRACASADO, UN TRIUNFADOR, DIFERENTE MOTIVACIÓN

Me gusta la historia que el ya fallecido Dr. Ken McFarland disfrutaba contar.

Se trata de un hombre que trabajaba en el turno de 4:00 p.m. a medianoche, y siempre, después del trabajo, volvía a casa caminando. Una noche, la luna alumbraba de tal manera, que decidió tomar un atajo a través del cementerio, lo que le permitiría acortar el camino por lo menos en media milla. Como no hubo ningún incidente, empezó a usar regularmente esa ruta, siguiendo el mismo camino. Una noche, mientras pasaba por el cementerio, no se dio cuenta que durante el día habían abierto una fosa justo en el centro del camino que él acostumbraba seguir. Cayó pues adentro del hoyo e inmediatamente empezó desesperado a tratar de salir de allí. Hizo todo lo que pudo, pero no lo consiguió, de modo que después de algunos minutos decidió tranquilizarse y esperar hasta la mañana, cuando alguien viniera y le ayudara a salir.

Se sentó en una esquina y estaba medio dormido cuando un borracho cayó en la fosa. Su arribo lo despertó, mientras el borracho trataba desesperado de salir arañando frenéticamente la tierra. Nuestro héroe alargó la mano, tocó al borracho en una pierna, y le dijo: «Amigo, no va a poder salir de aquí...» Pero salió. ¡Eso es motivación!

CRECIMIENTO PERSONAL VERSUS AUTORREALIZACIÓN

La motivación o autorrealización crea el «Síndrome del Mar Muerto». Este es una charca sin salida cuyas aguas están en reposo, son tóxicas e inútiles para el uso humano. La autorrealización es el estilo de vida centrado en uno mismo que en último término nos impide alcanzar nuestro pleno potencial.

Cuando nuestros pensamientos están antes que nada en nosotros mismos, nuestra motivación es autorrealizarnos. Esto es lo primero. Es un patrón de pensamiento que lleva a la dificultad, impide nuestra efectividad, restringe nuestra productividad en el trabajo y destruye una parte importante de nuestro futuro. Esta actitud también limita seriamente el número de amigos y relaciones duraderas que podamos hacer. Muy poca gente está interesada en ser amiga de o establecer relaciones permanentes con aquellos que están motivados por la autorrealización.

Sí, la autorrealización es una calle sin salida, mientras la motivación del crecimiento personal es el río que fluye y que recoge agua de una fuente y la vierte en otra, regando los sembrados o generando electricidad en el proceso. La autorrealización es el perenne estudiante que fundamentalmente adquiere conocimiento por el placer de saber y tener respuestas. La motivación para el crecimiento personal es el maestro que adquiere el conocimiento para tener respuestas e impartirlas a otros.

La autorrealización es el fisiculturista que desarrolla un cuerpo escultural y que se para ante el espejo esperando que los demás profieran exclamaciones de asombro. El crecimiento personal es el atleta que consigue una maravillosa condición física para hacer una contribución al equipo que lo beneficia a él personalmente tanto como a sus compañeros. Todos ganan.

Ahora vamos a ver algunas evidencias científicas seguidas

por una historia que apunta al crecimiento personal, a la motivación y a la filosofía de que usted puede tener cualquiera cosa en la vida si sólo ayuda lo suficiente a otras personas para lograr lo que quieran hacer por su beneficio y el de la humanidad.

LA EVIDENCIA ES CIENTÍFICA

Tiene validez la importancia del optimismo, de la motivación y del pensamiento positivo. En un artículo firmado por Daniel Coleman y que apareció en la edición del 3 de febrero de 1987 del *New York Times*, leemos que el optimismo —al menos el optimismo razonable— puede pagar dividendos en un rango tan amplio como la salud, la longevidad, el éxito en el trabajo y altas cifras en pruebas vocacionales.

La edición de enero de 1992 de la *American Institute for Preventive Medicine* dijo en su lista de resoluciones para el nuevo año que un ajuste en la actitud (tal como pasar de pesimismo a optimismo) es más importante en la prevención de enfermedades que cambios en la dieta y en los hábitos de ejercicios.

En un reciente número de la revista *Science Magazine,* Edward E. Jones, sicólogo de la Universidad de Princeton, revisó la investigación sobre las expectativas, y dijo: «Nuestras expectativas no sólo afectan la forma en que vemos la realidad, sino que afectan la realidad misma».

Esto es demostrado por el hecho de que virtualmente cada estudiante de medicina, en alguna etapa de su entrenamiento, adquirirá los síntomas de una o más de las enfermedades que está estudiando.

EJEMPLO CLÁSICO: El Dr. Harvey Cushings, incuestionablemente el más grande neurocirujano que haya existido, predijo en el inicio de su carrera que él, sin ninguna duda, moriría de un tumor cerebral. Eso fue exactamente lo que le pasó. Lo que esperaba, llegó a ser una realidad.

Una logópeda en Houston, Texas, me dijo que cuando se estaba preparando para su carrera, ella y todos los demás miembros de su clase empezaron a tartamudear mientras estudiaban el tartamudeo. Cuando la gente se involucra de lleno en un asunto, lo estudia con detenimiento y se concentra en ello, a menudo se envuelve emocional y empáticamente en el caso. La conferenciante terapeuta y sus compañeros de clase, así como el Dr. Cushing, ciertamente lo experimentaron.

Michael E. Scheier, sicólogo de la Universidad Carnegie-Mellon, en Pittsburgh, ha encontrado que los optimistas tienden a reaccionar a los disgustos, como el ser rechazado en un trabajo, formulando un plan de acción y pidiendo a otros ayuda y asesoría. Los pesimistas reaccionan más a menudo a idénticas dificultades tratando de olvidar el asunto o asumiendo que no hay nada que se pueda hacer para cambiar las cosas. Esa actitud es adoptada por los optimistas solo cuando objetivamente ya no hay nada más que se pueda hacer.

El Dr. Martin Seligman, de la Universidad de Pennsylvania, dijo: «Lo que lleva al éxito es la combinación de un talento razonable y la habilidad de persistir frente al fracaso».

Esa combinación es igual al optimismo. Seligman también dice que la gente que piensa que tiene más control sobre sus vidas que el que realmente tiene, termina haciéndolo mejor que los llamados realistas (es decir, los pesimistas) que se enorgullecen de tener una visión clara de cómo son en realidad las cosas.

El artículo del *New York Times* ya mencionado, también señalaba que algunas personas tienen buenas razones para ser negativas y pesimistas. La siguiente historia es acerca de una mujer que tenía varias razones para estar en una condición depresiva. Su historia debería convencerle a usted, y a cualquier otro, de que donde hay vida, hay esperanza. Y que la forma de ver y planear su futuro es el factor determinante sobre cuán brillante va a ser ese futuro.

DE AMA DE CASA GORDA A VICEPRESIDENTA DE VENTAS DE RADIO DISNEY EN DIEZ PASOS

La depresión de Pam Lontos era tan severa que no quería abandonar la cama. Su depósito de energía estaba vacío.

Había aumentado cincuenta libras y estaba durmiendo entre dieciséis y dieciocho horas diarias. Fue entonces cuando oyó un anuncio por la radio que le interesó. Ya que su terapeuta le había dicho que se pondría mejor, es sorprendente que el anuncio del club de salud le pareciera divertido (algo que no le había ocurrido por mucho tiempo). Lo que es más maravilloso aún es que se esforzó por unirse al club de salud para ver de qué se trataba. Ese fue el paso número uno, y si no hubiera dado ese primer paso, usted no estaría ahora leyendo su historia.

OBVIO: Para que pueda ir hacia la cumbre, se requiere acción.

Los vendedores y miembros del club eran amistosos, activos y aparentemente felices con lo que estaban haciendo. Pam se les unió y comenzó un programa limitado de ejercicios (paso número dos). Después de cierto tiempo, el nivel de sus sentimientos y energía cambió considerablemente, por lo que persuadió al club a darle un trabajo de vendedora (paso número tres). Antes había sido vendedora en una tienda de zapatos, donde había tenido mucho éxito, pero había seguido un desvío a insistencia de su familia, y llegó a ser profesora.

Como educadora, había sido poco feliz. Fue víctima de la depresión y empezó a comer cantidades de cake de chocolate, lo cual explica el peso ganado y la energía perdida. El vender nuevamente trajo a su memoria tiernos recuerdos del pasado, pero tenía sus altas y sus bajas, de modo que su jefe le dio un juego de grabaciones motivacionales para que las escuchara diariamente (paso número cuatro). Casi inmediatamente, su consistencia en las ventas y su vida personal mejoraron considerablemente.

Pam siempre se había sentido atraída por la venta de espacios radiales y decidió entrar en ese campo, pero su estación favorita no tenía vacante para ella y ni siquiera quiso entrevistarla. Pero para entonces, ya había aprendido acerca de la importancia de la persistencia y literalmente se sentó frente al administrador general de la oficina (paso número cinco) hasta que accedió a darle una entrevista. Su convicción, entusiasmo, persistencia y determinación lo persuadió a darle trabajo. Tuvo un maravilloso comienzo y pronto era la número uno.

Entonces le llegó la gran prueba. Se quebró una pierna y no se trataba de ninguna broma (paso número seis). Tuvo que permanecer enyesada y andar por varios meses con muletas, pero eso no la detuvo. Doce días después, volvió a la estación de radio. Contrató a un chofer para que la llevara a sus citas (paso número siete). Como le resultaba bastante incómodo entrar y salir del auto y de las oficinas, empezó a usar el teléfono para hacer sus ventas y citas, y sus ventas tuvieron un incremento sustancial.

QUIZÁS TODOS DEBERÍAMOS ORAR POR LOS PROBLEMAS

Las ventas de Pam fueron mayores que las de los otros cuatro vendedores juntos, por lo que estos empezaron a hacerle algunas preguntas. A Pam le encantaba dar información, por lo que empezó por enseñar (paso número ocho) a los demás vendedores lo que estaba haciendo. Poco después de eso, el gerente de ventas se fue y los vendedores pidieron que el puesto se le diera a Pam. Ella asumió su nueva responsabilidad muy seriamente y preparó pequeñas reuniones diarias de ventas mientras mantenía su propio volumen. Aunque la emisora tenía menos que el dos por ciento del mercado de oyentes, la facturación aumentó de $40.000 a más de $100.000 mensuales y el año pasado la cifra superó los $270.000.

> **Cuando usted combina motivación que crea confianza con técnicas efectivas de ventas centradas en el cliente, los negocios mejoran.**

LA GERENCIA OBSERVA

El gerente general de la cadena de estaciones de radio de Disney estaba excitadísimo con estos resultados porque la estación, que tenía el más bajo porcentaje de oyentes, estaba haciendo el mayor negocio. Invitó a Pam a ir a otras ciudades y ofrecer seminarios para ellos (paso número nueve). En cada caso, los resultados fueron dramáticos, porque cuando usted combina motivación que crea confianza con técnicas efectivas de ventas centradas en el cliente, los negocios mejoran.

Los resultados fueron tan buenos que la cadena de radio de Disney hizo de Pam la vicepresidenta de ventas para toda la cadena (paso número diez). La *National Association of Broadcasters* la invitó a hablar ante su convención nacional con más de dos mil personas en el auditorio. Aparte de pequeños grupos, Pam nunca había hablado antes, pero el nivel de confianza que tenía en sí misma y las técnicas que había aprendido eran altas.

Preparó su presentación con todo cuidado. Empezó a visualizarse hablando. Veía en su mente a la gente respondiendo con enorme excitación y entusiasmo, y aceptando cuanto ella estaba vendiendo. Al final de cada ensayo, literalmente se daba una ovación de pie (un poderoso proceso para crear una imagen).

Y el gran día llegó. Había hecho un considerable número de notas y estaba bien preparada para hacer su trabajo. Sin embargo, cuando subió al estrado, el brillo de las luces hizo imposible que pudiera seguir sus notas por lo que se alejó del atril y habló con el corazón. La reacción fue fabulosa. La interrumpieron con aplausos y le dieron la ovación de pie que ella se había dibujado en la mente. Inmediatamente después, se le programó una gira por dieciocho ciudades para dar seminarios por todo el país.

DA RESULTADOS

Hoy, Pam Lontos es una conferenciante conocida nacionalmente, autora de libros publicados y presidente de su propia compañía, Lontos Ventas y Motivación, Inc., en Mission Viejo, California. Es feliz, tiene salud, es más próspera, tiene más amigos, más paz mental, maravillosas relaciones familiares y una genuina esperanza de que el futuro será mejor.

En muchas maneras, la historia de Pam Lontos ejemplifica mucho de lo que nosotros creemos y que hemos venido enseñando durante muchos años.

PUNTO IMPORTANTE # 1: Pam llegó a creer que usted puede tener lo que quiere si sólo ayuda lo suficiente a otros a conseguir lo que ellos quieren. Inicialmente, cuando estaba compartiendo información con los otros vendedores de la estación, su beneficio financiero era cero; lo hizo porque le gustaba, porque sabía que ellos necesitaban ayuda y sentía que todos se beneficiarían. Esa es la razón para que llegara a ser gerente de ventas. (Sigue siendo verdad aquello de que cuando usted hace más de lo que le pagan, llegarán a pagarle más por lo que hace.)

PUNTO IMPORTANTE # 2: Si no se hubiera roto la pierna, Pam no se habría visto forzada a ser más creativa en la utilización de su tiempo y no habría llegado a usar el teléfono como lo hizo. No habría estado dispuesta a animar y a enseñar a los otros vendedores. Tomó un negativo (su pierna quebrada) e hizo de ello un gran positivo (el puesto de gerente de ventas).

PUNTO IMPORTANTE # 3: Ella dio su primer paso. Este es el más grande.

Se dio cuenta de que si realmente iba a superar su avanzado caso de pesimismo, su falta de energía y su problema de peso (todo lo cual la había hecho pensar en el suicidio), tendría que aceptar responsabilidad por su futuro. En ese momento su síndrome de PY inició un apresurado retiro.

MENSAJE: Usted da el primer paso, y todas las puertas empezarán a abrirse. Pam escuchó el anuncio por la radio, entró en acción y se unió al club de salud. Cuando empezó a trabajar sobre su problema físico, mejoró su salud emocional, su actitud cambió, y siguieron más energía, excitación y entusiasmo. Su personalidad cambió y empezó a manifestar exteriormente la clase de persona que era internamente. Como resultado, atrajo a sí a otras personas tanto como otras oportunidades. En realidad, esto fue lo que captó la atención de Rick Dudnick, quien empezó a cortejarla. Hace poco celebraron su octavo aniversario de matrimonio.

La historia de Pam Lontos dice muchas cosas, pero el mensaje más importante es que su éxito puede ser duplicado en su vida con el plano que mantendremos desplegado. Otro importante mensaje es que la motivación, combinada con el entrenamiento, produce cambios significativos, crecimiento y resultados. La motivación es básicamente acción, pero es como el fuego y necesita que se la esté alimentando regularmente. El pensamiento negativo es pesado y tiende a mantener a la persona abajo, pero una vez que es superado, resulta dramáticamente más fácil mantenerse avanzando.

La motivación —el oír las promesas e incentivos ofrecidos en aquel comercial— puso a Pam Lontos en acción. Su jefe de ventas la motivó al entrenarla y mediante el juego de grabaciones que le dio. Es acertado decir que la motivación lo mantiene a usted en movimiento, pero el hábito lo hace llegar allí. Haga de la motivación un hábito, avanzará más rápido y su viaje será más entretenido.

La motivación crea energía

Por años ha habido gente que me ha dicho que cuando se sienten un poco desanimados, acuden a una de mis grabaciones y esto los levanta. Supongo que han estado hablando de un ascenso sicológico o del ánimo, quizás adoptando una idea que hace su actitud más positiva. Esto era verdad, pero se ha ido mucho más allá que eso. Como escribí en un libro anterior, ahora hay evidencia científica que un mensaje de éxito, dado con todo entusiasmo, puede literalmente generar energía. He aquí la historia que compartí en *Ziglar on Selling* [Ziglar en ventas].

El Dr. Forest Tennant, sin duda la autoridad número uno en los Estados Unidos respecto de drogas, asistió a un seminario de cuatro horas que ofrecí en Anaheim, California. Hablé desde las 6:30 hasta las 10:30 p.m. a más de 2.500 personas.

Antes que yo empezara a hablar, Tennant hizo pruebas de sangre a cinco voluntarios de la audiencia. Cuando la sesión concluyó, repitió el proceso. La endorfina y el cortisol habían subido más del trescientos por ciento de su nivel. Sus conclusiones fueron publicadas en el número de mayo de 1989 de la revista *Meetings and Conventions*: «Hay una base bioquímica por la cual la gente se siente bien después de estas conferencias.

Algo, en cuanto a escuchar sobre éxito, le da a la gente una carga emocional que libera químicos en el torrente sanguíneo y hace que el cuerpo funcione mejor».

Estos efectos no duran más de unas pocas horas, pero Tennant cree que dosis regulares de motivación llevarán a una mejor salud, felicidad y logros: «Yo la pongo en la misma categoría de ayuda a su salud con los ejercicios aeróbicos, el sueño y tres comidas al día».

Es asombroso. El Dr. Tennant dice que la inspiración puede literalmente crear la energía para hacer un mejor trabajo y con más entusiasmo. Exámenes realizados por él después no sólo respaldan la información básica inicial, sino que la amplían. Él siente que el mensaje de esperanza y éxito, dado con entusiasmo, crea una excitación que inunda el cerebro con endorfina, dopamina, serotonina, norepinefrina y los otros neurotransmisores.

Ha probado científicamente que con información positiva, usted literalmente puede crear energía, resistencia y creatividad. Esto es muy importante (como lo podrá ver en el siguiente ejemplo), y es la razón fundamental porque, a menos que incluya una breve grabación de estudio, todas mis grabaciones son hechas en vivo. En esa forma, los oyentes no sólo obtienen la información sino la inspiración que surge del entusiasmo puro de una entrega entusiasta y la reacción de la audiencia.

Espero que usted esté de acuerdo que cuando necesitamos energía, es mucho mejor poner un casete motivacional en la grabadora que una píldora en nuestras bocas. Los resultados del casete son todos positivos y no habrá resaca.

La motivación puede ser mala

Esto nos trae a un importante punto en el mundo de la motivación, porque hay muchas cosas que activan el cerebro para producir los químicos de que estamos hablando. Música rock estridente, canciones patrióticas inspiradas, o himnos de fe tienen el mismo impacto; del mismo modo que un acontecimiento deportivo altamente motivado. Para algunas personas, la pornografía sirve como el detonante. Para otros, la química que activa el cerebro es producida por la excitación motivada por los juegos de azar. Sin embargo, según el Dr. Tennant, la diferencia entre ser motivado con el tipo de información que estoy compartiendo con usted en este libro es esta: Usted se está cargando de valores morales y éticos que dan dirección y esperanza sobre cómo ser más, hacer más y tener más. Eso es bueno.

Escuchar la música rock estridente hace que muchas personas se sientan bien porque la música los estimula y el cerebro se llena con dopamina, norepinefrina, endorfina y otros neurotransmisores. El problema es que tales grabaciones frecuentemente nos animan, directa o indirectamente, a hacer cosas que son perjudiciales o de naturaleza ilegal, como intoxicarse con alcohol o drogas; algunas, como el «rap pandillero», incluso abogan por matar policías. Piense en la imagen que esta lírica dibuja en su mente de matar a un policía, incendiar un edificio o cometer suicidio. Pregúntese, ¿hay alguna posibilidad que este pudiera ser uno de los factores en mucha de la violencia sin sentido y suicidios que vemos en nuestra sociedad de hoy?

El Dr. William H. Philpott dice que la música rock, especialmente el rock pesado, desorganiza el sistema nervioso central porque llega a finales tan abruptos y luego continúa sobre patrones extremadamente desorganizados.

Este pensamiento es reforzado por el pianista Stephen Nielson, quien dice que «el impacto de la música rock es agitador y antitético, y que trabaja literalmente no para construir armonía en el cuerpo, sino desarmonía y posiblemente crea pensamientos y acciones antisociales en nosotros. Al mismo tiempo, la excitación pura del sonido llena la productividad de nuestro cerebro con neurotransmisores, y como resultado aumentamos nuestra energía y nos cargamos con algunas de estas cosas tontas».

La evidencia de que puede ser desastroso escuchar música inmoral, antisocial y autodestructiva va en aumento. El siquiatra, Dr. Louis C. Cady, que es ex concertista de piano y una autoridad en el tema, afirma:

*El rock pesado, y el aun más potente rock ácido, y el «rap
pandillero» tienen un insidioso y devastador efecto en las
mentes de los jóvenes. La mayoría de la gente no se da
cuenta que los cerebros de los jóvenes están creciendo y
desarrollándose hasta que por lo menos tienen veintiún
años de edad. Es durante esta firme evolución del desarrollo del cerebro cuando los niños y adolescentes se
sujetan a una constante «dieta mental» de sugerencias
que el sexo, las drogas y las actividades criminales no
sólo son aceptables, sino aun deseables. En realidad, ellos
están llevando a cabo una suerte de «auto lavado de
cerebro» donde empiezan a sentir que aun los pensamientos y sensaciones expresados en la letra de la música, la
cual inicialmente no creen conscientemente, empieza a
ser una aceptada forma de pensar, donde el ilimitado
sexo premarital, la experiencia con drogas y alcohol y aun
involucrarse en actividades criminales se ve como una idea
«normal» en lugar que como una desviación de las normas
sociales. Trágicamente, estas canciones de anarquía están
dirigidas aun más allá de las mentes de los jóvenes y sus
pensamientos inconscientes y fantasías por el ritmo de la
música. Otro factor que aumenta la peligrosidad de esta
letra y música es el «walkman» tipo stereo con que los niños
se pueden programar libremente mientras están despiertos, por lo menos mientras las baterías están cargadas.*

P.S. La música rock de los años 60 y 70 no guarda ninguna
semejanza con la música rock o rap de hoy en día.

Ahora las buenas noticias

La buena música puede levantar y mantener a cualquier
persona en un nivel alto. Un artículo que apareció en el número
de julio/agosto de 1993 en la revista *Psychology Today*, dice:

*Toque una melodía pegajosa a los pequeñitos y se irá
directamente a sus cerebros. Si las investigaciones de la*

Universidad de California están en lo correcto, enseñar los fundamentos de la música a los bebés abrirá sus mentes a la ciencia y a las matemáticas.

Cuando la neuróloga Frances Rauscher probó la capacidad de razonamiento de niños de tres años de edad, los encontró bastante incapaces. Pero después de tres meses de lecciones de música, jugaban con rompecabezas y trozos de madera con mucha soltura. La Dra. Rauscher cree que la música «ejercita» las conexiones neurales básicas innatas que se relacionan con el razonamiento abstracto.

En su estudio, niños de tres diferentes escuelas dieron mejores pruebas después de oír música, sin considerar su nivel socioeconómico. Ellos elevaron sus cerebros mediante ejercicios para la mente, que consistían en compases rítmicos aprendidos en un teclado. «Considero la música como una forma de prelenguaje el que, a tan temprana edad, afecta los patrones cerebrales inherentes y realza su uso en otras funciones altamente cognoscitivas».

Recientemente, Rauscher tocó algunos conciertos de Mozart para estudiantes de Irvine y, tal como lo había predicho, mejoraron notablemente al hacer sus tareas de matemáticas en casa. Es el formato lineal de sus obras tales como *Eine Kleine Nachtmusik* que pone a las personas en ese marco mental matemático. Pasajes de la música de Mozart se repiten en una forma muy lógica y rítmica.

Según la notable experta en música, la doctora Klara Kokas, de Hungría, la práctica formal de la música influye en todos los otros asuntos de la escuela. Ella encontró que niños que han recibido entrenamiento formal en música tuvieron un mejor rendimiento de sobre el treinta por ciento en todas las otras materias. El descubrimiento de la doctora reveló que el esfuerzo requerido para el estudio de la música en lo abstracto capacita a los niños a manejar mucho más fácilmente materias tales como las matemáticas y los idiomas. Se puede afirmar que cierta música nos inspira para que lo que hacemos lo hagamos mejor y nos mueve hacia niveles más altos de pensamiento y comportamiento. Sin embargo, en general, la música que efectivamente funciona de esa manera es del mismo ritmo que el de nuestros cuerpos, las melodías, las marchas, la música patriótica y religiosa, tanto como la clásica de Chopin, Schubert, Beethoven y otros de los grandes maestros.

Hay más

Un artículo en la revista *Sky Magazine* de febrero de 1993, afirma que según los terapeutas, la música es un tranquilizador de la naturaleza y que por eso mucha gente busca en alguna pieza musical ayuda para terminar el día.

Quizás uno de los ejemplos más antiguos del impacto de la música es aquel del rey David, quien recurría a su arpa para aliviar al rey Saúl de los malos espíritus. A Pitágoras, filósofo y matemático del siglo VI a.C. a menudo se le atribuye haber descubierto la práctica de la terapia mediante la música, aunque es más seguro que él estaba desarrollando una tradición aún más antigua.

Howard Martin, vicepresidente del Instituto de Matemática del Corazón, un grupo de consejeros en el manejo de las tensiones establecido en Boulder Creek, California, dice que para los conductores de viajes largos los médicos recomiendan música con un mensaje tranquilizador. «Si alguien tiene que abrirse paso en medio de un tráfico plagado de vehículos, estará perdiendo energía si a cada momento refunfuña y se desespera. Con el tiempo, esa pérdida de energía se acumula, y la persona tendrá que pagar mental y emocionalmente, lo cual le llegará a afectar incluso fisiológicamente».

El mensaje parece ser claro. Una de las formas de mantenerse alerta —tener más control sobre nuestros sentimientos y emociones, para ser más entusiastas y estar preparados física, mental y emocionalmente— es ser cuidadosos acerca de la música que oímos. Melodías suaves y tranquilizadoras cuando necesitamos relajarnos y bajar el ritmo y canciones con mensajes positivos vigorosos, alegres y energéticos cuando necesitamos levantarnos en la mañana y empezar el día, pueden hacer una gran diferencia.

La motivación es un reductor de peso

Cuando escuchamos un casete motivacional que activa el cerebro, aumenta la serotonina (un químico que realza la autoestima) y también la endorfina, la dopamina, la noradrenalina y otros neurotransmisores. Esto no sólo nos hace sentir mejor acerca de nosotros mismos, sino que, como lo dijimos antes, aumenta nuestra energía y resistencia. Esto es importante porque la persona obesa usa enormes cantidades de energía. A las cinco de la tarde, estos químicos productores de energía están fluyendo en pequeñísimas cantidades. En este punto, el Dr. Tennant dice que otra sustancia que produce el cerebro llamada galanina literalmente devora lo que queda de dopamina y de noradrenalina. En pocas palabras, la dopamina y la noradrenalina son quemadoras de grasa y la galanina es productora de grasa.

El resultado neto es que para el final del día, las personas obesas están literalmente hambrientas por ricos postres y otra comida cargada de grasas. No es que sean perezosos, sino lo que pasa es que su reserva de energía está a punto de agotarse, entonces lo que hacen es tratar de llenar su reserva con comidas pesadas cargadas de calorías. Así recuperan la energía para hacer lo absolutamente necesario antes de caer a la cama. Desafortunadamente, estas personas por lo general comen varios cientos de calorías de más de las que pueden quemar y así el círculo vicioso se hace más vicioso.

Control

Muchas veces en mis seminarios motivacionales la gente me ha dicho que desde que empezaron a escuchar mis casetes motivacionales, han perdido x número de libras. Algunos hablan de cincuenta o cien libras. Hasta ahora, siempre supuse que fueron inspirados para cambiar sus hábitos de alimentación y de ejercicios cuando en realidad un factor determinante ha sido la respuesta química de sus cuerpos a la motivación.

Escuchar los casetes de motivación durante el curso del día y especialmente al conducir de vuelta a casa del trabajo cuando el nivel de energía está muy bajo, usted recibe el empuje sicológico que provee la motivación y además, un empuje fisiológico. Esto significa que usted va a llegar a casa con un poco más de esa energía que mencioné antes que la que usted hubiese tenido porque ha reabastecido los químicos del cerebro productores de energía. Cuando da una caminata y hace ejercicios en la tarde, usted está quemando exceso de energías. También está reprimiendo su apetito, y el cerebro libera aun más endorfina, dopamina, y norepinefrina reemplazante, tanto como los demás neurotransmisores, para mantener su cuerpo en balance.

Si tiene un problema de peso, déjeme animarle a hacer una decisión consciente para cambiar sus hábitos de comida y de ejercicios. El mayor delincuente en casi todos los casos es el hábito de comer demasiada comida cargada con grasas y no hacer suficiente ejercicio. Aquí es cuando un médico experto debe recomendar la dieta y los ejercicios apropiados y asegurarle que usted no es el único con razones médicas que está con sobrepeso.

Para gente realmente ocupada que no tiene tiempo para hacer ejercicios, los animo a sopesar las palabras de John Lubbock: «En el cultivo de la mente no debemos descuidar el cuerpo. Aquellos que no tienen tiempo para hacer ejercicios, encontrarán tiempo para las enfermedades».

Es sólida la evidencia de que cuando usted combina los buenos hábitos de comida con un programa de ejercicios inteligente, sus posibilidades de tener mejor salud y una permanente pérdida de peso son excelentes. Sin embargo, cuando añade a ello valentía, dirección y la emoción de escuchar diariamente casetes motivacionales excitantes, sus probabilidades mejorarán dramáticamente.

7

La actitud hace la diferencia

Mientras más vivo, mejor entiendo el impacto de la actitud en la vida. Para mí, la actitud es más importante que los hechos. Es más importante que el pasado, la educación, el dinero, las circunstancias, los fracasos, los éxitos, lo que piensan, dicen, o hacen los demás. Es más importante que la apariencia, las habilidades o los recursos. La actitud construirá o destruirá una compañía, una iglesia o un hogar.

Lo más importante es que cada día tenemos que escoger cuál va a ser la actitud con la cual enfrentaremos ese día. No podemos cambiar nuestro pasado, no podemos cambiar el hecho de que la gente actuará en determinada forma. No podemos cambiar lo inevitable. Lo único que podemos hacer es tocar en la única cuerda que tenemos, y esta cuerda es la actitud. Soy un convencido de que la vida es diez por ciento lo que me sucede y noventa por ciento cómo reacciono a lo que me sucede. Y lo mismo ocurre con usted... NUESTRAS ACTITUDES ESTÁN EN NUESTRAS MANOS.

Charles Swindoll

Su actitud, como lo he indicado, es importante, pero el pensamiento positivo es mal entendido por demasiada gente, incluyendo los medios de comunicación, los desinformados y los mal informados, los cuales no lo entienden. Algunas personas creen sinceramente que con el pensamiento positivo usted puede hacer cualquier cosa, mientras que otros sinceramente creen que el pensamiento positivo no ayuda en nada. Exploremos el asunto y busquemos lo que el pensamiento positivo hace y no hace.

LO QUE EL PENSAMIENTO POSITIVO LE
PERMITE Y NO LE PERMITE HACER

Este es un escenario común para el golfista novicio. El golfista está parado frente a la primera «T». En la mano tiene el palo y ahí está la pelota. Al frente, el campo abierto de 90 yardas de ancho, y el hoyo a 397 yardas. Prepara la pelota, escoge un lugar a 230 yardas más adelante, alinea la pelota con el blanco, pone atención a todos los factores que determinan un buen golpe, le da a la pelota, y la envía a más de 200 yardas, desviada a la derecha. La pelota va a detenerse detrás de varios árboles grandes, pero hay una abertura de un metro de ancho hacia el campo abierto.

Nuestro héroe estudia la situación y decide que, aunque erró al campo abierto de 90 yardas con la pelota en una posición perfecta, puede alcanzar el hoyo a 197 yardas con esa misma pelotita, enviándola sobre los árboles que franquean el área de juego, sobre la laguna y a la derecha de una trampa de arena. Cuando al fin ejecuta el lanzamiento, la pelota rebota en los árboles, se da un ligero baño en la laguna y finalmente la saca de la trampa de arena. Termina el tiro con cuatro golpes sobre el ideal.

Este golfista, que hace decisiones de millones de dólares todas las semanas, ha hecho una decisión que ha convertido una jugada rutinaria (si simplemente hubiese dado a la pelota 30 ó 40 yardas hacia atrás para haber regresado a campo abierto) en un desastre. Obviamente, confundió pensamiento positivo con habilidad positiva. El pensamiento positivo lo capacita para maximizar su habilidad, pero todo el pensamiento positivo del mundo no llevará la pelota de golf por entre los árboles, por sobre la laguna, ni hará que esquive la trampa de arena, si no está presente la habilidad necesaria para hacer un buen tiro.

La mayoría de quienes lo conocen estarán de acuerdo de que Shaquille «Shak» O'Neal, la estrella de siete pies y una pulgada y 303 libras de peso que juega de centro en los Orlando Magic, y que en 1992 firmó un contrato de más o menos 40 millones de dólares para jugar baloncesto en la NBA es un optimista y un pensador positivo. Sin embargo, le aseguro que con todo el pensamiento positivo que pudiera tener, sería un completo fracaso como jinete profesional. Nate Newton, el hombre de la línea ofensiva de unas 300 libras de peso que juega con el equipo de los Dallas Cowboys es un optimista y pensador positivo, pero nunca podría ser un bailarín de ballet. Mi propio caso, gran optimista y pensador positivo, pero si usted necesitara una cirugía mayor, le recomendaría que no me la encargara a mí.

PREGUNTA: ¿Qué le permitirá hacer el pensamiento positivo?

RESPUESTA: El pensamiento positivo le permitirá usar al máximo su habilidad y experiencia. Esto es real. Creer que el pensamiento positivo le va a permitir hacer cualquier cosa es equivalente a un desastre. Es irreal y muy peligroso porque crea falsa esperanza y expectativas irreales. Y una expectativa irreal es el semillero de la depresión.

ESTO TIENE SENTIDO

No obstante, pese al hecho obvio de que, como seres humanos, tenemos ciertas limitaciones, hay una persistente creencia de que si usted concibe una idea y cree que puede llevarla a cabo, podrá hacerlo. Soy el primero en conceder que si la idea es suya y realmente cree que puede realizarla, las posibilidades de que lo logre aumentan dramáticamente.

También estoy aquí para decirle que hay numerosas bancarrotas archivadas cada año de personas que concibieron lo que creyeron que eran maravillosas ideas y creyeron con todo su corazón que podrían llevarlas a cabo. Derramaron sus corazones y sus almas, su sangre, su sudor y sus lágrimas en su esfuerzo, y aun así, fueron a la quiebra. Quizás la idea no era lo que parecía, o no tenían las habilidades y recursos, o el entrenamiento necesario para hacer que la misma trabajara. Pudo haber sido que las circunstancias más allá de su control impidieron que su idea llegara a una feliz conclusión.

Nuestras cárceles y prisiones están llenas de personas que concibieron lo que ellos creían era una extraordinaria idea, visión o sueño. Creyeron con todo su corazón que podrían lograrlo, trabajaron intensamente con ese fin, se vieron en apuros, comprometieron su integridad y terminaron presos.

> *«Ya que su pensamiento tiene una relación directa con su desempeño, su pensamiento debe estar basado en una sana información».*

Se nos ha dado la mente para que podamos almacenar información, mezclarla con sentido común y finalmente hacer juicios sanos acerca de lo que podemos y queremos hacer. Después, podemos hacer los planes necesarios.

PENSAMIENTO NEGATIVO

Hay también una considerable confusión acerca del pensamiento negativo. Algunos pensadores positivos creen sinceramente que aun si usted habla de algún problema o desafío, está siendo negativo. Esto es ser ingenuo. Realmente, cuando usted reconoce que está enfrentando un problema o un desafío, está siendo realista. ¿Le gustaría que su médico, solo porque no quiere que usted vaya a creer que es negativo, le dijera que la hinchazón que tiene en el muslo es un quiste en lugar de un cáncer? ¿O su contador, de pensamiento positivo, solo por no querer que usted piense que es negativo, le dijera que todo está bien cuando la compañía debe $68.000 en impuestos atrasados?

El primer paso para resolver cualquier problema o hacer frente a cualquier desafío es estar seguro de tenerlo adecuadamente identificado. Pensamiento negativo es cuando usted levanta las manos al cielo y desesperado dice: «Nunca antes he podido hacer esto», «Esta es una situación desesperada», o «No hay nada que pueda hacer». El cuadro que estas palabras pintan en su mente neutralizará su imaginación creativa y le originará un problema más grande que el que ya existe.

USTED ELIGE: UNA ACTITUD OPTIMISTA O UNA ACTITUD DEPRESIVA

Como muchos de ustedes saben, a fines de 1992 y principios de 1993, pasamos por una prolongada recesión. Mucha gente sufrió severamente debido al alto desempleo causado por la reducción y bancarrota de algunas importantes compañías y miles de otras pequeñas. Mi corazón estuvo con aquellos que sufrieron y mucho de *Más allá de la cumbre* está escrito para ayudarle a prepararse para cualquiera futura dificultad. Creo firmemente que a pesar de lo que pueda ocurrir, su actitud debe darle una competitiva ventaja.

Crecí durante la depresión, lo que significa que vi a mucha gente que pasó por tiempos difíciles, incluyendo a mi propia familia. Sin embargo, aun cuando era un niño, me di cuenta de algo importante acerca de la depresión. Aunque mucha gente sufrió terriblemente a causa de esto, hubo también un considerable número que se las arregló bastante bien, e incluso se hizo rico durante aquellos años.

Económicamente, en los años que siguieron a aquel tiempo, hemos tenido altos y bajos. Una cosa, sin embargo, se ha mantenido invariable. No importa cuán buena fue la economía en general, hubo una cantidad de personas que aun así fueron a la bancarrota durante aquellos buenos tiempos. También me di cuenta de que sin importar cuán duros fueron económicamente los años de la depresión, una cantidad de personas lo hizo bastante bien en sus vidas personales y de negocios. ¿Qué es lo que hace diferente a la gente que tiene éxito? La actitud y el ímpetu.

ÍMPETU: AVANZAR O DETENERSE

Hablé de esto en el capítulo 6, pero es tan importante que quiero volverlo a tocar. El ímpetu positivo es tan beneficioso que deseamos mantenerlo, y el negativo es tan destructivo que rápidamente queremos detenerlo.

POR EJEMPLO: En el mundo del atletismo se ha puesto un

enorme énfasis en la importancia del ímpetu inicial y cómo puede cambiar todo en una fracción de segundo. Quisiera señalar que el ímpetu inicial está presente en cada faceta de la vida, tanto en un plano positivo como negativo. Cuando el ímpetu es cuesta abajo, es alimentado por un pensamiento de descenso. Un pensamiento negativo procrea a otro, hasta que tiene a una familia completa de pensamientos negativos. Cuando ya tiene suficientes de ellos, aparece el mal de PY y lo pone todo bajo su control.

En béisbol, cuando un equipo ha perdido varios juegos en fila, el entrenador mira a sus hombres buscando a un parador. Algunos lanzadores son famosos por su habilidad, casi sin tomar en cuenta su récord de triunfos y derrotas, para ganar los juegos importantes y detener la racha de derrotas.

En la vida, la acción con la actitud correcta es el mejor freno en un descenso y el mejor seguro para mantener el ímpetu activo cuando es de naturaleza positiva. Este capítulo sobre las actitudes está lleno de creadores de ímpetus iniciales y paradores negativos. Péguese a aquel que parece apelarle más, y si las cosas alguna vez tienden a resbalar (en la vida todos tenemos cumbres y valles), vaya al parador y agárrese de él. Cuando las cosas vayan bien, siga haciendo lo que lo puso a caminar en esa dirección.

> **Mantener la actitud correcta es más fácil que recuperar la actitud mental correcta.**

Una de las cosas que a través de los años más perplejo me ha dejado es la increíble cantidad de personas que me han dicho: «Zig, cuando me desanimo un poco, escucho uno de sus casetes o busco uno de sus libros, e invariablemente, me levanta el ánimo». Lo que me intriga acerca de esa afirmación es que si se mantuvieran haciendo las cosas que los animaron, se mantendrían en movimiento, y la posibilidad de sentirse un poquito desanimados se reduciría considerablemente. Mantener la actitud correcta es más fácil que recuperar la actitud mental correcta.

La siguiente dolorosa historia demuestra que no importa cuán buena haya sido su actitud inicial, si el entusiasmo, la motivación y el pensamiento positivo no están respaldados con entrenamiento y experiencia, usted nunca podrá alcanzar todo su potencial, y en cambio, sufrirá algunas dolorosas contrariedades.

PENSAMIENTO POSITIVO + ENTRENAMIENTO POSITIVO = RESULTADOS POSITIVOS

Cuando estaba en el séptimo grado, decidí inscribirme en el equipo de boxeo de la escuela. Como un peleador callejero o, más apropiadamente, como un gladiador de plazas de juego, era bastante habilidoso con mis puños. Sin embargo, cuando subí al ring, me di cuenta rápidamente que hay una dramática diferencia entre darse de golpes en la calle y pelear en un ring bajo el ojo implacable de un árbitro. En el ring hay ciertas reglas y procedimientos que se observan estrictamente y, lo que es más importante, la pelea cambia de una camorra libre a algo que tiene su ciencia.

Yo pesaba 82,5 libras, lo que significaba que era el segundo más pequeño. El más pequeño era un compañero de la escuela llamado Joe Stringer que pesaba 62 libras, por lo que fuimos asignados para ser compañeros de entrenamiento. No es necesario decirlo, pero me sentía confiado —y hasta un poco culpable— por tener que pelear con un muchacho tan pequeño. Sin embargo, él había pertenecido al equipo de boxeo desde el quinto grado y entendía claramente los aspectos defensivos tanto como el hecho de que un golpe recto era la menor distancia a mi nariz.

Nunca olvidaré el rudo despertar unos tres y medio segundos después que hubo comenzado el primer round y su izquierda se conectó con la punta de mi nariz. ¡Parecía que Joe tenía mala memoria porque dos segundos después estaba pegándome ahí mismo! ¡Estoy aquí para decirle que nunca en mi vida me había sentido tan cansado de parar cuero con la punta de mi nariz! Antes que finalizara el primer round, me sentía algo así como avergonzado, herido y adolorido, y estuve a punto de decidir que en realidad estaba demasiado ocupado para seguir perteneciendo al equipo de boxeo.

Afortunadamente, el entrenador Perminter, un hombre realmente compasivo, detuvo el combate después del primer round (eso era muy parecido a lanzar y batear, solo que yo estaba al bate y no le daba a una). Me llevó a un lado y empezó a darme instrucciones sobre cómo proteger mi nariz y me dejó lanzar unos pocos golpes. Al día siguiente, Joe me dio otra lección, aunque esa no fue tan dolorosa. Al final de la semana, debido a mis veinte libras extra, podía defenderme con un poco más de efectividad. Al final de la segunda semana, ya podía zurrar a los demás, y al fin del año, el entrenamiento, la dirección y la experiencia pagaron sus dividendos.

He aquí mi punto: Cuando subí por primera vez al ring, era confiado, entusiasta y tremendo pensador positivo. Todo eso desapareció en un abrir y cerrar de ojos (¡o quizás de un puño!). Todo lo que estoy diciendo es que además de tener una actitud positiva y entusiasmo por lo que está haciendo, tiene que aprender las habilidades del negocio. Entusiasmo, por sí mismo, es como correr en la obscuridad. Puede lograrlo, pero también puede matarse en el camino.

Por muchos años estuve involucrado en el mundo de las ventas (y todavía lo estoy), y muchas veces he visto a hombres y mujeres lanzar sus propias carreras en ventas con confianza y entusiasmo pero con muy poco entrenamiento. Desafortunadamente, en muchos casos, una serie constante de rechazos y negativas hicieron que muchos de ellos crecieran desanimados y abandonaron el negocio porque no entendieron el proceso de las ventas. Simplemente no tenían las respuestas a las preguntas u objeciones legítimas de los clientes. Esa es la razón —cualquiera sea el campo de actividad— porque necesitamos las virtudes de excitación, persistencia, confianza y entusiasmo, pero también necesitamos el entrenamiento para hacer un trabajo efectivo.

AMP + ENSEÑANZA POSITIVA DA RESULTADO EN LAS ESCUELAS

No, el pensamiento positivo no lo capacita a hacer cualquier cosa, pero sí le capacita para hacerlo todo... mejor que lo haría el pensamiento negativo. Eso tiene sentido. ¿Qué hará el pensamiento positivo? El pensamiento positivo le guiará a usar la habilidad que tiene. Por ejemplo, el cuarenta y seis por ciento de los alumnos, en un estudio de mil quinientos que tomaron el curso YO PUEDO en la escuela, aumentó su pensamiento positivo y logró mejores resultados en las demás materias.

¿Le hace más despierto el pensamiento positivo? Yo no dije eso. Dije que los estudiantes lograron mejores resultados en las otras asignaturas, a causa de una palabra de nueve letras llamada *esperanza*. Un muchacho que no cree que puede aprender lo suficiente para pasar, no estudiará. Al cambiar su actitud, se convence que puede aprender, y entonces va y abre sus libros y estudia. Es el cambio de actitud que lo hace ir a los libros; es el trabajo (estudio) con la actitud correcta que produce los resultados.

Un más reciente y extenso estudio hecho a 492 estudiantes varones y a 510 estudiantes mujeres en el octavo grado de la clase YO PUEDO en la *Bridgeview Middle School*, de Sidney, Ohio, reveló algunos resultados realmente impresionantes. David Gates es el profesor y su informe es del 7 de junio de 1992. Incluyo esta información en *Más allá de la cumbre* porque desde el comienzo del libro he venido diciendo que estas son cosas que pueden enseñarse. Gates sometió treinta y un resultados medibles, pero yo incluyo sólo los siguientes porque creo que son suficientes para señalar lo que deseo.

De estos 1.002 estudiantes:

- 64,1% dijo usar lo que han aprendido desde una a varias veces en el día.
- 76,1% dijo haber mejorado su rendimiento en la escuela, en el hogar, en el trabajo.
- 79,1% dijo tener una mejor autoimagen desde que tomó el curso YO PUEDO.
- 82,8% dijo tener una actitud más positiva después de tomar el curso YO PUEDO.
- 52,2% dijo tener una mejor actitud hacia la escuela.

- 63,5% dijo ser más optimista acerca de su futuro.
- 65,7% indicó que están fijando y logrando metas.
- 65,4% dijo que son más felices desde que han aprendido estos conceptos.
- 72,4% dijo entender que entre los que usan drogas, el fumar cigarrillos es casi siempre el primer paso para llegar a ellas.
- 58,3% dijo haber experimentado una reducción en el uso de drogas y alcohol.
- 54,5% dijo que ahora son más sinceros y leales.
- 59,7% dijo estar haciendo mejores decisiones.
- 66,4% sintió que son más corteses y cooperadores con otros.
- más del 50% dijo llevarse mejor con amigos, familiares y otras personas de su misma edad.

ACCIONE EL INTERRUPTOR

Esta es la forma en que trabaja el pensamiento positivo. Anoche entré en la obscuridad a mi cuarto del hotel, accioné el interruptor de la electricidad y el cuarto se inundó de luz. La electricidad no se genera al accionar el interruptor; la electricidad ya ha sido generada y almacenada. Accionar el interruptor libera la electricidad. Pero si no hubiera electricidad almacenada, podría estar accionando el interruptor toda la vida y no tendría luz.

Cuando usted acciona el interruptor del pensamiento positivo, libera —o hace disponible— el conocimiento y la experiencia que previamente había almacenado. Esta es la razón por la que los estudiantes en cientos de escuelas que enseñan nuestros conceptos y principios mejoran su rendimiento en las demás asignaturas.

NOTA: Si el estudiante no ha estudiado y aprendido la materia, todo el pensamiento positivo del mundo no podrá ayudarle.

Lo más admirable es el hecho de que esta forma YO PUEDO de pensar y trabajar mejorará también su productividad, sea que ande buscando un trabajo, un ascenso o haciendo una venta.

EJEMPLO: Muchas personas que no tienen trabajo, que se sentirían felices de trabajar si se les ofreciera algo, a menudo permanecen desempleadas por una simple razón: Padecen del mal de PY. No creen que pueda haber un trabajo disponible (todos les han dicho lo mismo), o no creen que puedan tener suficiente suerte como para conseguir uno. Con esta clase de pensamiento, ocurrirá lo inevitable. Sus esfuerzos por encontrar

> **Muchas personas desempleadas siguen desempleadas porque no creen que pueda haber un trabajo disponible (todos les han dicho lo mismo), o no creen que puedan tener suficiente suerte como para conseguir uno. Con esta clase de pensamiento, ocurrirá lo inevitable.**

trabajo, si existieran, confirmarán lo que ellos ya saben («¡Te dije que no había trabajos disponibles!»). Cambie ese pensamiento y los que buscan trabajo se esforzarán más en conseguirlo y los motivara la expectativa de lograrlo. Vamos ahora a ver un ejemplo específico para dar validez a este punto.

ELLA MEJORÓ LA SUYA Y AYUDÓ A OTROS A CAMBIAR LA DE ELLOS

Nuestra compañía donó nuestra serie de entrenamiento en video *Nos vemos en la cumbre* al *Interfaith Job Search Council*, cuyo propósito es ayudar a los desempleados a calificar para obtener un trabajo.

Aletha Beane, de la oficina de Fort Worth de la Comisión de Empleo de Texas, había sido ascendida y eximida de tener que ver directamente con personas desempleadas. Ella se dio cuenta, sin embargo, de que necesitaba más contacto directo con las personas a las que finalmente ayudaba así como más motivación, nuevos pensamientos e ideas, por lo que fue al *Interfaith Job Search Council* y tomó el curso de entrenamiento para calificar como ayudante de *Nos vemos en la cumbre*. Una vez a la semana, enseña como voluntaria la clase a los desempleados y trabaja con los diferentes grupos nuevos.

En 1989 cuando adoptó nuestra filosofía y nuestros procedimientos y técnicas, que usted está aprendiendo en este libro, la Comisión de Empleo de Fort Worth había alcanzado al 81% de la meta de colocaciones. Al final del año, fue el 102%. En 1990, su oficina alcanzó el 136% de la meta, y en 1991, el año más importante, fue de 114%. Digo más importante porque en 1991, General Dynamics despidió a más de 10.000 empleados. Cuatro compañías grandes despidieron a más de 500 empleados, y un sinnúmero de compañías despidieron entre 2 y 50 empleados cada una. No necesito recordarle que los años 1991 y 1992 fueron años difíciles para la economía. En 1992, la oficina de Fort Worth alcanzó el 109% de la meta para empleos, a pesar del hecho de que General Dynamics había despedido a 4.000 empleados más y muchas otras industrias estaban achicándose o cerrando. En 1993, la oficina de Aletha alcanzó el 122% de su meta.

LAS LECCIONES DE ALETHA

PRIMERO: La filosofía de que usted puede obtener cualquiera cosa que quiera en la vida si solamente ayuda a otras personas a conseguir lo que ellos quieren, adquiere vida en esta historia. En 1991, como resultado de ayudar a otros, Aletha recibió el más grande premio otorgado a una persona por el capítulo del estado de la Asociación Internacional de Personal en Seguridad de Empleo, y posteriormente la reconoció el capítulo internacional en la reunión anual en Charleston, South Carolina. En 1993, la gobernadora Ann Richards la distinguió como una de las cien mujeres distinguidas del gobierno de Texas. La selección se hizo entre ciento ochenta mil mujeres.

SEGUNDO: Lo que hizo fuera de su trabajo (enseñar a la gente desempleada en el *Interfaith Job Search Council* a conseguir un trabajo) la hizo más efectiva en enseñar estos principios y procedimientos con la Comisión de Empleo de Texas.

TERCERO: El procedimiento de fijar metas que aprendió y enseñó a los desempleados fue beneficioso en su vida personal.

CUARTO: Según un estudio hecho por el Centro de Encuestas de la Universidad de Michigan, el trabajo voluntario regular alarga la expectativa de vida dramáticamente más que cualquiera otra actividad. La actividad voluntaria reduce el agotamiento, mejora el sistema cardiovascular y eleva las funciones inmunológicas.

No olvide esto: Los desempleados consiguieron trabajo porque cambiaron de una expectativa negativa a una positiva, y calificaron para un empleo cuando sus actitudes mejoraron. Sus actitudes, imágenes, dirección y entusiasmo por la vida combinados con el énfasis en las virtudes del carácter los hicieron piezas valiosas en el mercado de trabajo. Esto es seguridad de empleo.

Cuando la gente está desempleada, les es difícil mantener una actitud positiva. Por esto son vitales para su ubicación las clases que enseñan actitudes y mejoramiento de la autoimagen. Los porcentajes hablan por sí solos. Al ayudar a sus clientes a aprender cómo ser más codiciables como empleados, Aletha ayudó a la Comisión de Empleo de Fort Worth a mejorar sus porcentajes.

Aletha es una más de las mujeres felices que bulle de entusiasmo al hablar de los beneficios de ayudar a otros y mantenerse involucrado en un programa de crecimiento. Ella entiende claramente que el profesor aprende y se beneficia más que el estudiante, y su actitud refleja la afirmación del Dr. Albert Schweitzer de que «los únicos entre ustedes que van a ser realmente felices son aquellos que buscarán y encontrarán cómo servir».

LA ACCIÓN CAMBIA LAS ACTITUDES Y LA PRODUCTIVIDAD

Uno de los ejemplos más fascinantes que he encontrado es la historia de dos mujeres que, hace algunos años, trabajaban para la *Western Union*, y decir que no estaban muy motivadas con sus trabajos no sería una afirmación exagerada. Una noche, mientras tomaban café, empezaron a discutir el asunto y decidieron que, aun cuando no tenían otras ofertas de trabajo, simplemente no podían seguir tolerando ese lugar y se irían. Y como la noche aún era joven, empezaron a planear cómo harían su gran salida. Un pensamiento llevó a otro, y a otro, y a otro, hasta que tuvieron trazado un plan bastante elaborado: Saldrían sin avisar después de terminar su trabajo el viernes de la siguiente semana. Durante los días que siguieron, hablaron del asunto, se rieron y, en general, lo pasaron bien.

USTED CAMBIA, Y ELLOS CAMBIAN

El día señalado según el plan, se vistieron con su mejor ropa y llegaron a la oficina una hora antes. Ya tenían el café preparado y la cocina aseada cuando llegó la primera compañera de trabajo. La saludaron con gran amabilidad y la invitaron a sentarse y a servirse una taza de café. La recién llegada expresó sorpresa y alegría, y quiso saber qué estaba pasando. Las dos amigas sólo rieron y dijeron que todos habían sido tan cariñosos con ellas que habían decidido invertir los papeles.

Un par de minutos después llegó otra empleada e hicieron lo mismo, quizás con más entusiasmo; y luego una tercera, y una cuarta, con idéntico resultado. Las dos cómplices se encontraban en el mesón principal cuando se abrieron las puertas de la oficina. Saludaron al primer cliente con amplias sonrisas y un alegre «¡Buenos días!» Le dijeron cuán felices se sentían de que él fuera el primer cliente del día, y que sentían que era un buen augurio. El hombre intercambió algunas galanterías, se ocupó de lo que iba a hacer, les correspondió el alegre «Buen día» y se fue.

Pocos minutos después entró otro cliente. Lo saludaron con idéntico entusiasmo y cortesía, y le dieron un servicio de primera, le agradecieron reiteradamente por haberles visitado, lo invitaron a volver, y así, durante todo el día. Estaban altamente motivadas, entusiasmadas y muy afectuosas con todo el mundo. Los demás empleados estaban consternados. Todos los clientes estaban complacidos y felices; las cosas salieron increíblemente bien y sin ningún contratiempo.

Cuando eran alrededor de las 4:30, una de las mujeres dijo a la otra:

—Bien, ¿nos vamos a ir sin decir que no vamos a volver, o haremos la gran salida y les diremos a todos que este es el último día que nos verán?

—¿De qué estás hablando? —dijo algo asustada su compañera.

—Bueno, tú sabes bien que hoy dejamos de trabajar aquí —respondió.

—¡Dejar de trabajar! ¿Estás bromeando? ¿Dejar el mejor trabajo donde lo he pasado como nunca antes en mi vida? ¡Olvídalo!

(Ambas se quedaron en el trabajo.)

NOTA: Nada había cambiado en el trabajo, la administración o la economía. Sin embargo, todo había cambiado para mejor porque la actitud de las mujeres se había modificado.

PUNTO IMPORTANTE: Sus actitudes cambiaron porque sus acciones cambiaron.

> **«Los sentimientos siguen a las acciones. Por eso, cuando usted realmente no quiera o no sienta hacer lo que hay que hacer, hágalo, y luego sentirá hacerlo».**

Al final, las dos mujeres estaban tan contentas, se sentían mejor, y eran considerablemente más valiosas para sus empleadores. Numerosos estudios han respaldado el hecho de que el ochenta y cinco por ciento de las razones por las que la gente consigue trabajo y se mantiene al frente en sus empleos es por la actitud. Afortunadamente, su actitud es algo que usted puede controlar.

SU SENTIDO DEL HUMOR AUMENTA
SU SEGURIDAD EN EL EMPLEO

Si quiere aumentar su seguridad de empleo, use el humor. Roger Ailes escribió, en la revista *Success, el* artículo titulado «Suéltese: Los presumidos tienen carreras cortas»: «El único consejo que algunos de mis clientes necesitan puede resumirse en una palabra: Suéltese. Es irónico, pero su carrera puede depender de la seriedad con que toma el no ser tan serio».

Según Executive Recruiters, en siete de cada diez personas que pierden su trabajo, no es por incompetencia sino por conflictos de personalidad. Al ejecutivo alcanzar los mandos medios y superiores, el criterio básico para su avance son sus habilidades para comunicar y motivar más que su rendimiento. Asimismo las relaciones con sus superiores y sus compañeros. Históricamente, los altos ejecutivos promueven a los que le caen bien. La razón número uno para que alguien no sea querido en el trabajo: Se toma demasiado en serio. No tiene sentido del humor.

Emerson decía: «Si usted quiere gobernar el mundo tranquilamente, debe mantenerlo entretenido». El humor muestra que usted es humano, y las estadísticas muestran claramente que todos preferimos trabajar con personas que son humanas. Los beneficios que son producto del buen humor y de la risa son bien conocidos.

En el número de marzo de 1992 de la revista *Florida Trend*, un artículo sobre el humor en el trabajo, escrito por la consultora Leslie Gibson contiene una interesante información. Ella dice que, como promedio, un niño de cuatro años de edad ríe 400 veces al día, mientras que los adultos sólo ríen de 15 a 16 veces.

Es una pena, pues según Gibson: «Reír es también bueno para los negocios. Puede reducir las tensiones, da vida a las presentaciones y estimula la creatividad. En un ambiente de negocios, cuando a las personas se les permite reír, aunque sólo sea quince segundos, obtienen más oxígeno para el cerebro, lo que les hace pensar más claramente». Gibson advierte en contra de cualquier chiste sarcástico o que ridiculice o difame. (No cuente un chiste que no podrá finalizar, sea quien sea que entre en el local.) También dice que el uso más positivo del humor en el trabajo puede ser crear un espíritu de igualdad social, eliminando lo presuntuoso.

UNA CANTIDAD DE VENTAJAS

El sentido del humor nos da muchas ventajas. Un estudio de la Universidad de Michigan llegó a la conclusión que gente con un buen sentido del humor tiende a ser más creativa, emocionalmente estable, realista y segura. Usted también puede tener humor y hacer amigos al compartir incidentes simpáticos de la experiencia diaria. No estoy hablando precisamente de contar chistes solamente, sino también de apreciarlos.

Por varios años, Graydene Patterson trabajó con nosotros, y cuando producíamos grabaciones propias, siempre la invitábamos a estar en el auditorio porque su risa era tan natural y espontánea que inmediatamente tenía riendo con ella al resto de la audiencia. Siempre hacía excelente una buena audiencia.

Me gusta la historia de aquel pequeño que no se dio cuenta de que el pastor estaba visitándoles y llegó a la casa diciendo: «Mamá, mamá, encontré una rata en el patio y tomé una tabla y le pegué, le pegué, le pegué y entonces la pisoteé, la pisoteé y la pisoteé». En eso se dio cuenta de la presencia del pastor, de modo que con voz piadosa, dijo: «Y entonces el Señor la llamó a su presencia».

Espero que usted eche una risita o a lo menos haya sonreído. Hablando en términos médicos, sabemos que reír libera endorfina que nos da energía, aumenta nuestra resistencia y actúa como un inhibidor natural del dolor. Cuando oye algo realmente divertido, sinceramente espero que se ría con ganas porque si no, no le gustarán las consecuencias. Siento que debo advertirle que cuando de veras se quiere reír pero se contiene, toda la fuerza de la risa se invierte, se vuelve hacia adentro y ensancha las caderas. Y como sabe muy bien, la obesidad abunda, por lo tanto, dejar de reír puede obligarle a renovar su guardarropa.

El Dr. John Maxwell hace notar: «Una persona que puede reírse de la vida y de sí mismo, tendrá menos tensiones. Si tiene un buen sentido del humor, podrá ascender más rápido y disfrutar más la subida. La risa aumenta su efectividad con otros porque la gente que tiene un sentido del humor tiene buenas relaciones; se realza el espíritu de equipo y la productividad crece».

El uso efectivo del humor tiene, además, otra ventaja: Aumenta nuestra capacidad de persuasión. He aquí una carta enviada por el ministro metodista Charles Allen con el pretexto de que él mismo la había recibido:

En respuesta a su solicitud de que le enviara un cheque, deseo informarle que la actual condición de mi cuenta de banco lo hace casi imposible. Mi destartalada condición financiera se debe a las leyes federales, a las leyes estatales, a las leyes del condado, a las leyes de la corporación, a parientes políticos y a los forajidos. Gracias a estas leyes, estoy obligado a pagar impuesto de negocios, impuesto a la diversión, impuesto por mi cabeza, impuesto escolar, impuesto al gas, impuesto a la luz, impuesto al agua, impuesto a las ventas y hasta mi cerebro está tasado.

Se me exige que tenga una licencia de negocios, por el perro y por mi matrimonio, mientras tengo que contribuir a todas las organizaciones y sociedades que el genio del hombre es capaz de dar a luz: ayuda a los cómicos, los desempleados, cada hospital e institución de caridad en la ciudad, incluyendo la Cruz Roja, la Cruz Negra, la Cruz Púrpura y la Cruz Doble.

Para mi propia seguridad, se me exige que tenga un seguro de vida, un seguro a la propiedad, un seguro contra riesgos, un seguro contra los ladrones, un seguro contra accidentes, un seguro sobre mi negocio, un seguro contra terremotos, un seguro contra tornados, un seguro por desempleo y un seguro contra incendio.

Soy inspeccionado, contado, irrespetado, rechazado, abatido, examinado, reexaminado, informado, reformado, citado, multado, mandado, obligado hasta que haya suplido una agobiante provisión de dinero para cada necesidad conocida, deseo y esperanza de la raza humana.

Y si me niego a donar algo soy boicoteado, se habla de mí, se miente sobre mí, me levantan, me dejan caer, me roban, hasta que quedo en la ruina.

Sinceramente le puedo decir que hasta que ocurra lo inesperado no voy a incluir este cheque. El lobo que llega a muchas puertas, afortunadamente llegó a la nuestra y tuvo crías en la cocina. Las vendí y aquí está el dinero.

¿Resultado? Una muy efectiva campaña para conseguir fondos. Hay evidencia de que el camino más rápido y seguro al corazón, a la cabeza y al bolsillo de la cadera, tanto como subir la escalera pasa a menudo por el hueso de la alegría.

PREGUNTA: Ahora seriamente, ¿no se siente mejor ahora que cuando comenzó a leer este capítulo?

Cuando hablamos de actitud y de obtener el mayor beneficio por los procedimientos cubiertos en *Más allá de la cumbre*, necesitamos conectar un gran enchufe para el uso del genuino casete humorístico. El humor, como ha leído, nos relaja, alivia las tensiones, es bueno para la salud y hace maravillas con nuestras actitudes. Lo animo, especialmente, a que oiga el humor bueno y limpio durante los últimos minutos de su viaje de regreso a casa después del trabajo. Esto lo puede poner en un marco mental maravilloso y hacer que sea mucho más fácil tratar con la familia cuando llegue a casa.

Otra de mis fuentes de humor favoritas es Selecciones del Reader's Digest y las tiras cómicas de los periódicos. «Humor en uniforme» y «La vida en estos Estados Unidos» tanto como las numerosas pequeñas inserciones a través de las páginas de la revista, me levantan el ánimo cada vez que las leo. En cuanto a las tiras cómicas, me gustan casi todas. Sólo toma un momento leerlas y siempre traen una sonrisa y con frecuencia una verdadera risa. Esta es una buena forma de comenzar el día.

SEA UN BUSCADOR DE LO BUENO

Por años he estado dando ánimo a personas que no son felices para que cambien de ser unos criticones a ser buscadores de lo bueno. Les sugiero que hagan una lista de todas las cosas que les gustan, admiran o aprecian sobre su trabajo, compañeros o la ciudad. Luego los animo a que hablen de estas cosas con entusiasmo frente a un espejo cada mañana y cada noche. Los resultados en las vidas de los que participan, a menudo son inmediatos y dramáticos.

Debería saber que entre más se queja de sus problemas, más problemas tendrá de qué quejarse. La persona que se anda quejando constantemente en el hogar, probablemente llegue a destruir cualquier esperanza de buenas relaciones con su cónyuge e hijos. La persona que siempre regaña y se queja en el trabajo es la que menos produce de todos los empleados, y cuando hay que reducir el personal, ella es la primera en ser despedida. La persona que en la comunidad se gana una reputación de gruñona y criticona será la que probablemente menos amistades establezca y, como resultado, no tiene un sistema de apoyo sobre el cual edificar.

Por eso, no se queje. Sea en cambio un buscador de lo bueno, siguiendo esta estrategia con su cónyuge, padres o hijos. Haga una lista de lo que les gusta de ellos, y revísela periódicamente. Mientras más enfatiza sus buenas virtudes, más buenas virtudes que le gusten encontrará. Como resultado, va a tratar a estos miembros de su familia con más respeto, cortesía y aprecio. Esta actitud mejora sus posibilidades de tener relaciones más significativas y más felicidad en el hogar, y la felicidad es una actitud que todos queremos tener.

Parte de la solución para mantener una actitud optimista y eliminar los problemas es poniendo su lista en papel. Por ejemplo, escriba las cosas que a usted realmente le gustan de su comunidad. Luego, cuando la gente le pregunte de dónde es usted, dígales con orgullo y entusiasmo dónde vive y, si el tiempo se lo permite, algunas de las razones por las que se siente complacido de vivir allí.

Siga el mismo procedimiento respecto a su trabajo, su compañía y sus colegas. Cuando alguien le pregunte dónde trabaja, responda con entusiasmo que usted trabaja con la compañía X, Y o Z y que realmente le gusta su trabajo. Diga luego lo que le agrada de su trabajo. Esto le permitirá aumentar su aprecio por la oportunidad de empleo que ya tiene.

Recientemente, en una presentación en Dallas, sugerí que los miembros de la audiencia hicieran una lista de las cosas que les gustaban de sus trabajos. Dos semanas después una señora que trabajaba con JCPenney me dijo que siguió mi sugerencia, y en menos de una semana su supervisor la estaba felicitando por su nueva actitud y la mejoría en su productividad. Este procedimiento hace milagros con la actitud, porque una de las grandes verdades de la vida es que mientras más reconoce usted y expresa agradecimiento por las cosas que tiene, más cosas tendrá por las cuales agradecer.

LA ACTITUD COMIENZA CON USTED

El siguiente paso para mantener la actitud correcta y darnos una mejor oportunidad para un éxito total es ejercer un cuidadoso control sobre nuestro lenguaje. Las palabras que usamos con otros o con nosotros mismos hacen una gran diferencia en esa actitud. Frecuentemente, la gente me pregunta cómo me las arreglo para ser optimista la mayor parte del tiempo. Mi respuesta es que siempre me escucho a mí mismo. Suena divertido, y quizás egocéntrico, pero usted hace exactamente la misma cosa, y lo que usted se dice a sí mismo tiene una tremenda influencia en que sea optimista o pesimista.

Tengo una ventaja sobre la mayoría de ustedes. Mi carrera está construida sobre palabras: decirlas, escribirlas y leerlas. Muchas de las cosas que entran a mi mente son de naturaleza informativa o inspiracional. Lo que dicto en mis cartas y digo en conversaciones de persona a persona, o pronuncio cuando estoy dando mis conferencias, tiene una relación importante en mi propia actitud. Mi palabra a usted es la misma que me digo a mí.

Si me ha escuchado alguna vez, sabe que hablo con bastante excitación y entusiasmo. Esta es la forma en que deberíamos hablarnos a nosotros mismos: con pasión, con excitación, con citación, con convicción. Cuando usted hace eso, el impacto que tiene sobre su propio pensamiento es substancial.

Por otro lado, la misma pasión, excitación y convicción cuando son aplicadas con palabras, pensamientos y expresiones negativas, pueden tener un significativo impacto negativo en su actitud.

Vamos a explorar algunos comentarios que Rabbi Daniel Lapin hace en su publicación, *Thought Tool*, acerca de tomar las cosas positivas y dejar pasar las negativas:

> *Si oímos cómo otros son calumniados, no importa nuestro poco interés en creer lo que oímos, nuestra relación con la persona difamada será alterada para siempre. En otras palabras, somos involuntariamente influenciados por lo que oímos. No existen los chismes inofensivos. El escuchar un chisme es normal que nos deje un sentimiento de insatisfacción con nuestra esposa, nuestros hijos, empleados, amigos, o la vida en general. Contar chismes normalmente deja en nosotros un sentimiento de desmerecimiento. Las palabras penetran en nuestras almas y no pueden ser borradas o ignoradas.*

> *Levítico 19.14 dice: «No maldecirás al sordo». Debido a que él no puede oír qué mal se le ha hecho, la prohibición es debido al efecto que la maldición puede tener sobre el que maldice. Él oye sus propias palabras y ellas reducen su merecimiento como ser humano.*

> *Supere sus inhibiciones acerca de hablarse a usted mismo. Háblese apasionadamente. Prepare discursos pronunciándolos en voz alta. La consecuencia de oír palabras que penetran correctamente hasta el centro de la personalidad es un marco mental ganador.*

> *Si realmente queremos creer algo, digámosnoslo en forma audible, más que pensarlo en silencio.*

> *Ya que recordamos mucho mejor lo que oímos, leer en voz alta aumenta nuestro vocabulario, fluidez y amplitud de ideas. Pero por sobre todo, inspira.*

> *Cada vez que usted dice algo bueno acerca de alguien en su vida, su credibilidad en usted mismo aumenta.*

La autocensura trae beneficios al alma. Ya que todo lo que entra en la mente a través de los oídos tiene un efecto, es mejor no oír ciertas cosas.

A través de un discurso es posible aumentar sustancialmente los sentimientos íntimos de armonía y satisfacción con ciertas realidades inalterables de la vida. Alabar a Dios ayuda a establecer una relación más estrecha con Él. Esta es una parte básica para orar en voz alta.

P.S. Nuestro lenguaje debería ser tan limpio que pudiéramos ofrecer nuestra charla a nuestro pastor, sacerdote o rabino.

ESTO ES IMPORTANTE

He incluido en este capítulo sobre la actitud la importancia de hablarse a sí mismo porque usted es el único que puede controlar lo que se dice. Una actitud positiva comienza con usted. Una vez que usted desarrolla, mantiene y aplica esa actitud, las inconsistencias de la vida no tendrán poder para interrumpir su perspectiva positiva. El siguiente capítulo está diseñado para que mantenga la atención en sus virtudes positivas; su actitud determina cuán efectivamente puede usar esas virtudes en sus asuntos diarios. Mantener las virtudes demanda esfuerzo, y la siguiente historia le revelará por qué el esfuerzo es un ingrediente necesario para vivir más allá de la cumbre.

ESTÁN DISPONIBLES LOS ASIENTOS DE PRIMERA FILA

En enero de 1992, tuve el privilegio de hablar en Hinds Community College, en Raymond, Mississippi. En 1943, a los dieciséis años de edad, tuve el privilegio de asistir al Hinds Community College, el que por entonces era conocido como el Hinds Junior College. Mientras estuve allí, el entrenador Joby Harris produjo un profundo impacto en mi vida.

El propósito de mi compromiso en Raymond, y más tarde esa noche en Jackson, fue establecer el Fondo de Becas Joby y Jim Harris. Alumnos y otras personas formaban una línea en el fondo de la sala y en parte del pasillo alrededor del auditorio. Al empezar a hablar, me di cuenta que había siete sillas en la primera fila que estaban desocupadas y cinco más en la segunda fila del otro lado que también estaban vacías. Al comienzo de mi conferencia mencioné que había esas sillas vacías y animé a los estudiantes que estaban de pie para que vinieran a ocuparlas. Ninguno se movió.

Entonces dije: «¿Saben? Me gustaría tener las fuerzas y el tiempo para bajarme del estrado, tomar aquellas sillas y llevarlas hasta donde están ustedes para que estén más cómodos durante mi presentación. Pero no soy lo suficientemente fuerte, el tiempo no me lo permitiría, y además tengo una leve sospecha de que la administración se sentiría visiblemente contrariada si lo hiciera. Sin embargo, solo quisiera decirles que todo lo que tienen que hacer es poner un pie delante del otro por unas veinte veces y tendrán un asiento en primera fila.

»En el otro lado del auditorio, lamentablemente, tendrían un poco más de problema porque esas cinco sillas vacías están en el medio, y tendrían que brincar por sobre tres o cuatro personas. Pero, así es la vida. Las oportunidades rara vez vienen a ustedes. Tienen que ir por ellas. En la mayoría de los casos hay obstáculos que se interponen entre ustedes y esas oportunidades en la vida, pero quiero que sepan que hay sillas disponibles en primera fila dondequiera. Las salas están llenas hasta el tope. No hay suficiente espacio para sentarse. Y esos "lugares" o sillas no van a ir adonde están ustedes. Ustedes tienen que ir adonde están ellas».

Recuerde, lo que cuenta no es dónde comienza sino dónde va. El primer trabajo de Colin Powell fue trapear pisos en una planta de gaseosas. Él decidió ser el mejor limpiador de pisos. Esa misma actitud la mantuvo en la carrera militar, y como lo mencioné antes, se retiró en 1993 con muchas condecoraciones y altamente estimado como jefe del Estado Mayor Conjunto.

SALTE ESOS OBSTÁCULOS

Aunque es probable que avergoncé a algunos estudiantes, mi intención fue señalar un punto y darles algo de ánimo para que se atrevieran a pasar al frente. En la vida hay muchas cosas buenas disponibles (aun cuando la economía esté pasando por un mal momento), pero vamos a tener que ir detrás de ellas para hacerlas nuestras. Es también importante que las siete sillas de la primera fila no demandaban pasar por sobre nadie. El número menor de sillas (cinco) exigía un pequeño salto, pero no habría habido problemas para hacerlo. El viaje habría sido fácil.

Sé que a ustedes les gustaría saber cuántos de los estudiantes que estaban de pie tuvieron el valor de caminar quince o veinte pasos bajo la mirada de todos los que estaban allí y reclamar para ellos aquellas sillas escogidas. La respuesta es uno. Habría sido bueno que hubiese sido lo suficientemente precavido para conseguir el nombre de aquella persona y seguirle a través de su vida. Tengo la idea de que con su actitud probablemente lo habrá hecho bastante bien.

¿Y qué podríamos decir de los otros estudiantes? Ellos podrían aprender algo de aquellos dos viejos muchachos de mi barrio que tuvieron un día un interesante encuentro. Uno estaba acostado y descansando debajo de un árbol; el otro estaba de pie, mirando al primero. Después de algunos momentos, el que estaba acostado dijo: «¡Sé que a ti también te gustaría estar acostado en el césped como yo, pero mi amigo, para ello, tienes que hacer un esfuerzo!»

Una parte importante de la actitud es el concepto «tienes que hacer un esfuerzo» para desarrollar y mantener una actitud positiva. Recuerde, si usted hace depósitos positivos cada día, estará motivado para accionar el interruptor que libere electricidad (pensamiento positivo) que encienda las luces para poder ver el camino hacia las sillas de primera fila.

IMPORTANTE: El próximo capítulo es muy importante y potencialmente podrá cambiar su vida, por lo que lo animo a estar alerta y al menos razonablemente bien descansado antes de empezar. Esto es dinamita.

8

Usted... sí, usted... tiene todo lo que se necesita

Usted es como es porque esa es la forma en que quiere ser. Si realmente quisiera ser diferente, debe iniciar el cambio ahora mismo.

Fred Smith

A través de los años, he investigado a una cantidad de personalidades de toda condición, con un denominador común: haber alcanzado el éxito. La lista incluye a presidentes de los Estados Unidos, trescientos dirigentes mundiales, intelectuales de Rhodes, altos ejecutivos de las 500 compañías de *Fortune*, astronautas, atletas, hombres de negocio, madres, padres, entrenadores, profesores, médicos, empresarios y ministros. Mi objetivo fundamental ha sido identificar las virtudes fundamentales que los han hecho triunfar. He querido saber qué virtudes desarrollaron que les permitió conseguir al menos una porción de las cosas que el dinero puede comprar sin perder las cosas que el dinero no puede comprar.

ESTAS SON LAS VIRTUDES FUNDAMENTALES

La lista que sigue no es producto de mi imaginación. Incluye las virtudes que ya hemos identificado, además de una cantidad de otras que esta gente extraordinaria tenía.

Quisiera enfatizar que cada una de las personas nombradas en los capítulos anteriores tienen al menos la semilla de todas estas virtudes. He identificado aquellos que he creído eran sus puntos más fuertes. A medida que echemos una cuidadosa mirada a estas setenta y tantas virtudes, lo animo a que tenga un lápiz en la mano, lea cuidadosamente y siga las sugerencias.

Nos encontramos en la etapa crítica de este libro. La información y las sugerencias que ofrezco en las páginas que siguen no sólo pueden sino que si las aplica, cambiarán sustancialmente su vida para algo mejor. Su voluntad para seguir adelante y poner en práctica estas acciones ahora mismo será determinante en el impacto que *Más allá de la cumbre* vaya a tener en su vida.

A medida que avance en la lista, marque cada una de las virtudes que siente que tiene, aun cuando sólo tenga una mínima cantidad o una sola semillita de esa virtud. La primera palabra es *sincero* y el resto está incluido por orden alfabético. Ponga una marca en *sincero* si cree que lo ha sido en a lo menos una cosa. Use el mismo procedimiento para las otras palabras.

Las probabilidades de que comenzó a marcar que a lo menos está la semilla de sinceridad en usted son de más o menos cuatro mil a uno. Ahora, si fuera completamente sincero y objetivo, pondría una marca en cada una de las palabras porque sí, usted tiene las semillas de cada una de estas virtudes. Hay una alta posibilidad de que usted sea como el ciento por ciento de

> La decisión que usted haga como resultado de este capítulo tendrá un impacto tremendo en su vida.

todas las personas en el mundo. Como ellos, se siente débil, terriblemente débil en una cantidad de virtudes, pero tiene las semillas fundamentales para nutrir y desarrollar. Piense en esto.

- ☐ actitud mental positiva
- ☐ agradecido
- ☐ agresivo
- ☐ ahorrador
- ☐ alentador
- ☐ ambicioso
- ☐ amistoso
- ☐ apariencia
- ☐ audaz
- ☐ autoimagen
- ☐ autoritativo

- balanceado
- busca lo bueno
- carácter
- celo (pasión)
- compasivo
- competente
- comprometido
- comunicador
- con metas
- concentrado
- confiado
- consciente de la salud
- considerado
- consistente
- convicciones
- cooperativo
- creativo
- cumplidor
- decisivo
- desinteresado
- disciplinado
- educado
- eficaz

- empatía
- enérgico
- entendido
- entusiasta
- esperanzado
- estudiante
- fe
- flexible
- generoso
- hábil
- honesto
- honrado
- humilde
- imparcial
- integridad
- inteligente
- jugador de equipo
- justo
- leal
- maestro
- motivado
- obediente
- objetivo

- optimista
- ordenado organizado
- orgulloso
- orientado a la familia
- paciente
- perdonador
- persistente
- puntual
- responsable
- sabe escuchar
- sabiduría
- se autodirige
- sensible
- siervo
- simpático
- sincero
- sobrio
- trabajador
- valiente
- visión

Ya le di alguna información que potencialmente es lo más alentador que podría recibir (con la excepción de la información específica concerniente a su eternidad). Digo potencialmente porque a menos que decida hacer algo con esa información, le será de muy poco o de ningún valor. Con eso en mente, la decisión que haga como resultado de este capítulo tendrá un tremendo impacto en su vida. Shakespeare planteó la cuestión de «ser o no ser». Yo voy a plantear la cuestión de «hacer o no hacer». El desarrollo de estas virtudes le ayudará a ser, ahora usted tiene que hacer y después vendrá el tener.

¿ÉXITOS DE UN DÍA PARA OTRO?

En raras ocasiones oímos de personas que parecen triunfar de un día para otro. A través de los años, muchos suponen que como conferenciante triunfé de la noche a la mañana, cuando en realidad antes que recibiera cualquier recompensa monetaria por mis esfuerzos, pasaron años de diligente preparación.

Mi sueño de llegar a ser un conferenciante nació en 1952, después que oí a Bob Bale, de Phoenix, Arizona. Bob tenía un gran sentido del humor, hacía bien una gran cantidad de cosas y, me imagino, ganaba mucho dinero. Todo eso despertó mi interés.

Durante los siguientes trece años hablé a quienquiera que me permitiera hacerlo. Hablé en clubes, escuelas, iglesias, cárceles, centros de rehabilitación de drogadictos, ventas de automóviles y más. Literalmente manejé cientos de millas, a mis expensas, para hablar a grupos pequeños. ¿Mis honorarios? La oportunidad de hablar y mejorar mi presentación fue de gran valor. El dinero rara vez cambiaba de manos. Muchas veces hablé gratis para más adelante poder fijar una tarifa acorde con mi experiencia.

Durante esos años, mi trabajo me capacitó para pulir mi habilidad de conferenciante. Como vendedor gerente, fui responsable por la motivación de mí mismo y de mis asociados. Hablé no solamente a mi propio equipo de ventas sino a numerosas otras organizaciones a través de la compañía. Al hacer eso, pude desarrollar mis habilidades de presentador tanto en el trabajo como fuera de él.

En 1965, logré una remuneración ocasional, y en 1968 fui invitado a establecerme en Dallas para dirigir, una semana por mes, una escuela de entrenamiento, para una pequeña compañía. Me ofrecieron suficiente dinero como para atender a las necesidades de mi familia y me dieron la libertad de usar las tres semanas restantes para promover mi propia carrera.

En 1970, después de una serie de cambios en ventas y algunas desafortunadas inversiones y errores administrativos, la compañía fue a la bancarrota y yo fui catapultado al negocio de conferenciante a tiempo completo.

Al principio de *Más allá de la cumbre*, hice la observación que si se ha comprometido para hacer algo y encuentra dificultades, debe buscar la solución para el problema. Sin compromiso, trata de escapar del problema, y generalmente encuentra lo que anda buscando. Con toda franqueza, hubo largos períodos de tiempo cuando, a pesar de mis mejores esfuerzos, no pude conseguir ningún contrato para hablar. Aquello fue desalentador, pero nunca consideré abandonar mi sueño de ser un conferenciante. La diferencia entre mí y muchos otros que quieren ser conferenciantes y tienen el talento necesario es que yo nunca abandoné mi sueño, ni la voluntad de trabajar para conseguirlo. Yo tenía un sueño y el sueño me tenía a mí. Mucha gente que fracasa en su sueño fracasa no por falta de habilidad sino por falta de compromiso. El compromiso produce perseverancia, esfuerzo entusiasta que inevitablemente produce grandes y grandes recompensas.

Usted desarrolla las virtudes del éxito y las lleva a una total maduración en forma muy parecida a cómo llegué a hacer de mi carrera de conferenciante mi ocupación de tiempo completo. Tomé la decisión de «hacerlo». A menos que usted decida «hacer» lo que sea para lograr estas virtudes, va a terminar como los conferenciantes que nunca se dieron cuenta que pudieron haber llegado a ser lo que pudieron haber sido.

El corazón del mensaje hasta ahora de *Más allá de la cumbre* es que la motivación le da el «querer hacerlo». El entrenamiento le da el «cómo hacerlo», y la combinación de ambos elementos

> *«La mayoría de las personas que fallan en sus sueños, fallan no por falta de habilidad, sino por falta de compromiso».*

produce las necesarias ideas creativas para ser más efectivo en realizar su sueño. Compromiso, disciplina y responsabilidad lo mantienen yendo hacia adelante cuando el ir se hace difícil.

AHORA, AHORA MISMO, ES EL MOMENTO PARA QUE ENTRE EN ACCIÓN

Espero que esté listo porque ahora es el momento de la acción. Vuelva, entonces, a la lista de virtudes en la página 140; repase la lista lentamente y ponga la letra *A* en las palabras que considere son actitudes. Escriba una *S* en las palabras que considere son habilidades. Si no está seguro que la palabra sugiere una actitud o una habilidad, escriba *A/S*. Si cree que es un don, coloque una G al lado de la palabra. Recorra la lista y marque la primera selección que le dicte su instinto. Con toda probabilidad marcará correctamente. Por favor, hágalo ahora mismo.

En este punto, déjeme recordarle algo que ya sabe: Mi propósito es mantenerlo activo y en acción porque mientras no haga algo, los beneficios de *Más allá de la cumbre* no irán más allá de hacerlo sentirse bien. Estos sentimientos son importantes y proveen el punto de partida. Sin embargo, los sentimientos son de corta duración y cambian con frecuencia. Para lograr cambios beneficiosos de largo alcance es necesaria la acción que produce crecimiento y eso es lo que usted quiere.

PREGUNTAS, PREGUNTAS Y MÁS PREGUNTAS

PREGUNTA: Al revisar la lista, ¿cree usted que cualquiera que tenga todas estas virtudes haría un buen cónyuge?

SEGUNDA PREGUNTA: Si es casado, ¿cree que cualquiera que tenga estas virtudes se llevaría bien con usted y usted con esa persona?

TERCERA PREGUNTA: ¿Le gustaría tener hijos con todas estas virtudes? ¿Cree usted que una familia formada por personas que tengan todas estas virtudes tendría que ser una familia cordial, amorosa, feliz y de éxito? ¿Sí o no?

Hagamos una pausa para decir que si ha contestado sí a las preguntas anteriores (y a menos que sea una persona muy extraña de esta tierra, habrá contestado que sí), ha hecho algo que ninguno de nuestros tres candidatos presidenciales en 1992 habría podido hacer. Ha identificado los valores de la familia.

Si dijo sí, y seguramente que lo hizo, también ha identificado los valores educacionales. ¿Cree que alguien que tenga todas estas virtudes podría tomar su trabajo y entrar en su profesión y literalmente llegar a la cumbre en ese trabajo o profesión? Si lo cree, ha identificado valores de negocios y profesionales. ¿Cree que alguien con todas estas virtudes tendría éxito en una posición gubernamental o política? Si lo cree así, ha identificado valores gubernamentales y políticos.

A estas alturas, es posible que usted, sin duda, se haya dado cuenta de que no hay tales cosas como valores familiares, valores educacionales, valores de negocios, valores gubernamentales o valores políticos. Estos son valores de la vida. Usted no puede separar éxitos familiares o valores de la vida de éxitos educacionales, éxitos en los negocios o valores gubernamentales. Ni puede separar su vida personal, familiar, o de negocios más de lo que puede separar su vida física, mental y espiritual. Usted es un conjunto maravilloso y este conjunto se está haciendo más maravilloso cada minuto.

¿QUÉ VALORES?

Es posible que esté pensando: *Pero Zig, usted está hablando de valores*. Entonces, le pregunto: ¿Qué valores quiere que se enseñen en la escuela y se practiquen en el hogar y en los asuntos de la comunidad? He aquí mi reto para usted: Vuelva a la lista de palabras. Evalúe específicamente cada una y pregúntese: ¿Hay aquí alguna virtud (recuerde que las cortes han dejado la fe afuera, y después de doscientos años, no podemos enseñarla en nuestras escuelas) que no quisiera que se le enseñara a mi hijo en la escuela? ¿Hay aquí alguna virtud que no quisiera que se practicara en mi hogar? ¿Hay aquí alguna virtud que no quisiera que se implementara en el negocio o trabajo donde me desempeño? Creo que le sería difícil mencionar aun una virtud que quisiera quitar de la lista.

ASÍ RESOLVEMOS NUESTROS PROBLEMAS

Nuestro país fue construido sobre valores y virtudes éticos positivos. Estos son los valores que, según el *Wall Street Journal*, el ochenta y cuatro por ciento de la gente en los Estados Unidos quisiera que se enseñaran a sus hijos. Un informe aparecido el 29 de septiembre de 1993 en el periódico *USA Today* revela que el noventa y siete por ciento del público quiere que se enseñe honestidad, un noventa y tres por ciento quiere que se enseñe democracia, un noventa y uno por ciento quiere que se enseñe preocupación por amigos y familias, patriotismo, valor moral y la regla de oro. Si estos valores se enseñaran en el hogar y se reforzaran en la escuela y luego se pusieran en práctica en la comunidad de los negocios, piense qué dramática diferencia harían en nuestra sociedad.

PREGUNTA: ¿Cree usted sinceramente que cualquiera que tenga todas estas virtudes tendría una legítima posibilidad de ser feliz, disfrutar de salud, ser razonablemente próspero, tener seguridad, tener amigos, paz mental, buenas relaciones familiares y esperanza? ¿Cree que tal persona tendría más seguridad en su empleo? En ambos casos, la respuesta es sí.

CONTRATE ESA PERSONA

En todos los años que he estado dando conferencias, nunca me he encontrado con un hombre de negocios que me haya dicho: «Zig, no estoy de acuerdo con lo que está diciendo. Precisamente, el otro día entrevisté a una persona que tenía todas las virtudes que usted mencionó, y obviamente, no pudimos darle el trabajo. En nuestra organización no hay espacio para alguien que sea honesto, que tenga una actitud mental positiva, sepa trabajar en equipo, sea disciplinado y comprometido, sea original, trabaje duro, sea un buen comunicador y tenga metas claras a las cuales dirigirse. No, Zig, nosotros no podríamos usar a una persona como esa».

En toda mi vida, jamás me he encontrado con alguien que me diga eso. En realidad, la gente siempre dice: «Mándeme a alguien con esas virtudes, y le enseñaré las habilidades que tal persona necesita para llenar la vacante que tenemos».

Como seguramente se habrá dado cuenta, he venido usando la palabra *enseñar*. Enseñar estas virtudes en el hogar; enseñarlas en la escuela. Reforzarlas y ponerlas en práctica en la comunidad de los negocios. La pregunta es: ¿Puede usted enseñar estas cosas? La respuesta es un definitivo, enfático, positivo e incuestionable sí; definitivamente usted puede enseñarlas e incluso elevar en el proceso su nivel de inteligencia (QI). Por ejemplo, mi propio QI, está sobre veinte puntos más que cuando me gradué de la secundaria.

¿Estoy diciendo que todos tenemos que ser iguales? Obviamente que no. Tenemos habilidades naturales diferentes, y la combinación y cantidad de cada virtud que tenemos variará substancialmente. La tragedia es que la mayoría de la gente nunca reconoce, confiesa, desarrolla ni usa las habilidades (o virtudes) que tiene. Esta es una importante razón para que se haya escrito este libro: animarlo a desarrollar lo que usted tiene. Y para hacerlo, debe reconocerlo.

ESTO ES PROFUNDO

Toda esta reflexión es dirigida a animarle para que sepa que puede desarrollar todas estas virtudes, lo cual significa que son habilidades. Leyó bien. Cada una de ellas es una habilidad. Ahora déjeme decirle que esta es la noticia más trascendental y más excitante que podría darle. Es tremendamente importante que entienda con claridad que, debido a que son habilidades, pueden ser enseñadas, y si pueden ser enseñadas, pueden ser aprendidas y desarrolladas por usted. Esto significa que usted, sus hijos y sus nietos pueden desarrollarlas. Eso significa que los niños de la ciudad que encuentran a Jaime Escalante en alguna parte del camino pueden desarrollarlas también, lo que confirma que también ellos tienen una oportunidad.

USTED TAMBIÉN PUEDE PONERSE DE PIE Y DAR

Posiblemente haya visto la película en el cine o en la televisión. Quizás haya leído el libro u oído acerca de Jaime Escalante por alguna otra fuente. Él es un inmigrante de Bolivia que enseñaba en el colegio Garfield High, en un barrio hispano de Los Ángeles. Allí, el uso de drogas estaba a la orden del día; la violencia era cosa corriente; el porcentaje de adolescentes embarazadas era extremadamente alto; el número de desertores de secundaria era el problema más serio. Muchos de los muchachos que lograban un diploma no necesariamente lograban educarse.

Escalante hizo su aparición con una idea absurda. Quería enseñar a sus alumnos cálculo avanzado. La administración del colegio se rió del plan. ¡Algunos de los muchachos estaban teniendo problemas con las tablas de multiplicar y Escalante quería enseñarles cálculo avanzado! Pero Escalante fue persistente (recuerde, esta es una de esas virtudes) y finalmente prevaleció su idea.

El tercer año que enseñó cálculo avanzado, dieciocho de sus estudiantes rindieron el examen en un esfuerzo por ganarse una beca para la universidad. El examen es tan difícil que menos del dos por ciento de los estudiantes de secundaria en los Estados Unidos lo intenta. Dieciocho de sus alumnos lo hicieron y dieciocho lo aprobaron, siete de ellos con la más alta nota posible. ¡Los administradores de la prueba dijeron que los estudiantes habían hecho fraude! Aquello nunca antes había ocurrido, por lo cual era claro que los estudiantes habían hecho fraude para lograr la puntuación que obtuvieron. Exigieron que catorce de ellos hicieran el examen de nuevo.

¡Todos en Garfield High estaban furiosos! Los funcionarios del colegio y los padres estaban indignados. Durante varias semanas discutieron si los muchachos deberían someterse de nuevo al examen. Se escuchaban gritos desagradables de racismo y prejuicios. Uno de los estudiantes aceptó una beca para la universidad y otro decidió seguir una carrera militar antes que se tomara cualquiera decisión.

Después de mucha persuasión por parte de Escalante, los restantes doce estudiantes de mala gana decidieron hacer el examen de nuevo. Todos lo aprobaron con las mismas notas y ganaron sus becas para la universidad. Siete años después, el ochenta y cinco por ciento de estos muchachos son profesionales.

Echemos una mirada a las virtudes que los estudiantes lograron mientras proseguían hacia la meta de dominar cálculos. Aprendieron a comprometerse, a ser competentes, a tener convicción, a no desanimarse, a ser disciplinados, valientes, ambiciosos y enérgicos. Descubrieron que eran inteligentes, leales, pacientes e ingeniosos jugadores en equipo. Llegaron a ser educados a tener metas claras, a trabajar duro, adquirieron conocimientos y fueron responsables en el autoestímulo. Entendieron la importancia de vivir una vida sobria.

Observando al señor Escalante dar libremente de su tiempo (invirtió muchas horas extra enseñando a sus alumnos antes y después del horario escolar), aprendieron cómo ser generosos y abnegados. Aprendieron a ser organizados, cumplidores, persistentes y obedientes. Al pasar el tiempo desarrollaron esperanza para el futuro y un sano orgullo en sus logros. Finalmente, descubrieron el honor y la recompensa que vienen como consecuencia de completar una difícil tarea.

Sí, estos jóvenes realmente saben que el fracaso es un incidente, no una persona. Saben que el día de ayer terminó anoche y no es cuestión de dónde se comience, sino que lo que cuenta es la meta.

NOTA: El señor Escalante ya tiene las virtudes acerca de las que hemos venido hablando. Por eso fue capaz de ser catalizador en las vidas de sus alumnos.

Si usted se perdió la película *Stand and Deliver*, lo animo a que vaya a una tienda de videos y alquile una copia. Al verla, reconocerá claramente cada virtud mencionada más arriba. Pase por sobre el lenguaje violento y sucio y concéntrese en el mensaje, que es poderoso e inspirador.

AHORA ALGUNAS FORMIDABLES Y EXCITANTES NOTICIAS

Debe: (a) reconocer y aceptar el hecho de que tiene las virtudes que hemos identificado, (b) comenzar inmediatamente a desarrollar esas virtudes, y (c) seguir el procedimiento que estoy presentando porque para tener la victoria debe seguir adelante.

Vuelva a la lista de virtudes al comienzo de este capítulo, y repásela lentamente. La primera palabra que aparece es *sincero*. ¿Va a decir que usted es un maleante total, absoluto, ciento por ciento, que nunca ha dicho la verdad a nadie, en ningún momento acerca de nada, que es tan perverso que cuando muera van a tener que atornillarlo en la tierra?

Es ridículo, ¿verdad? ¿Me va a decir que nunca en su vida ha tenido un pensamiento positivo, en ningún momento y respecto a nada o a nadie? ¡Por supuesto que es una tontería!

Una vez más, lo desafío a que revise la lista y la examine con criterio realista. Vea, usted realmente tiene algo de cada una de estas virtudes.

EN SU CASO, ESTO DARÁ RESULTADOS DEFINITIVA, ABSOLUTA Y POSITIVAMENTE

No me importa cuántas maravillosas virtudes tenga usted, a menos que las reconozca, las confiese (¡apuesto a que cree que *confesión* es una palabra negativa!), las desarrolle y las ponga a trabajar, tendrán muy poco valor para usted. Así, la pregunta que tiene que hacerse es: ¿Cómo lo voy a hacer?

Antes de darle un plan de acción, le daré la más importante charla de ventas que jamás haya dado. Le voy a vender el porqué y el cómo desarrollar estas virtudes de éxito. Comienzo con dos preguntas que superficialmente vistas pueden parecer la personificación de la estupidez. Primero, si pudiera darle un procedimiento que requiriera aproximadamente quince minutos cada día, ¿encontraría usted esos quince minutos? Piénselo. Segundo, suponiendo que los quince minutos y el procedimiento tuvieran un dramático impacto en su vida, dándole una infinitamente mayor oportunidad de ser feliz, tener salud, ser razonablemente próspero, tener seguridad, tener amigos y paz mental, y si viera los resultados dentro de diez días después de comenzar el procedimiento, ¿estaría dispuesto a comprometerse a invertir quince minutos cada día para lograr resultados inmediatos y beneficios a largo plazo?

> **¿Está usted dispuesto a comprometerse a invertir quince minutos cada día para lograr resultados inmediatos y beneficios de largo plazo?**

Quizás haya dudado antes de contestar: «Por supuesto». Como es la naturaleza humana, tal vez tuvo un breve pensamiento en el fondo de su mente: *¿Cuál es la trampa?* Bien, no hay trampas y, lo que es mejor, los resultados han sido bien establecidos. Le diré por adelantado que definitiva, absoluta y positivamente ha resultado, resultó y resultará con usted. No dejo ninguna posible salida para mí: funcionará. Esta es la primera razón, porque sé que el procedimiento da resultados.

Como lo dije antes, todas las virtudes que hemos identificado son habilidades, y éstas pueden ser enseñadas y aprendidas. La segunda razón involucra mi propio testimonio: Ha funcionado, está funcionando, y continuará funcionando en mi propia vida. En 1993 recibimos cantidades de cartas de testimonios no solicitadas, además de cientos de testimonios tanto personales como por teléfono de gente en todo el mundo. En miles de maneras diferentes, ellos dicen que esta filosofía y procedimiento da resultados. He aquí tres ejemplos específicos de personas que han obtenido dramáticos resultados al afirmar y desarrollar estas virtudes.

El 14 de enero de 1992, hablé en Las Vegas, Nevada. Después que hice mi presentación, una dama muy motivada vino y me dijo: «Señor Ziglar, déjeme decirle cuán emocionada me siento acerca de lo que usted ha estado hablando. Tengo tres hijas; dos de ellas son estudiantes excelentes. Siempre han sobresalido académicamente. Nuestra tercera hija ha sido una estudiante promedio, logrando más que nada *C* y de vez en cuando *B*. Nunca ha pretendido competir con sus hermanas ni le ha preocupado no ser tan brillante como ellas. Sin embargo, empezamos a escuchar sus casetes, a hacer lo que usted ha estado diciendo y a afirmar estas virtudes. Estoy aquí para decirle, señor Ziglar, que el semestre pasado ella tuvo mejor rendimiento que sus hermanas. Y lo que es más importante, varias áreas de su vida han cambiado y mejorado. Ahora tiene una imagen enteramente diferente y su rendimiento está en relación con esa imagen».

500 % DE AUMENTO EN UNA RECESIÓN

El segundo ejemplo tuvo lugar en Birmingham, Alabama. El 6 de octubre de 1992 hablé allí, y cuando el seminario hubo finalizado, se acercó un caballero y me dijo: «Señor Ziglar, tres años atrás, cuando dio este mismo seminario en Montgomery, lo tomé a usted muy en serio. Cada mañana y cada noche durante los últimos tres años, he tomado una tarjeta de 5 x 7 pulgadas y he hecho una lista de las virtudes que quisiera, me he mirado a los ojos y las he reclamado en voz alta. Este procedimiento ha cambiado por completo mi vida, no sólo financieramente sino también en otros aspectos más importantes. En los últimos tres años mis ingresos han aumentado sobre el 500 %, y en el último año solamente fue de sobre el 300 %».

Este caballero trabaja en el campo de compra y venta de propiedades, y no necesito decirle dónde estaba el negocio de corretaje de propiedades en 1990, 1991 y 1992. «Ahora», me dijo, «obviamente, ese ingreso extra me es tremendamente animador. Pero los otros beneficios son aun más grandes. Por ejemplo, toda mi vida he llegado tarde a todas partes: a la escuela, a la iglesia, al almuerzo, al trabajo, a las citas, a llamar por teléfono para vender, etc. Simplemente era un incumplidor. En los últimos tres años, desde que comencé a usar esta fórmula, no he llegado tarde a ningún lado. Es maravilloso lo que ha hecho en mi actitud acerca de todo lo demás, especialmente en mis relaciones con mi familia, mis amigos, clientes y socios».

El tercer ejemplo que me gustaría conversar con usted es el más conmovedor (y explica por qué es tan fuerte mi pasión por difundir estos conceptos). El 6 de enero de 1990, llevé a cabo un seminario bastante amplio en New Orleans y cubrí estas virtudes y procedimientos. Unas pocas semanas más tarde recibí una carta muy conmovedora de una madre que incluía una tarjeta laminada que su hija había hecho. Contenía una lista de todas las virtudes que hemos estado cubriendo en este libro. La señora decía que su hija había asistido al seminario de New Orleans, había aceptado la idea de afirmar y desarrollar esas virtudes, había hecho exactamente lo que yo había indicado y había experimentado un dramático cambio en su vida. Explicaba que como resultado directo de los cambios, su hija había puesto su fe en Dios, había aceptado su oferta de salvación y estaba segura respecto a la eternidad, porque había muerto en un trágico accidente automovilístico.

Cuando usted recibe esa clase de cartas, se convence, más allá de toda duda, que el proceso funciona y que usted está en el camino correcto en lo que concierne a ayudar a otras personas. Esto es verdad especialmente cuando se añaden los muchos ejemplos de problemas tales como alcoholismo, drogadicción, relaciones destruidas, obesidad, actividades criminales, conducta inmoral, racismo, sexualidad y muchos otros en los cuales se ha ayudado, o que se han resuelto.

Probablemente usted diga: «Muy bien, muy bien, Zig, me ha convencido. Ahora dígame exactamente lo que tengo que hacer».

PASO # 1: Vuelva a la lista de virtudes que vimos al comienzo de este capítulo. Saque una copia de la lista que está al final del libro (más tarde, si quiere tener una tarjeta laminada de 5 x 7 pulgadas con estas virtudes e instrucciones, envíenos un sobre tamaño 5 x 7 con su correspondiente franqueo y nosotros le enviaremos la tarjeta con nuestra dedicatoria). Por ahora, revise cuidadosamente las virtudes.

PASO # 2: Este siguiente paso es algo que necesita comenzar esta misma noche. Nuestra experiencia nos dice que aquellos que leen estas palabras y comienzan inmediatamente tienen muchas más posibilidades, no sólo de comenzar sino de mantenerse, que aquellos que están esperando las circunstancias correctas antes de entrar en acción.

ESTO ES ALGO QUE CAMBIA LA VIDA

¿Cuál es el maravilloso paso que va a hacer tal cambio en su vida? Bien, aquí está. Esta noche, antes de irse a dormir, tome esta lista de virtudes, entre en un cuarto donde haya un gran espejo y cierre la puerta. No importa que usted sea enérgico y extrovertido o tranquilo, tímido o inhibido, párese y mírese a los ojos, o si quiere, siéntese frente al espejo. Hablando en primera persona —es *decisivo* que con todo entusiasmo reclame estas virtudes en alta voz—, diga: «Yo, [su nombre] soy una persona absolutamente sincera». Luego prosiga leyendo toda la lista, exactamente como las instrucciones lo animan a hacerlo, reclame con firmeza cada una de estas virtudes. Cuando haya leído la última, diga: «Estas son las virtudes del triunfador para lo cual nací».

Le puedo asegurar que va a dormir mejor, soñará con más poder, tendrá sueños positivos y despertará descansado. Luego, a la mañana siguiente, antes de salir para su trabajo, de nuevo váyase al cuarto solo, cierre la puerta, mírese a los ojos y, en primera persona, diga: «Yo [su nombre]» y lea la lista, reclamando cada una de estas virtudes. Le puedo garantizar, absolutamente, que en diez días se sentirá mejor como persona.

HÁBLESE, PERO DÍGASE LAS COSAS CORRECTAS

En cuestión de días, siguiendo este procedimiento, se va a encontrar automáticamente pensando de manera más positiva acerca de usted. En esencia, estará en su propia esquina. En dos o tres semanas, las personas que lo ven todos los días van a empezar a darse cuenta de los cambios. Comentarán que se ve más feliz, más animado, y muchísimo más entusiasmado con la vida, y que parece sentirse mejor y con más energía.

Ahora, no soy alguien que lee la mente, ni nadie lo es, pero siento que conozco bastante acerca de la naturaleza humana y sé exactamente qué estarán pensando muchos de ustedes al leer esto: «Bien, Zig, ¡esto es demasiado! Admitiré que soy una persona sincera y que trabajo duro. Aun admitiré que sé perdonar, que soy un individuo comprensivo, que ve lo bueno en los demás. Pero, Zig, voy a parecer un tonto parándome frente a un espejo y gritando todas esas virtudes».

PREGUNTA: ¿Al frente de quién? ¡Frente a usted mismo! ¿No cree que pueda soportarse al menos por cinco minutos cada vez?

Escuche a los expertos que realmente saben algo acerca de usted, en lugar de a aquella gente negativa que incluso puede tener motivos ocultos al resaltar sus debilidades. Si el hablarse a usted mismo ha sido negativo en el pasado, quizás usted mismo haya sido su peor enemigo, por eso ahora necesita ponerse de su lado y llegar a ser su mejor amigo. Una forma de hacer esto es seguir la advertencia de la conferenciante Mamie McCullough. Ella dice que cuando usted le dice a una persona que le vaya bien lo hace empuñando la mano y con el dedo pulgar hacia arriba.

El salmista David usó estas palabras: Usted fue «hecho terrible y maravillosamente». Eso significa que usted nació para ser un triunfador, pero debe planear y esperar serlo. Lo que ahora tiene que hacer es seguir el plan.

AHORA ESTÁ LISTO PARA EL SIGUIENTE PASO

Esto nos trae a la fase dos, la de reclamar las virtudes. Los primeros treinta días, cada mañana y cada noche, usted continúa reclamando estas virtudes. Empezando con los segundos treinta días, conserve la tarjeta en la mano y acuda a ella cada día, pero concentrándose en las áreas específicas donde necesita más ayuda.

Vamos a decir, por ejemplo, que usted es una persona muy entusiasta, pero sus habilidades de organización son deficientes. Para ser completamente sincero, usted era (tiempo pasado) esa clase de persona que podía perder sus anteojos teniéndolos puestos, aunque su mayor virtud es su entusiasmo; su mayor necesidad es llegar a ser mejor organizado. Usted escribe en su tarjeta de 3 x 5 pulgadas y he aquí lo que dice: «Yo, [su nombre], soy una persona tremendamente entusiasta, y cada día estoy siendo mejor y mejor organizado». A través del día mire la tarjeta varias veces, y algo tremendo y maravilloso le ocurrirá.

Estoy seguro que, por ejemplo, se habrá dado cuenta que si compra un *cocker spaniel*, de pronto le parecerá que todo el mundo en la ciudad tiene un *cocker spaniel*. Así sucede. Cuando usted es consciente de alguna cosa o sensible a algo, adondequiera que se vuelva, allí estará aquello. Periódicos, revistas, libros, seminarios, reuniones, y aun la radio y la televisión parecerá que tendrán su necesidad en mente cuando realicen sus programaciones. Le estarán dando sugerencias e ideas que le ayudarán enormemente a desarrollar sus habilidades organizativas.

En realidad, va a adquirir ese sentimiento de que hay una conspiración para ayudarle a desarrollar esa virtud que ha escrito en la tarjeta y para ayudarle a obtener las cosas que quiere. Este será un maravilloso vuelco, porque hasta ahora quizás haya estado pensando que todos estaban conspirando para que no lograra tener las cosas que quería.

La segunda semana de sus segundos treinta días se concentra en su segunda más destacada virtud y en su segunda más grande necesidad. Por ejemplo, posiblemente usted sea una persona muy motivada, pero necesita cierta ayuda en sus habilidades de escuchar. La segunda semana su tarjeta podría decir: «Yo, [su nombre], soy una persona altamente motivada, y diariamente estoy mejorando mis habilidades para escuchar».

Quizás a estas alturas quiera hacerme la pregunta: «Señor

> **«Es maravilloso lo que ocurre cuando usted reconoce sus buenas cualidades, acepta responsabilidad por su futuro y da pasos positivos para hacer que ese futuro sea aún más brillante».**

Ziglar, ¿por cuánto tiempo debo hacer esto (reclamar las virtudes)?» LA RESPUESTA: Por tanto tiempo como quiere más de las cosas que el dinero puede comprar y todas las cosas que el dinero no puede comprar.

SÉ QUE DA RESULTADO

Otra razón por la que sé que reclamar las virtudes funciona, es que todas ellas son virtudes bíblicas. La Biblia misma, en Filipenses 4.8, dice: «Por lo demás, hermanos, todo lo que es verdadero, todo lo honesto, todo lo justo, todo lo puro, todo lo amable, todo lo que es de buen nombre; si hay virtud alguna, si algo digno de alabanza, en esto pensad».

Necesitamos escuchar lo que un profeta llamado Joel dijo hace varios miles de años: «Diga el débil: Fuerte soy» (Jl 3.10). Muy claro, directo y simple. ¿Qué tendría usted que perder intentándolo, comparado con lo que puede ganar?

Ahora, sólo en el caso que no sea tan entusiasta como soy con las valiosas advertencias bíblicas, le animo a que recuerde esto. Según el número del 28 de abril de 1986 de la revista *Fortune*, el 91% de los más altos ejecutivos de las 500 compañías aparentemente aprendieron sus valores éticos y morales de la misma fuente: la Biblia y la Iglesia. Al menos afirman ser miembros de una iglesia católica o protestante, o de una sinagoga judía. (Menos del 7% dijo que no tenía religión.)

PENSAMIENTO: Si W. Edwards Deming, Tom Peters, Warren Bennis o Stephen Covey hubieran escrito un libro que haya tenido la posibilidad de afectar las vidas del noventa y uno por ciento de los altos ejecutivos de las 500 compañías de *Fortune*, sin duda se dirigiría a la librería a conseguir un ejemplar. De igual manera, si creyera que *Moby Dick* o *Black Beauty* habían sido su fuente de inspiración, probablemente leería una y otra vez esos libros.

ESTO CAMBIA CADA ÁREA DE SU VIDA

Una de las cosas hermosas acerca de reclamar estas virtudes de éxito es que al reclamarlas y llegar ellas a ser parte suya, usted transfiere este sentimiento a cada área de su vida. Por ejemplo, si ha decidido ser una persona tranquila y luego pierde la paciencia y se enoja, recordará inmediatamente su decisión, y de inmediato hará una nueva resolución de hacerlo mejor en el futuro. Cuando haga algo que no corresponda a las virtudes que ha reclamado durante la mañana o la noche, inmediatamente se percatará de la diferencia. No le provocará muchas molestias empezar a hacer cambios importantes en su vida. Cuando lea la historia de Gloria Hogg, entenderá que lo que digo es verdad.

DE RACISTA A AMANTE DE TODA LA HUMANIDAD

En octubre de 1992, Gloria Hogg, del Hospital «Tri-Cities» en Dallas, era la conferenciante invitada de nuestra *People Builder's Meeting* que celebramos cada tres meses para reconocer a los que mejores logros han hecho en nuestra compañía. Sabíamos, por información que nos habían proporcionado los supervisores de Gloria, que ella era una triunfadora y una amorosa, simpática y entusiasta afroamericana y que además tenía un gran sentido del humor. Todo eso quedó confirmado cuando entró al salón sonriendo ampliamente y abrazando a varios de los miembros de nuestro personal. Después de la introducción que hizo, contó varios chistes, la mayoría teniéndola a ella misma como protagonista. Luego todos quedamos asombrados cuando empezó a hablar sobre un aspecto de su vida de lo cual nada sabíamos.

Confesó que había sido racista, y que no quería ni confiaba en nadie que no fuera afroamericano. En sus propias palabras, buscaba la oportunidad para reaccionar ante personas de otras razas cuando éstas hacían o decían algo que a ella no le gustaba.

Explicó que el Hospital «Tri-Cities» había puesto a funcionar uno de nuestros programas fundamentales para crear equipos enseñando estos principios de *Más allá de la cumbre*, y empezó a darse cuenta de cambios positivos en sus colegas. Se dio cuenta que tenía serios problemas cuando la nueva conducta de sus colegas hizo que su propia actitud y conducta pareciera fuera de lugar. Debido a que siempre había profesado su creencia en la Biblia y sus enseñanzas, una de las cuales es «Ama a tu prójimo», llegó a ser sensiblemente consciente de las incongruencias en su vida y resolvió hacer algunos cambios así como desarrollar las virtudes que efectivamente estaban haciendo progresos en sus colegas.

¿Qué ocurrió? Bien, déjeme ponerlo de esta manera. Su progreso, crecimiento y resultados fueron tan espectaculares que no sólo recibió un importante ascenso, sino que la gobernadora Ann Richards la reconoció como una de las 100 mujeres más distinguidas de Texas.

Quizás aun más importante que su ascenso o el reconocimiento, es el hecho que Gloria Hogg se levanta cada mañana a las 5:30 para comenzar el día. Su primer paso es hacer tres visitas a hogares para poner inyecciones de insulina: una a una mujer afroamericana, otra a una mujer blanca y otra a una mujer mexicoamericana. Hoy en día, Gloria lo puede mirar a los ojos y con total convicción decirle que ama a toda la gente de todas las razas. Cada mes saca por sorteo el nombre de un anciano y le paga la cuenta de electricidad por ese mes. Como lo dijo a nuestro grupo ese día, está tan agradecida por su buen trabajo, y quiere hacer algo por alguien más.

El racismo fue su actitud antes que fuera influenciada para hacer algunos cambios y desarrollar las virtudes que hemos venido enfatizando a lo largo de *Más allá de la cumbre*. Es verdad que si usted no se quiere como es ni dónde está, puede cambiar. Soy un convencido que si adopta esta filosofía y desarrolla estas virtudes que pueden curar el racismo, que es una de las más feas realidades en nuestra sociedad, podrán ser de ayuda en su vida.

GARANTÍA: Como resultado directo de este procedimiento, el día llegará en que su paciencia, su actitud, su imagen positiva y las otras virtudes que ha reclamado serán más y más fuertes.

OTROS BENEFICIOS: Pudiera ser que después de un tiempo, usted haya decaído en su amor para con su cónyuge, o no quiera estar con o alrededor de cierta persona. Mientras el tiempo pasa y reclama estas varias virtudes y empieza a verlas en usted, empezará a usar un metro diferente para medir a otros. En lugar de criticar las faltas de otras personas (como Gloria Hogg acostumbraba hacer), empezará a buscar y a encontrar las buenas virtudes de los demás. Y al admirar las virtudes y tratar a su cónyuge, amigo, jefe o empleado como poseedores de esas virtudes, se maravillará de cuánto mejor se siente al estar con esa persona.

UNA PALABRA MÁS SOBRE LA CALIDAD

Primero: Debido a algunas experiencias negativas e incluso traumáticas, una o más de las cualidades que hemos identificado podrían traer recuerdos dolorosos del pasado. Por ejemplo: «Disciplina» puede ser confundida con «castigo» y, si usted fue «disciplinado» brutalmente (golpeado), la palabra «disciplina» podría ser un depresivo. Procedimiento: Elimine temporalmente esa palabra de la lista; luego haga un estudio comprensivo de esa palabra para aprender su significado real. La palabra disciplina es muy positiva, como son las demás palabras de la lista.

Lo interesante en este paso específico es que le ayudará a eliminar uno o más «fantasmas» del pasado. Esto le ayudará a ubicarse en el presente, lo cual debe hacer para que su futuro sea tan brillante como sea capaz de hacerlo.

Los procedimientos descritos en este capítulo le animarán, pero ya que la vida es una carrera de resistencia y no de velocidad, necesita tener un programa de metas para llegar a ser la persona que usted es capaz de ser, hacer las cosas que es capaz de hacer, y tener las cosas que son realmente importantes para usted. Los siguientes tres capítulos le mostrarán que cuando la vida le da esos inevitables e inesperados golpes, podrá manejarlos como desafíos y no como crisis.

9

Es imprescindible un programa de metas

Si uno avanza confiadamente en dirección de sus sueños, en cuestión de horas se encontrará con un éxito inesperado. Si usted construye castillos en el aire, su trabajo no estará perdido. Están donde deberían estar. Ahora, ponga los fundamentos debajo de ellos.

Thoreau

Cada uno de nosotros tenemos metas individuales que pueden ser positivas o negativas, pero el noventa y siete por ciento de la gente en nuestra sociedad no tiene organizado un programa de metas.

METAS INDIVIDUALES, PERO NO UN PROGRAMA DE METAS

Hay diferencia. Las metas individuales están enfocadas en un objetivo específico y pueden hacer que descuidemos algunas otras áreas de nuestras vidas. Aunque podemos alcanzar una, podemos pasar por alto o fracasar en otras áreas que pudieran ser aun más importantes.

EJEMPLO: El drogadicto tiene por meta otra dosis, el alcohólico otro trago y la mayoría de nosotros otra comida. Mucha gente tiene metas tan meritorias como terminar la escuela, conseguir un trabajo o perder unas cuantas libras. Metas aisladas como las mencionadas, o metas individuales (como el día antes de salir de vacaciones) son relativamente fáciles de proponer. Sin embargo, un programa equilibrado de metas es algo diferente.

Esta es la razón de por qué sólo el tres por ciento de todos los ciudadanos de este país tiene un programa de metas diseñado para cosechar los mejores beneficios de la vida. Veremos estas razones con más detalle mientras avancemos, pero por ahora, echemos una rápida mirada al asunto.

La primera razón porque la mayoría de las personas no tiene un programa de metas es el miedo. Este es el gran inhibidor. Afortunadamente, la mayoría de nuestros miedos son infundados y a medida que investiguemos por qué usted debería tener su propio programa de metas y cómo se puede establecer, aquellos miedos se desvanecerán.

La segunda razón porque las personas no tienen este programa de metas es porque tienen una pobre autoimagen (la forma en que se ven a ellas mismas). No pueden imaginarse alcanzando las ocho cosas que hemos identificado a lo largo de *En la cumbre* (felicidad, salud, prosperidad razonable, seguridad, amigos, paz mental, buenas relaciones familiares y esperanza). Pueden ver cómo otros lo consiguen, pero en cuanto a ellos, ¡olvídese! Por esto mucho de *Más allá de la cumbre*, incluyendo la información sobre el programa de metas, está orientado a ayudarle a cambiar la imagen que usted tiene de sí mismo.

La tercera razón porque la gente no tiene un programa de metas es porque nunca han comprendido completamente los beneficios. Si tal razón es aplicable a usted, prepárese, porque al final de estos tres capítulos sobre metas, usted va a querer tener su propio programa.

La cuarta razón porque el noventa y siete de las personas no tiene un programa de metas es porque no saben exactamente cómo desarrollarlo. Los pasos que usted va a aprender en estos tres siguientes capítulos son muy específicos y eliminarán la falta de conocimiento como excusa para no tener un programa de metas.

EL MIEDO

El miedo, en cierto grado, nos hace posponer las cosas y acobardarnos. Para ser sincero, el miedo y una pobre autoimagen están tan entretejidos que es difícil, si no imposible, separar el uno de la otra. Suponiendo que usted ha seguido las sugerencias que he estado haciendo, su imagen ha tenido que mejorar ostensiblemente. Esto significa que su confianza está creciendo, y la confianza echa fuera el miedo. Esto es importante porque según el conferenciante y autor Dr. Bob Couch «El miedo es el cuarto oscuro donde se revelan nuestros negativos».

También la instrucción echa fuera el temor.

EJEMPLO: Si tuviéramos que conducir desde Dallas a Boston sin instrucciones, mapas y letreros indicadores, tendríamos un buen grado de miedo. Con instrucciones, buenos mapas y claras señales de carretera, en gran parte ese miedo desaparecería. En realidad, muy pocos intentaríamos hacer un viaje sin instrucciones ni mapas. Por desgracia, muy pocas personas están equipadas con instrucciones específicas sobre cómo conducir en las autopistas de la vida. No es de sorprenderse que la mayoría de la gente llega al final del viaje de la vida con solo una fracción de lo que la vida tiene para ofrecerle.

Unas pocas buenas noticias: El Dr. Karl A. Menninger dijo: «El miedo está educado para entrar en nosotros, pero si queremos, también podemos educarlo para que salga de nosotros». James Allen, autor de *As a Man Thinketh*, afirmó: «Quien ha derrotado a las dudas y al miedo, ha triunfado sobre el fracaso».

SU IMAGEN Y SUS METAS

La segunda razón porque muy pocas personas tienen un completo programa de metas, como lo dejamos ya establecido, es por la imagen que tienen de ellas. La Dra. Joyce Brothers dice que su autoimagen tiene una influencia directa sobre la ropa que viste, la forma en que luce, la profesión que abraza, el cónyuge que elige, los hábitos que adquiere y su conducta moral. Esto es una fuerte motivación para hacer algo sobre la imagen que tiene de usted.

Ahora veamos un ejemplo que trata, indirectamente, pero con muy directos resultados, con reducir o eliminar el miedo, cambiar las actitudes y mejorar la autoimagen.

La siguiente historia es en varios aspectos una de las más inspiradoras con las que he estado relacionado. Tiene que ver directamente con la autoimagen, y debería convencerlo, sin importar su condición y circunstancias hoy, que hay una legítima esperanza que usted puede sobreponerse a los obstáculos, comenzar allí donde está, con lo que tiene y hacer que ocurra.

SUENA COMO UNA SARTA DE DISPARATES

Hace algunos años, me encontraba hablando en Oklahoma City en un seminario de un día completo. En la audiencia teníamos aproximadamente 1.600 personas entusiastas y estimuladas. Aproximadamente dieciocho meses más tarde, recibí una carta de un hombre llamado Tom Hartman. La carta fue el comienzo de una relación y correspondencia que duró una década. Desafortunadamente, perdí contacto con él hace unos cinco años.

Recuerdo muy bien la primera carta, la conversación por teléfono y las visitas personales que nos hicimos. En esencia, así fue como ocurrió. De vez en cuando voy a cambiar de diálogo a una explicación de la secuencia de los acontecimientos. La primera carta de Tom comenzaba:

Zig:

El 28 de enero de 1978, estaba yo en la audiencia del seminario de todo el día en Oklahoma City. Era mi día libre y mi hermano me había dado una entrada para asistir, en la confianza que podría encontrar alguna esperanza y aliento. Ahí estaba, sentado, escéptico, pero todavía esperanzado que algo podría ocurrir que me diera ese «tirón en el brazo» que mi hermano creía que necesitaba (en el fondo, yo también sabía que lo necesitaba).

Usted abrió la presentación con un tremendo entusiasmo

cuando dijo: «Ustedes pueden ir adondequiera, hacer lo que quieran y ser como quieran ser». Le confieso, Zig, que estaba sorprendido de que se presentara con tanta energía e inmediatamente decidí que yo no iba a estar todo el día sentado allí escuchando un montón de disparates de un tipo super excitado, encendido y entusiasmado que no conocía nada acerca de mí. Sabía que lo que usted estaba diciendo no se aplicaba a mí, por lo que me puse a buscar un camino para salir de allí. Sin embargo, me encontraba en medio de 1.600 personas y me di cuenta de que crearía un alboroto si salía, por lo que decidí quedarme donde estaba hasta el primer descanso. Entonces saldría tranquilamente para nunca más ser visto u oído en lo que a usted concerniera.

Pocos minutos más tarde, usted tuvo el descaro de decir que Dios me amaba, en circunstancias que yo sabía que aquello no podía ser verdad, por lo que comencé a retorcerme aún más en mi asiento. Luego, hizo la observación que el hombre fue «diseñado para realizarse, hecho para tener éxito y dotado de la semilla de la grandeza». Al decir usted aquello, pensé: Bien, el viejo por fin está diciendo algo razonablemente cercano a la verdad, porque al mirar para abajo, realmente pude ver la grandeza. Una cintura de 63,5 pulgadas y 406 libras de masa hablaban del volumen de mi grandeza.

En ese tiempo, Zig, estaba saliendo de un devastador divorcio. Tenía un trabajo solo porque mi jefe era amigo mío y no porque produjera como para ganarme mi cheque. Literalmente me encontraba tan quebrado (y usted podía hacer esto en 1978) que los viernes por la noche compraba mis comestibles para el fin de semana con cheques sin fondos. El lunes en la mañana tenía que correr al banco a cubrir esos cheques. No había estado en una iglesia por años. Financieramente estaba en bancarrota, espiritualmente estaba en bancarrota, físicamente estaba en bancarrota. Sin familia, con un solo amigo, un tenebroso futuro me miraba en pleno rostro y usted estaba diciendo que había esperanza para mí.

SÍ, HAY ESPERANZA PARA USTED

Yo no iba a comprar ese producto, pero usted es tan persistente que se mantuvo insistiendo en que «usted puede hacerlo». Y entonces dijo algo que no recuerdo, pero *que fue respaldado por una mujer sentada detrás de mí, que dijo: «Exactamente» o «Amén», o una de esas cosas que ustedes los cristianos acostumbran decir cuando están de acuerdo con alguien. Cuando ella hizo el comentario, mi mente dio un brinco, busqué mi libretita amarilla y empecé a escribir notas.*

Como un paréntesis, es un hecho que algunas personas son tan estrechas de mente que pueden mirar por el ojo de la cerradura con ambos ojos al mismo tiempo. Y le apuesto a que una mente estrecha y una cabeza grande por lo general se encuentran en la misma persona.

Por el resto del día, escribí rápida y furiosamente con un sentimiento de excitación que aumentaba en mí. Por primera vez en mi vida de adulto vislumbraba débilmente la leve esperanza que quizás, solo quizás, pudiera hacer algo con mi vida.

Hacia el final del día, estaba realmente conmovido y desesperadamente quería comprar el juego de casetes de motivación, pero estaba luchando por sobrevivir financieramente. De nuevo, mi hermano demostró ser un salvavidas. Me prestó el dinero e hice la compra. Ese día lo escuché por más de seis horas, pero esa noche llegué a casa y lo escuché por otras siete horas. Antes de apagar las luces esa noche, sentía que lo iba a hacer. La esperanza, por primera vez en mi vida de adulto, había sacado la cabeza y se veía bastante bien.

La próxima mañana, la primera cosa que hice fue decirle a mi patrón que tenía un nuevo empleado. Le dije también que estaba «llevando mi propia carga». En retrospectiva, me di cuenta que decir aquello tenía su peso, por mis 406 libras.

Esa tarde, fui a la Universidad de Oklahoma City y me cambié de los dos cursos de historia que estaba llevando, a dos cursos de sicología, para poder aprender más acerca de mí y de mi prójimo. Al día siguiente fui al Centro de salud Nautilus para hacer algo que me ayudara a poner mi cuerpo en forma.

El jueves fui a la tienda donde en el pasado había comprado mi ropa y separé $700 de ropa con un pequeño pago al contado. Cuando escogí un saco talla 47 y unos pantalones *talla 39 el dueño de la tienda me preguntó para quién estaba comprando la ropa. Cuando le dije que la estaba comprando para mí y que un día saldría de la tienda con ella puesta, me miró con escepticismo, pero no dijo nada.*

Vamos a hacer una pausa de un minuto para examinar lo que Tom ya ha hecho.

Mentalmente. Cambiar los cursos en la universidad y escuchar los casetes.

Físicamente. Programa de ejercicio y dieta en un centro de salud.

Carrera. Cargar con su propio peso: ser productivo.

Compromiso. Nueva ropa para un hombre mucho más delgado.

PUNTO IMPORTANTE: Entró inmediatamente en acción. Ahora, retomemos la historia.

En este punto, Zig, realmente estaba completamente dedicado a escuchar sus casetes. Usted había dicho que debería escucharlos dieciséis veces para poder captar completamente el mensaje, pero los «25 pasos para construir una autoimagen saludable» lo escuché más de 500 veces, y todos los demás, más de 300. Literalmente, puedo recitárselos de memoria, así es que si alguna vez desarrolla un problema en la garganta, no cancele ningún compromiso, llámeme y yo daré la conferencia.

En nuestros encuentros personales, el viejo Tom sonreiría y diría: «Incluso puedo usar su propio acento, Zig». (¿Se imagina acusándome de tener acento?)

Tom continuó:

Zig, me alegro que la policía no me haya visto cuando manejando calle abajo escuchaba aquellas grabaciones, porque usted y yo teníamos unas conversaciones que eran increíbles. Quizás usted decía: «Tú naciste para triunfar», y yo le respondía: «¿Entonces, por qué siempre soy un perdedor?» Usted entonces decía: «¡Tú puedes lograrlo!» y yo le respondía: «¡Pero Zig, nunca lo he conseguido!» Usted decía: «No te rindas, Tom», y yo le contestaba: «¡Luchar no tiene nada de divertido!» Usted decía: «Tú estás diseñado para alcanzarlo» y yo le contestaba: «Bien, ¿cómo es que yo no he conseguido nada?»

Bien, Zig, iba y venía, pero me di cuenta de una cosa: en esas grabaciones usted nunca parece cansado. Siempre está lleno de entusiasmo, siempre excitadísimo, siempre encendido. Mi resistencia se hacía más y más débil.

NOTA: A estas alturas, Tom empezó a cambiar de «No puedo» a «Puedo». El miedo al fracaso se batía en retirada, y la esperanza y la confianza venían a ocupar el espacio.

Entonces, Tom dijo algo que creo que es absolutamente verdad, porque yo trabajo duro para decir verdades que han sobrevivido a la prueba del tiempo.

Zig, usted sabe, yo creo que cualquiera puede argumentar con usted como lo hice yo en un comienzo. Puede que la primera vez esté en desacuerdo. Y la décima vez también. Sin embargo, sinceramente creo que cualquiera que escuche repetidas veces los conceptos que usted está presentando llegará a saber que todo lo que dice es verdad y actúa con resultados positivos.

MAMÁ, MIRA AQUEL GORDO

Tom había estado escuchando por unas seis semanas cuando una tarde se encontraba en la tienda de comestibles, comprando los alimentos para la semana. De pronto, oyó a una pequeña niña de unos cinco años de edad, gritando con su vocecita: «¡Mamá, mira aquel gordo!»

Tom dice que miró a su alrededor tratando de ver dónde estaba el gordo. Entonces se le ocurrió que la niñita estaba refiriéndose a él, y se echó a reír. Y rió hasta que le corrieron las lágrimas, y luego, al darse cuenta por qué se estaba riendo, derramó lágrimas de una clase diferente. Por primera vez en su vida de adulto, Tom Hartman vio la esperanza en pleno florecimiento y supo que vencería.

Aproximadamente un mes después, esa convicción se vio reforzada en una manera única. Había ido al cine y volvía en busca de su automóvil. Iba caminando tranquilamente cuando le llamó la atención la exhibición que vio en una ventana. Después de mirar por varios minutos, de repente se dio cuenta que no estaba solo. Una persona grandísima había estado mirando por sobre su hombro, de modo que se volvió, pero allí no había nadie más que él. Tom había visto su propia imagen en la ventana, pero no la había reconocido.

El ya fallecido Dr. John Kosek, un brillante siquiatra de Dunedin, Florida, me dijo que en ese preciso momento, Tom Hartman había dejado de ser obeso. Aunque todavía pesaba sobre 360 libras, nunca más se vio como una persona obesa.

La imagen había cambiado. (Es realmente cierto que usted es lo que es y está donde está por lo que ha entrado en su mente, y puede cambiar lo que es y donde está al cambiar lo que entra a su mente.)

El Dr. Kosek señaló que una de las razones por las que las dietas violentas rara vez dan resultado es porque una persona puede fácilmente eliminar peso de su cuerpo. Pero aunque haya eliminado algo de peso, a menos que cambie la imagen que tiene de usted, soñará como una persona obesa cuando vaya a dormir. En el subsconciente usted sabe que es una persona obesa, y por eso volverá a comer mucho para conformar su cuerpo a su imagen, es decir, la de una persona con sobrepeso.

ÉL DIO TODOS LOS PASOS

Tom Hartman había cambiado la imagen de su mente. Lo había hecho con un tremendo esfuerzo y compromiso personal. Siguió un programa de ejercicios adecuado, combinado con hábitos de alimentación sensatos. Siguió alimentando su mente con información buena, limpia, pura, poderosa y positiva que le permitió mantener la atención en sus objetivos y le proveyó la motivación necesaria para alcanzarlos.

¿Cómo termina la historia de Tom Hartman? No tengo idea, porque sigue escribiéndose, pero le puedo decir que se graduó en sicología, lo hizo con *magna cum laude* y más tarde entró en el mundo de los negocios. Enseñó cada domingo una clase en la Escuela Dominical; trabajó con mujeres abusadas; y, oh, sí, su peso llegó a las 225 libras. Considerando que su altura es de 6 pies y 4 pulgadas y tiene un esqueleto bastante grande, es un buen peso para él.

Les di todos los detalles sobre la historia de Tom Hartman porque hallo que es muy difícil creer que cualquiera de ustedes que lee estas líneas pueda tener todas las dificultades y necesidades que él tuvo en su vida. Recuerde, era obeso, económicamente estaba quebrado, no iba a ninguna parte y espiritualmente estaba en bancarrota. He aquí a un hombre que llegó a ser un triunfador para lo cual había nacido en todas las fases de su vida: financiera, física, mental, social y espiritualmente.

MENSAJE: Si Tom Hartman puede hacer lo que hizo y sobreponerse a todos esos obstáculos, ¿no cree que usted puede hacerlo también? Vaya adelante, haga un compromiso. ¡Hágalo ya! (Tom lucía por lo menos quince años más joven y tenía infinitamente más energía después de haber perdido todo ese peso.)

Por favor, note que no estoy sugiriendo en lo más mínimo que esto es fácil. Sé que es difícil. Pero cuando usted ve el gozo y la emoción de un Tom Hartman que tomó control de su vida, verá que vale la pena. Él emprendió la tarea y alcanzó sus objetivos. Él sabe el valor de cada gota de sangre, sudor y lágrimas. Tom Hartman sabe que usted no paga el precio; disfruta de los beneficios. En retrospectiva, él claramente entiende que sea cual sea el precio, es temporal y asequible. Los beneficios son permanentes y magníficamente disfrutables.

LIBERE EL HEMISFERIO DERECHO DE SU CEREBRO

Quizás la mayor ventaja de tener un programa de metas es la libertad que produce el tener dirección en la vida. Cuando sus metas están claramente definidas e inteligentemente formuladas, usted ha, en esencia, dado un paso importante hacia la programación del hemisferio izquierdo de su cerebro. Esto libera el hemisferio derecho para que sea más creativo.

La mejor analogía que puedo darle es la del excelente y dotado atleta tan riguroso en su disciplina y tan comprometido con los fundamentos del juego que es libre para actuar en la forma más creativa. Cuando se presentan situaciones en las que tiene que improvisar para hacer la mejor jugada, los entrenadores y atletas dirán: «Eso no se puede enseñar».

Un Michael Jordan, por ejemplo, fue confrontado infinidad de veces en cada juego en que participó con situaciones nuevas. Pudo haber tenido a su alrededor varios oponentes, a varios jugadores apoyándolo, la distancia exacta de la bola hasta el aro, o varias otras pequeñas cosas que pudieron hacer de la situación algo único —por minuciosas que fueran—, diferentes a todas las situaciones anteriores. Debido a que Michael era tan diestro en los fundamentos de las fintas, del pase, del lanzamiento, del amague, de las miradas engañosas, pudo ser creativo en la forma en que manejaba las situaciones excepcionales que se presentaban.

> **Cuando sus metas están claramente definidas e inteligentemente establecidas, en esencia, usted ha dado el paso más importante para la programación del hemisferio izquierdo de su cerebro. Esto libera el hemisferio derecho para ser más creativo.**

La misma situación nos ocurre a todos nosotros. Sólo con disciplina los médicos, estudiantes y personas como usted y yo tienen la libertad de dar lo mejor de sí. Cuando somos fundamentalmente sanos, con una base de valores morales y éticos con lo cual trabajar, un programa de metas en el cual poner el enfoque, y la actitud optimista de buscar automáticamente las soluciones a los problemas con la esperanza de encontrarlos, liberamos la parte derecha y creativa del cerebro para que haga exactamente eso.

ÉXITO EQUILIBRADO

En algunas ocasiones he dicho que en mis seminarios alrededor del mundo he visto que todos quieren las mismas ocho cosas. Ahora, quisiera reflexionar sobre ellas porque si en realidad son las cosas que más deseamos en la vida, tendríamos que ponerlas como nuestras metas. La importancia de dar este paso fue expuesta por el Dr. Gerald Kushel, en el número del 30 de septiembre de 1991 de *Bottom Line Personal*.

Él divide la vida en tres dimensiones: carreras exitosas, trabajo satisfactorio y vidas personales ricas. Estudió a 1.200 personas: abogados, artistas, obreros, profesores y estudiantes. Todos tenían carreras exitosas y habían alcanzado al menos un éxito unidimensional. Desafortunadamente, el quince por ciento no disfrutaba ni de su trabajo ni de su vida personal. Su éxito era superficial. Ochenta por ciento disfrutaba de su trabajo pero no de su vida personal, y así habían alcanzado un éxito bidimensional. El hecho triste es que la mayoría de ellos pensaba que sus exitosas y placenteras carreras eran el resultado de la voluntad de sacrificar sus vidas personales. Sólo el cuatro por ciento disfrutaba de sus trabajos y sus vidas personales. Estas personas habían alcanzado un éxito tridimensional. Eran buenos en sus trabajos, lo disfrutaban, y tenían vidas personales realizadas.

El Dr. Kushel individualizó a un cuatro por ciento como personas de éxito poco comunes. Todos comparten tres importantes características. Número uno, una calma interior que les ayuda a mantenerse en foco. Número dos, metas claras y un sentido de propósito que guía sus vidas. Número tres, un sentido de aventura que les permite reírse de ellos mismos y darse el ánimo adecuado para asumir los riesgos necesarios. Él hizo otras importantes observaciones, como por ejemplo, que las personas de éxito poco comunes siempre asumen la responsabilidad por la situación de sus vidas, cambiando desde lo externo a lo interno.

EJEMPLO: Una persona que no sea de la categoría de éxito poco común puede pensar, *las presiones en el trabajo me ponen nervioso*, pero una de esa categoría, en la misma situación, piensa, *las presiones en el trabajo no me ponen nervioso. Los pensamientos acerca de esas presiones son los que me ponen nervioso.*

El Dr. Kushel está exactamente en lo cierto en lo que dice. Déjeme señalar que a mayor seguridad que usted tenga como individuo, mejor se sentirá; mientras mejor sea la imagen que tenga de usted, mejor va a entender lo que el Dr. Kushel dice. Y mientras más crea eso, al menos usted puede ser feliz, tener buena salud, ser más próspero, más seguro y tener más amigos, gran paz mental, mejores relaciones familiares y más esperanza. Ahora, exploremos si específicamente usted puede o no fijar estas ocho cosas como metas.

FELICIDAD

Muchas personas creen sinceramente que van a ser felices cuando logren vivir en una casa propia; cuando consigan todas esas pequeñas cosas que frecuentemente convierten una casa en un hogar, y cuando todo esté en su lugar, pero no lo serán. Que van a ser felices cuando añadan el patio y el asador de carne, pero no lo serán. Que van a ser felices cuando tengan pagado el préstamo de la casa, pero no lo serán. Que van a ser felices cuando consigan una segunda casa junto al lago o en la montaña, pero no lo serán. Que van a ser felices cuando se ganen un viaje a Hawai, pero no lo serán. . Que van a ser felices cuando lleguen allí en ese viaje de ensueño, pero no lo serán. La razón es simple: No importa adonde usted vaya, allí está usted. Y no importa lo que usted tenga, siempre habrá más que quiere tener.

> **«La felicidad no es un cuándo ni un dónde; puede ser un aquí y un ahora».**

Hasta que usted no sea feliz con lo que es, nunca será feliz por lo que tiene. Me gusta lo que Dennis Prager dijo en un artículo del *Reader's Digest*, como una forma de diferenciar placer y felicidad: «Diversión (placer) es lo que se experimenta durante un acto; felicidad es lo que experimentamos después de un acto. Esta es una emoción mucho más profunda y más permanente». Él dice que ir a un parque de diversiones, jugar fútbol, ir al cine o ver televisión, son actividades divertidas. Ayudan a relajarse, a olvidar temporalmente los problemas, e incluso ayudan a que riamos, pero no traen felicidad porque sus efectos positivos terminan cuando la diversión termina. De nuevo, mientras no seamos felices con nosotros, es muy poco probable que seamos felices, punto. Felicidad es una actitud. Will Rogers sabiamente afirmó que «la mayoría de las personas son tan felices como deciden serlo».

Prager también señala con una perspicacia poco común que «la forma en que la gente se aferra a la creencia de que una vida llena de diversión y libre de dolor es igual a felicidad, realmente disminuye sus posibilidades de alcanzar la verdadera felicidad. Si lo divertido y placentero fuera equivalente a la felicidad, entonces el dolor debería ser equivalente a la infelicidad, pero la verdad es lo opuesto. Las más de las veces, las cosas que llevan a la felicidad involucran algún dolor». Le da en el blanco y es elocuente al afirmar la vieja verdad de que la felicidad no es placer. Es victoria. Y victoria casi siempre comprende, al menos temporalmente, dolor de algún tipo.

¿PUEDE ESTABLECER LA FELICIDAD COMO UNA META?

R ecuerde, todos también quieren tener salud, ser razonablemente prósperos, seguros y tener amigos, paz mental, buenas relaciones familiares y esperanza.

NOTA: Hay muchas cosas que específicamente usted puede hacer respecto a todo esto, y cada una de ellas tiene una relación directa con la felicidad.

EJEMPLO: Cuando su salud (física, mental y espiritual) es buena y su nivel de energía es alto (estas son relativas), usted va a ser una persona más o menos feliz. Siga el mismo procedimiento para examinar las otras cosas que todos queremos, y llegará a la inescapable conclusión que puede hacer algo acerca de cada una de ellas y cada una contribuye a su felicidad.

PREGUNTA: Supóngase que las cosas no resultaran en la forma en que usted cuidadosamente ha detallado: ¿Qué pasaría con su felicidad?

RESPUESTA: El éxito no es un destino: es un viaje. La gente más feliz que conozco son aquellos que están ocupados trabajando hacia objetivos específicos. La gente más aburrida y miserable que yo conozco es aquella que se deja llevar por la corriente y que no tiene en mente ningún objetivo que valga la pena.

En la sociedad de hoy, orientada hacia los placeres, hay muy poca felicidad, como lo revela el excesivo uso de drogas y alcohol, tanto como la frecuente tendencia al suicidio, especialmente entre la gente joven. Por ejemplo, el alcohol, las drogas, la pornografía, el sexo ilícito y el juego de azar son todas, para

> **«La felicidad es un subproducto de lo que usted es y hace. Y sí, usted puede establecerla como una meta específica».**

mucha gente, experiencias placenteras. Por eso, después de un tiempo, llegan a ser adictos y destruyen cualquiera posibilidad de ser felices. Coleridge dijo: «La felicidad puede construirse sólo sobre la virtud y debe, por necesidad, tener a la verdad por su fundamento».

¿QUÉ ES LO QUE NOS HACE FELICES?

Lo animo a que se percate, mientras analizamos este asunto, que la felicidad es algo por lo que lucha usted mismo y no depende de lo que otra persona pueda hacer por usted. Como lo dijimos ya, otros pueden darle placer, pero usted nunca será feliz hasta, y a menos, que haga cosas para otras personas.

Es verdad que todos somos felices —o más felices— cuando nuestras relaciones con los que amamos o nos encontramos regularmente son buenas. Sin embargo, necesitamos entender que nadie más puede hacernos felices. Las buenas relaciones contribuyen a nuestro placer y felicidad, pero somos los únicos que jugamos el rol clave en la construcción de las buenas relaciones.

Cuando hago referencia al hecho que todos quieren tener buena salud, no estoy hablando de una salud como la que tiene un atleta tipo fisiculturista, sino de salud física, mental y espiritual que nos permita usar los recursos que Dios nos ha dado. Cuando usted se preocupa de su salud, es más feliz con usted mismo, y en consecuencia, en general es más feliz. Cuando come adecuadamente, duerme y descansa lo necesario, y hace ejercicios que le ayuden a mantener su condición física, está en el camino correcto. Cuando evita drogas, tabaco y alcohol, está procurando ser feliz y al mismo tiempo, mejorar su salud.

Su salud mental comprende la actitud mental correcta, el perdón, la gratitud y la ausencia de un espíritu de revancha, y está afectada por lo que entra en su mente. La información que entra en su mente influye en su pensamiento y en su felicidad. Como lo dijo James Allen: «Somos lo que pensamos».

La salud espiritual es la tercera dimensión, y para mí y para millones de otras personas, una vez que se alcanza la salud espiritual, la posibilidad de ser feliz aumenta dramáticamente, así como las posibilidades de tener paz mental.

El sicólogo investigador Lewis Andrews, después de invertir diez años investigando la conexión entre salud espiritual y salud mental, dice que los estudios muestran que la gente que cree en un Dios y tiene fuertes valores espirituales es más feliz, tiene mejor salud y, en muchos casos, está más comprometida intelectualmente que la gente que no. Toda vez que la salud espiritual equivale a salud mental y/o emocional, lo que el siquiatra Max Levine dice también tiene una especial importancia: «No puede haber salud emocional si hay ausencia de altos estándares morales y un sentido de responsabilidad social».

EL AMOR AL DINERO

Cuando miramos a la prosperidad, sé que hay algunas personas en órdenes religiosas que han hecho votos de pobreza y otros que han elegido profesiones de servicio. Ellos nunca tendrán una oportunidad o deseo de acumular importantes riquezas; sin embargo, quieren tener lo necesario para atender a sus necesidades. También es verdad que nuestros conceptos de prosperidad varían.

De nuevo hago referencia al dinero porque en el mundo real necesitamos una cierta cantidad de dinero cada día. Nos da más posibilidades y, adecuadamente manejado, puede permitirnos ampliar nuestra esfera de influencia y de servicio. Esto es especialmente cierto si recordamos que la verdadera medida de nuestra riqueza es cuánto valdríamos si perdiéramos todo nuestro dinero.

Dicho esto, permítame reconocer que hay personas que citan mal la Biblia y dicen que el dinero es la raíz de todos los males, lo cual no es cierto. La Biblia dice: «El amor al dinero es una raíz de todo tipo de males». La Biblia habla mucho más acerca del éxito que del cielo. Además, dos terceras partes de las parábolas que Cristo mismo enseñó tenían que ver con nuestro bienestar físico y financiero. Para ser realistas, el buen samaritano no habría podido pagar la cuenta del extranjero a quien habían golpeado y robado si antes que se produjera el asalto no hubiera ganado una cierta suma de dinero.

NOTA: Cuando una persona tiene un sistema de valores basado en las cualidades de la lista del capítulo 8, la posibilidad de que la prosperidad monetaria tenga un impacto negativo en esa persona es virtualmente ninguna.

CONCLUSIÓN: Es perfectamente seguro, y realista, hacer de la prosperidad una de sus metas.

¿Puede usted realmente tener las ocho cosas que estamos describiendo? Sí, yo creo que puede. Esto lo demuestra el hecho de que hay una cantidad de personas, incluyéndome a mí, que tienen todas estas cosas.

LAS RELACIONES SON LA CLAVE

También es excitante saber que si usted es la clase de persona correcta, puede hacer amistades seguras porque no va a violar los principios que podrían destruir la relación. Recuerde, toda la gente quiere un empleador (o un empleado), un amigo, un cónyuge, un hijo o un padre en el cual puedan confiar, o que sean consistentes en acciones y en amor.

Es cierto que todos quieren tener amigos, pero como usted ya lo habrá descubierto cuando sale en busca de amigos, éstos son escasos. Cuando usted sale para actuar como un amigo, los encontrará en todas partes. Usted no va a cambiar a nadie; sin embargo, cuando usted mismo cambia y llega a ser la persona correcta, la gente se acerca a usted.

Ellos quieren un amigo que sea amistoso, confiable y leal. Un amigo que esté allí, en tiempos de necesidad. Alguien dijo una vez que un amigo en los buenos tiempos es alguien que siempre está cerca cuando necesita de usted. Un verdadero amigo es alguien que siempre está cerca cuando usted necesita de él y nunca le va a detener a menos que se esté cayendo. Ya que usted está desarrollando estas cualidades triunfadoras que atraen amigos de todas direcciones, confío que, incluso ahora (sin tener conscientemente como meta ser un amigo), esté comenzando a atraer la clase de personas con las cuales se va a sentir bien y que disfrutará como amigos.

Las buenas relaciones familiares, acerca de las cuales hemos hablado, vendrán como resultado de las cualidades que hemos identificado, casi como la primera página de *Más allá de la cumbre*. ¿Qué esposo o esposa, padre o hijo, hermano o hermana, no estaría dispuesto a andar con una persona con las cualidades que hemos identificado? Al establecer la meta de relaciones familiares positivas, las consecuencias sobrepasarán en mucho los beneficios que usted y su familia cosecharán. Como lo mencioné antes, la estabilidad en la vida del hogar afecta grandemente nuestra vida en el mundo exterior. Las cualidades que usted tiene, y al dar los pasos que hemos delineado aquí, le darán todo y la garantía de que las relaciones familiares serán buenas. Estoy suponiendo que otros miembros de la familia no son alcohólicos, drogadictos o sicópatas, y aun si lo fueran, estas cualidades mejorarán sus posibilidades de establecer relaciones triunfadoras con ellos.

La paz mental comienza con usted y probablemente no la experimentará sino hasta que establezca una meta para resolver completamente la cuestión de a quién pertenece usted y dónde va a pasar la eternidad. La realidad es que si el pasado es perdonado, su presente va a ser más seguro y probablemente más próspero, lo que significa que su futuro será más brillante y la paz mental una probabilidad real. (Si tiene alguna pregunta sobre esto, me sentiría feliz de enviarle información sobre cómo resolví este asunto en mi propia vida. Escríbame a *The Zig Ziglar Corporation, 3330 Earhart, Suite 204, Carrollton, Texas 75006.*)

Y, por supuesto, el último de los ocho objetivos es esperanza. Esperanza, según el diccionario, es un sentimiento de lo que uno desea que ocurra. Es expectativa, previsión, optimismo; el motivo para esperar algo que se desea. Es desear mucho. Es anhelar con anticipación. Es una expectativa positiva. Es poner la confianza en. Implica cierta expectativa de obtener el bien deseado o la posibilidad de tenerlo. Martín Lutero dijo que todo lo que se ha hecho en el mundo se ha hecho por esperanza. John Lubbock dice: «Es ciertamente malo desesperarse, y si desesperarse es malo, entonces, la esperanza es buena».

Según Grenville Kliser, «El hombre lleno de esperanza cree que lo mejor está aún por suceder y pinta con colores alegres los buenos tiempos en perspectiva. Cuando el pesimismo acecha por todas partes, él es un ilusionado, entusiasta y confiado. Es un optimista incorregible». (Es el tipo de persona que usaría su último dólar para comprarse un cinturón para guardar el dinero.)

S. Smiles dice que «la esperanza es como el sol, la cual a medida que viajamos hacia ella, echa una sombra de nuestra carga detrás de nosotros». Johnson dice que «donde no hay esperanza allí no habrá esfuerzo».

Martin Buxbaum lo resume en esta manera tan bella:

No importan las dificultades, las pruebas, las decepciones, aquellos que han alcanzado la cumbre nunca perdieron la esperanza. La esperanza nos da la promesa de algo bueno, a pesar de las probabilidades, algo que podemos conseguir. La esperanza pone la mente en una vena positiva, nos da algo para esperar y paciencia para esperar. La esperanza es una emotiva mezcla de deseo, expectativa, paciencia y gozo. Es una medicina emocional, indispensable para el alma.

La pregunta es: ¿Puede usted hacer de la esperanza una de sus metas? Creo que podrá si la analiza cuidadosamente. En el idioma inglés, la palabra esperanza —*hope*— forma un acróstico para **H**onesto **O**ptimismo basado en **P**ersonal **E**sfuerzo.

H es para *honestidad*, y cuando usted honestamente trata con todos los factores que hemos analizado y luego reconoce estas virtudes maravillosamente positivas que tiene, estará de acuerdo con que realmente es una persona excepcional con habilidades únicas, que le capacitarán para llegar a la cumbre.

O significa *optimismo*, el cual usted poseerá en abundancia cuando tome estas virtudes y siga los planes y procedimientos que hemos señalado.

P es por *personal*, lo que significa que usted acepta la responsabilidad personal por su futuro.

E es por *esfuerzo*, la cual producirá resultados por la nueva imagen que tiene de usted.

Súmelo todo. Sí, usted puede poner *esperanza* en su tarjeta como una de las metas que puede alcanzar y que quizás, ya ha alcanzado.

Ya hemos visto que hay algo específico que podemos hacer acerca de estas ocho cosas más buscadas en la vida. Ahora, como lo hicimos en relación con la felicidad en este mismo capítulo, vamos a poner esto en contexto con las otras siete cosas que todos quieren ser, hacer o tener. Primero, es adecuado decir que las personas felices son personas llenas de esperanza. Y las personas felices y llenas de esperanza están en la mejor posición para alcanzar todas las buenas cosas en la vida, incluyendo la salud. Personas con salud son más aptos para ser prósperos, lo cual resulta en seguridad, y cuando la gente tiene seguridad (financiera y espiritual), tiene paz mental. Verdadera paz mental deja más tiempo y energía para establecer relaciones con amigos y con la familia, y las personas que han alcanzado cualquiera de las virtudes mencionadas tienen esperanza que el futuro será tan bueno o mejor que el presente. Para completar este círculo, también es verdad que las personas que están más agradecidas por lo que tienen son invariablemente las más felices.

Hagamos un breve repaso a este capítulo. Las cuatro razones más comunes porque la gente no tiene un bien definido y equilibrado programa de metas son el miedo, una pobre auto-imagen, falta de entender los beneficios y falta de conocimiento sobre cómo EXACTAMENTE se desarrolla un programa de metas. Hablé sobre los asuntos del miedo y la pobre autoimagen. Detallé cómo las ocho cosas que todos quieren tener pueden ser metas, y expliqué los tremendos beneficios que usted puede obtener al establecer estas metas para una vida equilibrada.

Los capítulos 10 y 11 revelan en minucioso detalle cómo formular, EXACTAMENTE, un programa equilibrado y profundo de metas. Tom Hartman y las otras personas que están en la cumbre y que nosotros identificamos, comprendieron plena-mente la información que usted está a punto de leer. Sus vidas son una prueba positiva de que también usted puede llegar a ser el triunfador para lo cual nació.

Un programa de metas: la clave para un éxito equilibrado

Todos los hombres sueñan, pero no sueñan igual. Aquellos que sueñan durante la noche, en los polvorientos nichos de sus mentes, despiertan por la mañana para encontrar que todo fue vanidad; pero los que sueñan en el día, estos son peligrosos, porque sueñan con los ojos abiertos para hacer que esos sueños lleguen a ser realidad.

T. E. Lawrence

Me gusta comer en las cafeterías, y especialmente aquellas donde todo está arreglado de tal manera que pueda ver lo que se ofrece antes de ponerme en la fila. Varios años atrás, la pelirroja y yo fuimos a una nueva cafetería, y yo tuve la oportunidad de evaluar cuidadosamente lo que se ofrecía. Esto me permitió avanzar rápidamente en la fila, y decirles a las personas detrás del mostrador que me sirvieran un poquito de esto, y de eso y de aquello. Esto es muy importante porque por más apetito que usted tenga, no podrá comer algo de todo lo que se le ofrece.

LA FILA DE LA CAFETERÍA DE LA VIDA

Quería escoger alimentos que no sólo tuvieran buen sabor, sino que fueran buenos para mí. En resumen, tuve que pasar por un montón de buena comida para escoger lo mejor.

Este es el primer paralelo entre la fila de la cafetería de la vida y la fila de la cafetería para comer. En la vida, nosotros simplemente no podemos ser, hacer o tener todo lo que este grande y hermoso mundo nuestro nos ofrece. Necesitamos elegir, y la elección que hagamos determinará en último término cuánto éxito alcanzaremos en las ocho áreas de la vida que reiteradamente he identificado.

> **La elección que hagamos determinará, en último término, cuánto éxito alcanzaremos.**

Por ejemplo, más o menos cada cinco o seis años, al comienzo del año, llevo a cabo un pequeño proceso que es muy importante para mí. La última vez que lo hice (y que, casualmente, ocurrió en 1988), dejé que mi imaginación me llevara a cualquier cosa y a todo lo que quisiera hacer durante el nuevo año. He aquí algunos de los resultados:

1. Ya que la unidad de la familia está en serias dificultades, quisiera ofrecer más seminarios sobre la familia.
2. Quisiera grabar un breve programa diario combinado con una columna diaria en algún periódico.
3. Quisiera jugar golf al menos cinco días a la semana.
4. Quisiera llegar a ser más activo en sacar de la televisión aquellos anuncios que presentan el consumo de alcohol como divertido, fascinante y esencial para la buena vida.
5. Quisiera trabajar en campañas políticas para que haya más personas calificadas en la función pública.
6. Quisiera pasar más tiempo en la guerra contra el crimen, la pornografía y las drogas.
7. Quisiera pasar más tiempo con mis empleados.
8. Quisiera escribir al menos un libro en el año.
9. Quisiera aprender a hablar español.

10. Quisiera llegar a tener más relación social con mis vecinos.
11. Quisiera leer e investigar un mínimo de tres, y en lo posible cuatro, horas cada día.
12. Quisiera gastar al menos una hora diaria en trotar y hacer ejercicios.
13. Quisiera estar más activo en clubes cívicos y sociales.
14. Quisiera establecer un récord en la máquina de ejercicios para aquellos que hemos pasado los sesenta años de edad.
15. Quisiera visitar Rusia y China.
16. Quisiera comer helado de fresa y chocolate o algún otro postre tres veces al día.

Traté de evaluar cuánto tiempo necesitaría cada semana para hacer todas estas cosas, y contando 7 horas de sueño por noche, llegué a un total de más de 300 horas a la semana. Toda vez que la semana sólo tiene 168 horas, me di cuenta de algo muy importante: tenía que eliminar mucho de lo bueno y escoger lo mejor, igual que lo hago en la fila de la cafetería. Por esto es que lo animo a que usted también lo haga. Volvamos ahora a los paralelos entre la fila de la vida y la fila que hacemos en la cafetería para comer.

COMA AHORA, PAGUE DESPUÉS O PAGUE AHORA Y COMA DESPUÉS

Cuando llegué a la caja, busqué mi billetera para pagar, pero la cajera sonriendo me dijo que no pagara sino hasta que estuviera listo para abandonar la cafetería. Aparentando sorpresa, le dije: «¿Me está diciendo que me va a permitir servirme toda esta comida antes que la pague?» Ella admitió que sí, que esa era la forma en que lo hacían.

Hay un segundo paralelo con la vida. En la fila de la cafetería, usted come y luego paga, pero en la vida, usted paga y luego come. Los estudiantes estudian, preparan sus tareas, trabajan duro y son premiados con títulos y reconocimientos. El empleado trabaja una o dos semanas antes de recibir el pago. En resumen, usted cumple y luego recibe la recompensa. El campesino planta la semilla, hace todo lo necesario para que el grano madure, luego lo lleva al mercado y sólo entonces recibe la retribución.

IMPORTANTE: Ya que no podemos ser, hacer y tener todo en la tierra, vamos a ver otra analogía que nos puede ayudar a entender por qué necesitamos dar ciertos pasos para evitar conformarnos con lo poco, o aun con lo bueno, cuando lo mejor (para nosotros) está disponible.

Ahora, en el caso que usted piense que yo estoy descuidando los aspectos económicos de la vida en un tiempo cuando quizás esté pasando apreturas financieras, déjeme asegurarle que entiendo la necesidad del flujo de caja. El siguiente trozo de investigación le pondrá REALMENTE entusiasmado.

UN PROGRAMA DE METAS PARA UN MÁXIMO RENDIMIENTO

David G. Jensen, administrador jefe del Instituto Crump de Imágenes Biológicas de la Escuela de Medicina de UCLA, investigó a las personas que asisten a los seminarios públicos que yo llevo a cabo alrededor del país. Los dividió en dos grupos: los que se han fijado metas y desarrollan un plan de acción para alcanzarlas y los que dan pasos inciertos para establecer sus metas.

RESULTADOS: Los que han fijado sus metas ganan un promedio de $7.401 al mes. Los que no tienen un plan de acción ganan un promedio de $3.397 al mes. No es de sorprenderse que las personas del grupo de acción tiendan a ser más entusiastas, estar más satisfechos con su vida y su trabajo, sean más felices en su matrimonio, y en general su salud sea mejor. Como Jensen lo afirmó: «Estos resultados también confirman la literatura académica sobre metas que, en los últimos 20 años, ha mostrado inequívocamente que aquellos que fijan metas rinden mejor en una variedad de actividades».

En la carta que me dirigió, Jensen dijo: «Zig, aunque las

estadísticas no "prueban" que el fijarse metas produzca éxito en todos los aspectos de la vida, creo que los análisis combinados de todos estos cuestionarios preseminario respaldan fuertemente lo que usted ha venido enseñando por años».

> **«Parece ser una verdad universal que las personas que tienen una dirección en sus vidas llegan más lejos, van más rápido y logran hacer más en todas las áreas de sus vidas».**

CONVERTIRSE EN SIGNIFICATIVA ESPECIFICIDAD

EL HECHO: Usted nunca alcanzará más que una pequeña fracción de su potencial como vaga generalidad. Debe convertirse en una significativa especificidad. Por desgracia, la mayoría de las personas tiene sólo una vaga idea de lo que quieren, y muy pocas actúan en forma consistente sobre ideas vagas. La persona típica va a su trabajo cada día porque eso fue lo que hizo el día anterior. Si esta es la única razón para ir al trabajo hoy, son muchas las probabilidades de que hoy no sea más eficiente que lo que fue ayer. Lo triste es que muchos que han trabajado con una compañía cinco años no tienen cinco años de experiencia. Tienen cinco veces un año de experiencia y ningún plan para hacer que el próximo año no ocurra lo mismo.

Harry Emerson Fosdick lo dijo mejor: «Ningún vapor o gas podrá impulsar nada a menos que sea canalizado. El agua del Niágara jamás se habría convertido en luz y energía de no haber sido controlada. La vida no crecerá a menos que sea enfocada, dedicada, disciplinada».

La superestrella de hockey Wayne Gretzky lo dice de esta manera: «Usted va a errar el ciento por ciento de los tiros que deje de lanzar».

Las metas ayudan al individuo, a la familia, a la compañía y a la nación. Las metas involucran una serie de facetas. Nosotros nos estamos esforzando por tratar con todas ellas. Un ejemplo clásico de lo que sucede con esta forma de plantear el asunto es el de Ike Reighard, de Fayetteville, Georgia.

Ike tenía cuatro años de edad cuando su familia se trasladó desde Appalachia a la ciudad de Atlanta, Georgia. Sus padres sólo habían completado su educación hasta el quinto grado, por eso, cuando Ike dijo que él iba a ir a la universidad, sus amigos, e incluso algunos miembros de su familia, se rieron de la idea, pero Ike estaba decidido a ir, y llegó a ser el primero de su familia en asistir a la universidad. Al final de su primer año, lo habían expulsado por sus malas notas. Los próximos seis años los pasó haciendo de todo, con muy poca dirección en su vida. La mayor parte de ese tiempo trabajó como *disc jockey* en una modesta radioemisora. También trabajó cargando y descargando camiones.

Entonces un día se encontró con un ejemplar de mi primer libro, *Nos vemos en la cumbre*. Por primera vez en su vida, leía acerca de que él es un individuo único con una habilidad extraordinaria, y llegó a formarse una imagen completamente nueva de sí mismo. El nuevo Ike empezó a trabajar en uno de los nuevos conceptos que había aprendido: la importancia de tener metas. Julius Erving (el Dr. J.) certeramente afirma que «sus metas determinarán lo que usted llegará a ser».

La primera meta de Ike fue volver a la universidad; sin embargo, su récord académico era tan pobre que la Universidad Mercer lo rechazó dos veces. Después del segundo rechazo, la Decana Jean Hendrix se encontró casualmente con él y Ike le abrió su corazón e incluso derramó algunas lágrimas. Como resultado, le permitió matricularse aunque condicionalmente. Le exigió mantener un promedio de *B*, o su carrera académica terminaría de nuevo.

Un Ike Reighard más confiado, concentrado, específico, libre de temores (bueno, casi) había reemplazado al Ike errático, de modo que traspuso las puertas de la academia con sus metas claras en la mente. Estudiando el año completo y tomando veinte horas por cuatrimestre, dos años y tres meses más tarde se graduó *magna cum laude*. Para ese entonces, sus metas eran mucho más altas. Este es uno de los excitantes beneficios de tener un programa de metas. Cuando usted alcanza su primer objetivo, aparecen otros (recuerde la historia de Gerry Arrowood en el capítulo 4), su confianza crece, su competencia mejora, puede hacer más y el proceso le resulta más entretenido.

Hoy, este hijo de un cortador de pulpa y trabajador de cantera es el Dr. Ike Reighard, pastor de una de las iglesias más grandes y de más rápido crecimiento en la nación. Está localizada en Fayetteville, Georgia, sólo a unos minutos del centro de Atlanta, donde creció.

En realidad, en la medida que Ike llegó a ser próspero en su propia mente (aquí es donde siempre comienza el éxito), sus metas crecieron y cambió de ser un soñador a un hombre que tenía sueños. Esto es importante. Cuando Alejandro el Grande tuvo una visión (un sueño) —y la visión lo tuvo a él— conquistó el mundo. Cuando perdió la visión o el sueño, no pudo conquistar ni una botella de licor. Cuando David tuvo una visión, venció a Goliat; cuando perdió esa visión, no pudo vencer su propia lujuria.

Otro factor presente en la historia del éxito de Reighard es que con su cambio de dirección y autoimagen, adoptó la actitud del día antes de salir de vacaciones y comenzó a tratar con respeto cada día académico en la universidad. La analogía que sigue le ayudará a ponerlo en perspectiva en su propia vida.

NO SE SOBREGIRE

PREGUNTA: Cuando usted hace un cheque, ¿registra la fecha, la cantidad y a quién lo extendió? Las probabilidades son astronómicas que responda que sí porque usted entiende claramente que si hace un cheque por más dinero del que tiene en el banco, el cheque rebotará y hará rebotar también su reputación. Además, tendrá que responder por cargos que le apliquen por hacer un cheque sin fondos. Es posible que incluso tenga que enfrentar cargos criminales, y si tal conducta se repite, usted podría —y seguro ocurrirá— sufrir financieramente al negársele oportunidades de negociar tanto como el privilegio de seguir manejando una cuenta bancaria. Es de buena ética y de buen sentido común llevar un detalle de sus cheques, lo que le permitirá sólo hacer cheques buenos.

Posiblemente habrá escuchado la afirmación «el tiempo es dinero», pero en realidad usted nunca la ha tomado muy en serio. Por eso quiero decir que no lleva un registro cuidadoso cuando escribe un cheque en su cuenta de tiempo, o a quién se lo hace, la cantidad, y si la compra fue sabia o no.

PENSAMIENTO: Si usted gana $30.000 al año por cuarenta horas semanales, y trabaja cincuenta semanas al año, se le está pagando a razón de $15.00 la hora.

En realidad, usted no va a comenzar cada hora de labor colocando quince billetes de un dólar en su lugar de trabajo y luego va a invitar a sus asociados a acompañarle para que saquen de esos dólares a su regalado gusto. La verdad, sin embargo, es que por cada cuatro minutos que alguien despilfarra de su tiempo, la persona ha escrito un cheque contra su tiempo y ha tomado un dólar de productividad y ganancia de usted y de su empleador. Obviamente, usted no le va a pasar su chequera a cualquiera y permitirle que haga cheques a voluntad, entonces, ¿por qué entrega la chequera de su tiempo a alguien más?

«Usted puede ganar más dinero, pero cuando se gasta el tiempo, se va para siempre».

Estoy llegando a algo que es simple, aunque profundamente profundo. A menos que llevemos un control de cómo invertimos nuestro tiempo, es fácil despilfarrarlo o permitir que las generalidades de la vida utilicen nuestro tiempo en maneras que no son buenas para ellos ni para nosotros. Por esto es que hablo de procedimientos probados para ayudarle a ser un inversor efectivo y no un derrochador de su tiempo.

El sicólogo Denis Waitley lo expresa de esta forma:

El tiempo es un patrón que da igualdad de oportunidades. Cada ser humano tiene exactamente el mismo número de horas y minutos cada día. La gente rica no puede comprar más tiempo para gastarlo otro día. Aun así, el tiempo es maravillosamente justo y perdonador. No importa cuánto tiempo usted haya desperdiciado en el pasado, todavía tiene todo el de mañana. El éxito depende si se usa sabiamente, planificando y estableciendo prioridades. El hecho es que el tiempo es más importante que el dinero y al matar el tiempo estamos matando nuestra propia posibilidad de éxito.

Para estar *Más allá de la cumbre* y alcanzar el éxito en nuestra vida personal, familiar y de negocios, tanto como en los aspectos físico, mental y espiritual, vamos a necesitar usar nuestro tiempo en la forma más efectiva. Eso requiere establecer metas y alcanzarlas. La siguiente historia es otra prueba de que las metas son importantes y que producen resultados.

USTED ESTÁ DESPEDIDO

En 1963, después de sólo un año en el trabajo, un joven asistente de entrenador en la Universidad de South Carolina fue despedido por el entrenador principal. Le dijo que no tenía capacidades para entrenador y le sugirió que se buscara otra profesión. Pero el joven estaba decidido a ser entrenador. Le gustaba el trabajo y se había fijado lo que, para la mayoría de la gente, parecería una meta imposible: ser el entrenador principal en la Universidad de Notre Dame. Con toda probabilidad, el hombre que lo había despedido consideró esa meta no sólo fuera de alcance, ni le pasó por la mente como una posibilidad.

PUNTO IMPORTANTE: Mucho antes que usted llegue a la cumbre, tiene que estar mentalmente en ella. El Dr. Robert Schuller lo dijo así: «Algunas personas dicen: "Lo creeré cuando lo vea". Yo prefiero decir: "Lo veré cuando lo crea"».

Afortunadamente, el equipo de fútbol de *Ohio State* y posteriormente el de *William and Mary College* le dieron una oportunidad, y él hizo un trabajo tan bueno, que el equipo de *North Carolina State* lo llamó para que fuera el entrenador principal de su equipo de fútbol. En cuatro años, logró la mejor marca de juegos ganados/perdidos que jamás se haya visto en el fútbol colegial.

Un año de caminar hacia el profesionalismo precedió a su llamado a la Universidad de Arkansas donde, después de una docena de temporadas, logró la mejor marca de juegos ganados/perdidos en la historia de esa universidad. En 1979, su equipo de Arkansas fue invitado a enfrentar en el *Orange Bowl* al poderoso Oklahoma. El equipo aceptó la invitación con entusiasmo, pero poco después sus tres mejores jugadores ofensivos fueron sorprendidos con una mujer en su cuarto, por lo que los despidió del equipo. La pérdida de los jugadores creó un verdadero dilema y los periódicos especularon que Arkansas no jugaría porque el equipo no podría con el de Oklahoma. Pero el entrenador y su equipo no se rindieron, ni permitieron que la idea de retirarse entrara en sus mentes. Hizo un recuento de las fuerzas de que disponía, los reagrupó y en un esfuerzo supremo, derrotaron a la Universidad de Oklahoma en uno de los más grandes partidos que registra la historia del *Orange Bowl*.

ÉXITO ENGENDRA ÉXITO

En 1983, dejó Arkansas y posteriormente aceptó el desafío de reconstruir el equipo de la Universidad de Minnesota que una vez había sido una verdadera potencia pero que estaba pasando por momentos difíciles. Sus esfuerzos fueron exitosos, y en dos años, el equipo estaba jugando en uno de los «bowls». Antes de este juego —que es el más importante del año para cualquier equipo en los Estados Unidos—, recibió y aceptó una oferta para ser el entrenador principal en *Notre Dame*. Por supuesto, estoy hablando de Lou Holtz.

Hay un par de factores que son muy importantes. Primero, el día que despidió a los tres jugadores ofensivos de su equipo de Arkansas fue cuando en realidad llegó a ser el entrenador principal de Notre Dame. Las autoridades de Notre Dame lo vieron como un hombre que puso los principios y carácter por sobre un partido de fútbol, y decidieron que la próxima vez que Notre Dame anduviera buscando un entrenador, elegirían a Lou Holtz.

El segundo factor que es de interés para nosotros es que cuando Lou Holtz aceptó el trabajo de entrenador principal en Minnesota, la única condición que puso en el contrato fue que si Notre Dame lo invitaba para ser el entrenador, él se sentiría libre para aceptar la invitación ya que había llevado a Minnesota a un juego de «bowl».

Sí, la decisión de alcanzar su meta debe ser el primer paso para alcanzarla. He aquí por qué. Cuando usted hace una decisión, sea casarse, bajar de peso o cualquier otra cosa y surgen los problemas inevitables, buscará la solución a tales problemas. Sin una decisión, buscará la salida más fácil tratando de escapar de los problemas. En cualquier caso, quizás puede y encontrará exactamente lo que anda buscando.

Objetivamente puedo asegurarle que Lou Holtz tiene un completo programa de metas y no sólo el ser entrenador de Notre Dame.

Estoy completamente convencido que usted quiere su propio programa de metas, por eso vamos a detenernos en la cuarta razón (realmente no saben cómo desarrollarlo) porque la gente no tiene un programa de metas.

CÓMO DESARROLLAR UN PROGRAMA DE METAS

Este procedimiento que le voy a recomendar ha sido intentado y probado, y cuando usted lo siga, le dará una aún mejor oportunidad de alcanzar un éxito equilibrado.

Para ser justo, necesitamos mirar a un típico ejemplo de malas noticias-buenas noticias, y para conformar la fórmula, voy a comenzar primero con las malas noticias. Desarrollar adecuadamente un programa de metas requerirá entre diez y veinte horas. Fijar metas es exigente, y esta es una de las razones por las que sólo el tres por ciento de nosotros tiene un programa de metas. También es una razón por qué la recompensa para quienes tienen un programa es tan grande.

La sola idea de invertir de diez a veinte horas puede ser agobiante, y simplemente, usted ahora no tiene tiempo.

PREGUNTA: Si usted no tiene tiempo para invertir en el establecimiento de un programa de metas, ¿podría ser que no lo tenga porque no tiene un programa de metas? Con toda probabilidad, el problema siempre ha sido y siempre será la falta de tiempo.

SOLUCIÓN: Comprométase a establecer un programa de metas ahora y en el futuro tendrá más tiempo para hacer lo que necesita y quiere hacer.

¡ALTO!: Ahora mismo, separe una hora, y tome la decisión de dar el paso uno antes que apague las luces esta noche.

RECUERDE: (1) Los cambios comienzan cuando usted da el primer paso, y (2) sin acción no habrá progreso.

Las buenas noticias vienen en dos partes. Primero, si usted da los pasos que le sugiero que dé, creará para su propio provecho entre dos y diez horas adicionales de tiempo productivo cada semana por el resto de su vida (recuerde que en un capítulo anterior dijimos cómo usted establece metas para el día antes de salir de vacaciones).

La segunda porción de buenas noticias es que cuando usted aprende cómo establecer una meta, sea ésta física, mental, espiritual, social, familiar, profesional o financiera, sabe cómo fijar todas las demás. Si sabe la respuesta de cuánto es 12 x 12, puede tener la respuesta de cuánto es 2.868 x 4.731, porque ya conoce la fórmula. Y al aprender la fórmula para establecer una meta, conocerá la fórmula para establecerlas todas. Es también lindo saber que un número de metas involucrará varios aspectos de la vida, e incluirá metas dentro de otras metas.

VAMOS AHORA A LO ESPECÍFICO

Paso 1. En una hoja para ideas locas, deje que su mente corra libremente y escriba todo cuanto quiera ser, hacer o tener. Si tiene una familia, asegúrese de incluirlos en este proceso. Tiempo estimado: una hora.

> **Importante: Mientras usted no ponga sus metas en papel, tendrá intenciones que son semillas sin tierra.**
>
> **Anónimo**

Paso 2. Espere de 24 a 48 horas (durante este tiempo ampliará su lista) y luego responda ¿por qué? para cada cosa que haya escrito en su hoja de ideas locas. Si no puede ponerla en una sola frase por qué quiere ser, hacer o tener, elimínela temporalmente como meta.

NOTA: Ahora usted tiene una lista que incluye demasiadas cosas para hacer en un día. Las próximas pocas páginas le ayudarán a eliminar temporalmente muchas de ellas de modo que pueda concentrarse en aquellas que son importantes ahora.

Paso 3. Responda estas cinco preguntas, todas las cuales deben tener una respuesta afirmativa:

1. ¿Es realmente mi meta? (Si usted es un menor de edad dependiente, un empleador o un miembro de un equipo, algunas de sus metas serán establecidas por otros.)
2. ¿Es esta meta moralmente correcta y justa a cualquiera persona que de alguna manera le afecte?
3. ¿Me acercará o me alejará del objetivo más importante de mi vida el alcanzar esta meta?
4. ¿Puedo, emocionalmente, comprometerme a comenzar y terminar esta meta?
5. ¿Puedo verme alcanzando esta meta?

NOTA: Responder las preguntas en los pasos 2 y 3 le ayudará al hacer decisiones en todas las áreas de la vida, pero especialmente en el área financiera. (Lo desafío, si está teniendo dificultades financieras, a hacerse las preguntas en estos dos pasos cada vez que vaya a comprar cualquier cosa que cueste más de un dólar.)

Paso 4. Después de cada meta, hágase estas preguntas:

1. Alcanzar esta meta ¿me hará más feliz, más saludable, más próspero, ganaré amigos, me dará paz mental, me hará más seguro, mejorará mis relaciones familiares, me dará esperanza?
2. Más importante aun, ¿alcanzar esta meta contribuirá a que tenga un éxito más equilibrado?

Paso 5. Divida las metas que faltan en tres categorías: corto alcance (un mes o menos); alcance intermedio (un mes a un año); largo alcance (un año o más).

RECUERDE: (a) *Algunas* metas deben ser grandes (fuera de alcance, no fuera de la vista) porque para crecer, usted tiene que esforzarse. (b) *Algunas* metas deben ser de largo alcance para mantenerlo a usted en acción. Sin metas de largo alcance, las frustraciones diarias empiezan a verse como la inmensidad del mar. Si tiene metas de largo alcance específicas, las frustraciones diarias se verán como piedrecillas en la playa de la vida. (c) *Algunas* metas deben ser pequeñas y diarias para estar seguro que usted es, y sigue siendo, una persona con un sueño en lugar de un soñador. Las metas diarias le dan la certeza de que es, y sigue siendo, una persona centrada en algo específico. (d) *Algunas* metas deben ser progresivas (educación, autoimagen saludable). (e) *Algunas* metas (ventas, educacionales, financieras, perder peso) pueden requerir análisis y consultas. La *mayoría* de las metas deberán ser específicas. Conseguir un ascenso no es tan efectivo como llegar a ser el gerente de proyectos para el 1º de enero.

Paso 6. Tome las metas que quedan de la lista que hizo en su hoja de ideas locas y trabaje cada una mediante el proceso que identificaremos en las siguientes dos páginas.

HAGA UN INVENTARIO

Desafortunadamente, la mayoría de las personas no hacen un inventario antes de intentar establecer sus metas. Por ejemplo, si usted tiene una meta financiera con una suma específica en mente que quiere alcanzar para determinada fecha, definitivamente tendrá que saber con exactitud dónde está antes de hacer planes para alcanzarla. En mi propio caso, necesitaba perder algo de peso, pero necesitaba saber exactamente cuánto. Por esa razón fui al centro aeróbico fundado por el Dr. Ken Cooper. Cuando abordo un avión que vuela desde Dallas a Orlando, Florida, el capitán tiene que saber que estamos saliendo de Dallas. Si él cree que estamos saliendo de St. Louis, estamos mal. Así, hay personas que se establecen metas financieras, físicas, o de relaciones sin saber dónde están.

EJEMPLO CLÁSICO: Un incontable número de esposos y esposas trabajan bajo la ilusión de que saben exactamente donde están respecto a sus cónyuges e hijos cuando, en realidad, no tienen una idea. En mi libro *Courtship After Marriage* [Noviazgo después del matrimonio], hay un cuestionario para ayudar a las parejas a entender dónde están. Muchos de ellos han dicho que verdaderamente el libro les abrió los ojos y puso un fundamento para mejorar y, en algunos casos, para salvar sus relaciones. Esto es lo que tiene que hacer usted. Saber dónde está: entonces y sólo entonces usted tiene una legítima posibilidad de salir de donde está e ir a donde quiere estar.

CUADRO DE PROCEDIMIENTOS PARA METAS GENERALES

Meta # 1	Meta #2
PASO # 1	**IDENTIFIQUE SUS METAS**
Meta original 165 lbs 34" cintura	Obtener «mejor» educación
PASO # 2	**MIS BENEFICIOS AL ALCANZAR ESTA META**
Más energía - Menos enfermedades	Amplío y aumento las oportunidades
Lucir y sentirme mejor	Mejoro mi autoimagen y aumento mis re-
Aumentar mi posibilidad de vida	laciones - Aumento mis ingresos
Mejor seguridad	Mejoro mi seguridad y conocimiento
Más productividad	Amplío contactos personales, de
Mejor actitud y disposición	negocios y vida social
Más creatividad	Mejoro la disciplina - paz mental
Mejor ejemplo	Aumento la felicidad - Confianza
	Realzo el sentido de realización
PASO # 3	**PRINCIPALES OBSTÁCULOS Y MONTAÑAS QUE HAY QUE ESCALAR PARA ALCANZAR ESTA META**
Falta de disciplina	Falta de paciencia - cansancio físico-
Mal tiempo - Plan de trabajo irregular	costos financieros
Aficionado a lo dulce - Falta de tiempo	Demandas agobiantes de la familia -
Hábitos de comida no sanos	Falta de confianza (salir de la escue-
Condición física pobre	la 15-20 años)
PASO # 4	**HABILIDADES O CONOCIMIENTO NECESARIOS PARA ALCANZAR ESTA META**
Dieta, conocimiento y técnicas	Administración del tiempo - actitud positiva
	Paciencia - persistencia - disciplina
Ejercicio y estímulo de procedimientos	Mejor administración del dinero
	Estudio efectivo de procedimientos
PASO # 5	**INDIVIDUOS, GRUPOS, COMPAÑÍAS Y ORGANIZACIONES CON LAS CUALES TRABAJAR PARA ALCANZAR ESTA META**
Programa Dr. Ken Cooper, Dr. Randy Martin	Familia, empleador - academia
Presidente - Laurie Majors, la pelirroja	Consejero - Orientador consultor financiero
PASO # 6	**PLAN DE ACCIÓN PARA ALCANZAR ESTA META**
Hacer un compromiso	Hacer un compromiso - Organizar el tiempo
Nada de pan ni dulces, excepto el domingo	Practicar autodisciplina (menos TV)
125 minutos semanales de marcha	Asegurar sostenimiento de la familia-
Buen desayuno - sólo frutas o bocadillos	Bastante tiempo con la familia
saludables después de los seminarios	Visitar la biblioteca pública - Mientras
Comer una dieta balanceada	conduzco, escuchar las grabaciones
Beber diariamente 8 vasos de agua	educacionales e inspiracionales. Asis-
Comer lento y sólo en la mesa	tir a seminarios
	Reducir actividades no importantes
	Organizar tiempo de estudio diario
	Estar físicamente en forma para au-
	mentar energía
PASO # 7 7/1/74	**FECHA DE TERMINACIÓN** No - meta continúa

CUADRO DE PROCEDIMIENTO PARA METAS GENERALES

Meta # 1	Meta # 2
PASO # 1	**IDENTIFICACIÓN DE SUS METAS**
Adquirir un nuevo vehículo (sea específico)	Ser un padre «exitoso»
PASO # 2	**MIS BENEFICIOS AL ALCANZAR ESTA META**
Más seguro medio de transporte Levantar mi visión y mis normas Mejorar mi puntualidad en el trabajo Mejor actitud Aumentar las oportunidades de viajar Realzar el status social Gran seguridad Más comodidad y diversión	Más felicidad y paz mental Matrimonio más estable Mejores relaciones con los hijos, amigos, vecinos y parientes Mejores oportunidades de carrera profesional (si los padres trabajan) Más seguridad en la vejez Empleo de posibles nietos Posible aumento de hijos
PASO # 3	**PRINCIPALES OBSTÁCULOS Y MONTAÑAS QUE HAY QUE ESCALAR PARA ALCANZAR ESTA META**
Poco dinero efectivo - Pobre administración del dinero Bajo valor del automóvil actual Ingresos estables - inflación - Desacuerdos con el cónyuge Altos pagos y costos de seguro	Experiencia limitada - Presupuesto estrecho Carga de trabajo pesada - Falta de paciencia Ayuda inadecuada o falta de ayuda Padres alcohólicos
PASO # 4	**HABILIDADES O CONOCIMIENTOS NECESARIOS PARA ALCANZAR ESTA META**
Administración del dinero - Conocimiento de automóviles Técnicas para estirar los dólares Información sobre técnicas de cómo comprar y negociar	Información mental, nutricional, espiritual y física Leer libros sobre sentido común, diplomacia, comunicación, habilidades, administración del tiempo y destrezas sobre organización Procedimiento sobre disciplina Saber algo sobre ser un «componedor»
PASO # 5	**INDIVIDUOS, GRUPOS, COMPAÑÍAS Y ORGANIZACIONES CON LAS CUALES TRABAJAR PARA ALCANZAR ESTA META**
Familia - Banco/Financiera - Agente de seguros - Empleador Consejero de inversiones - Empleador de tiempo parcial - Distribuidor de automóviles	Ministro - Empleador (si trabaja) - Médico de la familia - Cónyuge (si hay) - Director de la juventud - Educadores - Suegros - Vecinos Grupos de apoyo a los padres
PASO # 6	**PLAN DE ACCIÓN PARA ALCANZAR ESTA META**
Obtenga declaración financiera Registre gastos por 30 días Suspenda vacaciones y deposite en su cuenta de ahorros Atienda a los anuncios y regatee Establezca y controle presupuesto Que su familia se involucre en su nuevo vehículo Lleve a la familia a visitar exhibiciones para ver el vehículo de sus sueños Deposite ahorros cada semana y en cuentas que produzcan intereses Tome un trabajo de tiempo parcial temporal y limittado	Lea libros sobre actitudes paternales positivas Asigne responsabilidades diarias Provea diariamente información y dirección mental y espiritual Diariamente pase tiempo hablando, dirigiendo, enseñando y animando Acepte y ame a sus hijos incondicionalmente Déles dosis diarias de afecto y aprobación Espere, enséñeles y exija de ellos que hagan lo mejor Discipline apropiada y consistentemente Admita cuando se equivoca y pida perdón
PASO # 7 Enero 1, 1994 **FECHA DE TERMINACIÓN**	Indefinida

NOTA: Un programa de metas incluirá un amplio espectro de metas individuales, pero la fórmula o proceso es el mismo para todas ellas, sean físicas, mentales, espirituales, sociales, familiares, profesionales, o financieras.

Incluyo cuatro ejemplos del proceso que usted sigue por cada meta seria que establece, páginas 196 y 197.

Usted puede invertir cierto tiempo (una a dos horas) trabajando en alguna de las metas individuales a través del proceso sólo para llegar a descubrir que esa no es la meta que quería seguir.

Eso es infinitamente mejor que trabajar en una meta por meses o años sólo para darse cuenta que el tiempo estuvo equivocado o que, para usted, la meta estaba errada. Elimine esa meta momentáneamente.

Para reconocer la importancia de este punto, necesita saber que diez años después de salir de la universidad, más del ochenta por ciento de los graduados se ganan la vida en un campo sin relación con el área de su estudio. Como un asunto práctico, debería elegir no más de cuatro metas para concentrarse en ellas cada día. Revise las metas que quedan cada semana para que, cuando la oportunidad se presente, pueda aprovechar el momento para hacer progresos en esa meta. Por ejemplo, en mi propia vida generalmente colecciono material para al menos dos nuevos libros, una nueva serie de grabaciones y varios diferentes artículos, además de las metas sobre la familia y las personales que estoy persiguiendo.

REALIDAD: Yo me puedo concentrar sólo en un proyecto importante a la vez.

SOLUCIÓN: Cuando tomo algo para leer, automáticamente tomo mi lapicero para marcar cualquier cosa que tenga relación con estos proyectos. Ya que estoy preocupado por cada proyecto individual, rápida y fácilmente puedo marcar y archivar aquello que puedo usar en actividades futuras. Hace más de cinco años empecé a juntar información para *Más allá de la cumbre*. Doce meses antes de la fecha tope, empecé a darle toda mi atención.

En las páginas 200 y 201 usted encontrará copias de las hojas de nuestro Planificador de Rendimiento que uso cada día para mantenerme en el camino. Hay disponibles una cantidad de buenos sistemas. Para ser más efectivo, usted podría comprometerse a usar uno de ellos cada día.

(Si quiere más información sobre el Planificador de Rendimiento, llámenos al 1-800-527-0306.)

Aquí, quizás usted quiera preguntar: «¿Es realmente beneficioso esforzarse para elaborar un programa de metas? Me parece que es echarme un montón de dificultades encima». La respuesta es sí, mil veces, sí.

Por favor recuerde las ocho cosas que vimos inicialmente en el capítulo 2 (felicidad, salud, prosperidad razonable y seguridad, tener amigos, paz mental, buenas relaciones familiares y la esperanza que las cosas continuarán como están o mejorarán) y responda estas preguntas sobre ellas. Primero, ¿las ha identificado específicamente como metas y las ha puesto por escrito? Segundo, ¿ha hecho una lista de los beneficios que serán suyos? (Si necesita recordar los beneficios, repase el capítulo 9.) Tercero, ¿ha identificado los obstáculos que tiene que vencer para alcanzar esos objetivos? Cuarto, ¿tiene las habilidades y el conocimiento necesarios que requieren para alcanzarlas? Quinto, ¿ha identificado los individuos, grupos y organizaciones con los que necesita trabajar? Sexto, ¿ha desarrollado un plan de acción específico? Y séptimo, ¿ha fijado la fecha de conclusión donde esto es posible?

ASEGÚRESE DE HACER LA PREGUNTA

Pregunte, ¿vale la pena lo que tengo que perder o dar en el proceso de alcanzar esta meta? Como un ejemplo, después que haya limitado su lista a las cosas por las cuales específicamente va a trabajar, pregúntese: ¿Me hará más feliz alcanzar esta meta, o sólo me dará placer temporal? ¿Me hará tener mejor salud? ¿Me hará más próspero? ¿Me dará más seguridad? ¿Mejorarán mis relaciones familiares? ¿Me capacitará para hacer más amigos? ¿Me dará paz mental? ¿Me dará una legítima esperanza para el futuro?

METAS PARA ESTA SEMANA:	ACTIVIDAD PARA METAS DIARIAS		
#1 Estoy al tanto llamadas y corresp.	2 horas 15 min. Llamadas y corresp.	Llamadas telefónicas 45 minutos	3 horas llamadas correspondencia
#2 Peso 165 libras tengo cintura de 34"	Comer con sensatez Caminé	Comer con sensatez No hice ejercicios	Comer con sensatez Caminé 30 min.
#3 Finalizo revisión R.P.K. 1° marzo	Nada	Dos horas Escribir R.P.K.	Dos horas Escribir R.P.K.
#4 Leer e investigar 10 horas semanales	Una hora	90 minutos	2 horas de lectura e investigación

NOTAS, PROYECTOS RECORDATORIOS E IDEAS	MI LISTA DIARIA DE PRIORIDADES		
	Desayuno - pelirroja	Desayuno - pelirroja	Tiempo con la familia
Revisar plan para semana y mes	Revisar plan para semana	9:35 salida	Golpear bolas de golf
	Revisar semana pasada	Dirigir seminario	Llamar a Drs.
	Estudio de grabación	Trabajar en R.P.K.	Campbell y Katterman
Conseguir del Dr. Tennant última info. sobre drogas	Reunión de personal	Luces de Navidad	8:25 A Pensacola
	Reunión cena		
	Fred Smith		
Reunir información Reunión de la Junta	FECHA	FECHA	FECHA
	12-5 LUNES	12-6 MARTES	12-7 MIÉRCOLES

NOTAS	HORA	ACTIVIDAD	HORA	ACTIVIDAD	HORA	ACTIVIDAD
Conseguir permisos de autores y editoriales	6:15	Levantarme-vestirme desayuno con pelirroja	6:30	Levantarme - vestirme	6:45	Levantarme - vestirme
			7:00	Desayuno - La pelirroja	7:00	Noticias
	7:35	A la oficina	8:00	A la oficina	7:15	Desayuno - La pelirroja
Verificar plan de viajes para semana	8:00	Oración y devocional	8:25	Detalles - Laurie Magers	8:00	Pausa - Periódico
		Dr. Neil Gallagher	8:35	Al aeropuerto	8:30	Llamadas - correspon.
	9:00	Reunión del personal	9:35	Vuelo cancelado	9:30	R.P.K.
Revisar horario y experimentar con nuevo planificador	9:25	Detalles - Laurie Magers	9:40	Llamadas - lectura	10:30	Lectura - investigación
	9:45	3 grabaciones breves	11:25	A Corpus Christi trabajé R.P.K.	11:10	Almuerzo - La pelirroja
	10:00	Llamadas telefónicas y correspondencia				Cita - Elizabeth
			12:35	Llegada a Corpus	12:40	Llamadas - corresp.
Verificar progreso del grupo de Hoy	11:30	Conferencia oficina	1:30	Seminario (Lowe)	2:30	Golpear pelotas de golf
	11:50	A la cafetería	5:25	Al hospital y visita	3:10	Caminar
	12:00	Almuerzo, Esc. D.	6:15	Al aeropuerto	3:40	R.P.K.
	1:30	A la oficina	6:30	Cena	4:00	Ducharme - empacar
	1:40	Detalles - Laurie Magers	7:25	A Dallas (R.P.K.)	5:30	Noticias - TV
	2:00	A casa	8:35	Llegada a Dallas	6:00	Cena La pelirroja
	2:20	Llamadas y conv.	9:15	Visitar Tom, Chachis, Pat.	7:15	A oficina, aeropuerto
	3:15	Limpiar la piscina	10:10	Luces de Navidad	8:20	A Pensacola
	3:30	Correr	10:40	A la cama - leer		Lectura - R.P.K.
	4:00	Descanso - La pelirroja	11:00	Apagar las luces	10:30	Llegar Pensacola
	4:30	Leer - estudios				
	5:30	Noticias - la pelirroja				
	6:30	Cena (Fred Smith)				
	9:00	A casa				
	10:00	Fútbol por TV				
	10:30	A la cama - Leer				
	11:00	Apagar las luces				
ACTIVIDAD FÍSICA	Corrí 30 min.		No ejercicio		Corrí 30 min.	

| UNA VIDA EQUILIBRADA ES CLAVE PARA EL VERDADERO ÉXITO Y LA FELICIDAD. CADA DÍA MARQUE CADA ÁREA CON UNA + O UNA MARCA - | FÍSICA + FAMILIAR + MENTAL + PROFESIONAL + ESPIRITUAL + SOCIAL − RECREACIONAL + FINANCIERA − | FÍSICA + FAMILIAR + MENTAL + PROFESIONAL + ESPIRITUAL + SOCIAL + RECREACIONAL + FINANCIERA − | FÍSICA + FAMILIAR + MENTAL − PROFESIONAL − ESPIRITUAL + SOCIAL + RECREACIONAL + FINANCIERA − |

Sea grande o pequeño lo que vayas a hacer, hazlo bien o no lo hagas. —Mamá Ziglar

HAGA QUE EL DÍA DE HOY SEA MEMORABLE

Llamadas y coresp.	Nada	Nada	Nada
dos horas	Comí demasiado	Comí con sensatez	Comí golosinas
Comí con sensatez	No corrí	Corrí 30 min.	No corrí
Corrí 30 min.	Escribí R.P.K.	R.P.K. 2 horas	Nada
Escribí R.P.K.	dos horas	Leer e investigar	Leer 2 horas
Una hora 10 min.	Leer 2 horas	dos horas	
Leer una hora			

MI LISTA DIARIA DE PRIORIDADES

Verificar reporte	Llamar al Dr. Tennant	Preparar lección	Escuela Dominical
del grupo Hay	Verificar formularios	de Escuela Dominical	e iglesia
Hablar 1:00 P.M.	planificador de rendimiento		
Hablar 6:30 P.M.	Tiempo con la familia		

FECHA		FECHA		FECHA		FECHA	
12-8	JUEVES	12-9	VIERNES	12-10	SÁBADO	12-11	DOMINGO
HORA	ACTIVIDAD	HORA	ACTIVIDAD	HORA	ACTIVIDAD	HORA	ACTIVIDAD
7:20	Levantarme - vestirme	3:30	Despertar - leer	8:30	Levantarme - visita-	7:00	Afeitarme - ducha
7:30	Desayuno, periódico	5:00	Volver a la cama		desayuno con pelirroja		- desayuno
8:20	Llamadas telefónicas	7:30	Levantarme - vestirme	10:00	Lección de Esc. Dominical	8:45	Esc. Dom. e iglesia
9:00	Correspondencia	7:45	Al aeropuerto	12:00	Almuerzo y compras	12:30	Almuerzo - pelirroja
10:00	R.P.K.	8:45	A Dallas, escribí R.P.K.		con la pelirroja	2:00	En casa - relojar, leer
11:10	Afeitarme, vestirme	11:45	Llegada a Dallas	2:30	R.P.K.		periódico - siesta
11:30	Almuerzo	12:30	Al almuerzo	4:30	Correr	4:00	Visitar con La pelirroja
12:30	Al seminario		de la oficina	5:00	Leer		a tomar el té
1:20	Hablar, autografiar libros	2:00	A casa - Golf	6:00	Cena Tom - Chachis	5:00	Ducha
3:00	Entrevista periódico	4:00	En casa - leer		y la pelirroja	5:30	Noticias
4:00	Correr	5:00	Descanso - noticias	8:00	En casa - descanso	6:00	Cena - pelirroja
4:30	Ducha	6:30	Cena con la pelirroja	9:00	Leer - estudiar	7:30	Descanso junto
5:30	Seminario	8:00	Visita a Chad, Suze	10:00	A la cama - leer		a la chimenea
6:30	Hablar, autografiar libros		y nietos	11:00	Apagar las luces	9:00	TV
8:20	Cena - sobrino	9:30	En casa - descanso			10:00	Noticias
9:40	Llamada telefónica	10:00	Noticias			10:30	A la cama - leer
10:00	Noticias	10:30	Lectura			11:30	Apagar las luces
10:30	Leer	11:00	Apagar las luces				
11:00	Apagar las luces						

CONSEJOS PARA UNA SEMANA MÁS PRODUCTIVA

1. CADA FIN DE SEMANA: PROGRAME PROYECTOS Y ACTIVIDADES EN SU CALENDARIO PARA LA PRÓXIMA SEMANA.
2. CADA NOCHE O TEMPRANO EN LA MAÑANA: HAGA UNA LISTA SINCERA DE LAS PRIORIDADES PARA EL DÍA Y MÁRQUELAS CON UNA CRUZ CUANDO LAS COMPLETE.
3. CADA DÍA: SEA UN «BUSCADOR DE LO BUENO»... VELE POR EL BIENESTAR DE OTROS Y DÉ SINCEROS CUMPLIDOS

Corri 30 min.		No ejercicio		Corri 30 min.		Corri 30 min.	
FÍSICA +	FAMILIAR +	FÍSICA +	FAMILIAR +	FÍSICA +	FAMILIAR +	FÍSICA −	FAMILIAR +
MENTAL +	PROFESIONAL +	MENTAL +	PROFESIONAL +	MENTAL +	PROFESIONAL +	MENTAL +	PROFESIONAL −
ESPIRITUAL +	SOCIAL +	ESPIRITUAL +	SOCIAL −	ESPIRITUAL +	SOCIAL +	ESPIRITUAL +	SOCIAL +
RECREACIONAL −	FINANCIERA +	RECREACIONAL +	FINANCIERA −	RECREACIONAL +	FINANCIERA −	RECREACIONAL +	FINANCIERA −

Un programa de metas 201

Obviamente, habrá algunos casos donde no se aplican todas estas preguntas, y es allí donde el sentido común y el juicio entrarán en escena. Por ejemplo, robar un banco, malversar fondos o distribuir droga puede hacer temporalmente de usted alguien más próspero, pero tradicionalmente hablando, al final del camino tendrá menos dinero que el que pudiera tener si hubiera actuado honestamente. Esto no incluye lo que pasa en todas las demás áreas de su vida. La clave es el equilibrio. A veces, las decisiones hechas en relativamente pequeñas cosas pueden afectar otras que son realmente importantes.

Por ejemplo, usted realmente puede tener deseos de ir de pesca un fin de semana. Eso, en su opinión, lo haría muy feliz. Es posible que en verdad se merezca hacer esa salida, sobre todo si cree que su cónyuge también se lo merece. Estoy hablando aquí, básicamente, de objetivos familiares, por lo que usted tiene que preguntarse: ¿Causará mi placer innecesarias molestias y sacrificio a mi familia? ¿No sería mejor para mí y para ellos si pasamos ese tiempo que quiero dedicar a la pesca juntos, acampando o yendo a un retiro como una familia o simplemente visitando amigos o familiares en alguna otra parte? Lo fundamental aquí es que nosotros no podemos establecer un reglamento riguroso que se aplique a toda ocasión; pero en cambio, cuando usted equilibra las cosas según las pautas que hemos establecido y se pregunta: A la larga, ¿me capacitará esto para alcanzar mis objetivos tanto de largo como de corto alcance?, va a descubrir que estas pautas son aplicables en virtualmente todos los casos.

Este proceso le capacitará para ahorrar meses y aun años de tiempo, porque elimina metas que son desproporcionadamente grandes, están fuera de su campo de interés, sacará su vida de balance, hará que dé mucho más de lo que ganará y dependa de la suerte como factor para alcanzar esa meta.

Si reduce la lista mediante este proceso, todavía tendrá quizás diez o quince objetivos específicos. Necesita escoger cuatro de ellos con los cuales pueda trabajar específicamente cada día. Tenga la lista restante para consulta, y trabaje en las metas según el tiempo se lo permita. Al alcanzar una o más de las cuatro metas que ha elegido para acción inmediata, pase otra meta de esa lista a su lista de acción inmediata para trabajar cada día.

En mi propia vida, yo siempre oro pidiendo dirección para la escogencia de mis metas. Dios no siempre me revela exactamente lo que Él quiere que haga, pero si he establecido metas que no son correctas para mí y no le agradan a Él, no me dará paz en el asunto. Esa es la razón porque me gusta el acróstico de la palabra metas en inglés (GOALS): *Godly Objectives Assure Lasting Success* [Objetivos sanos aseguran éxito permanente].

GANAR ES UN PROGRAMA DE METAS ENFOCADO

Quiero terminar este capítulo con una historia que representa claramente los principios, procedimientos y el proceso de visualización que hemos analizado a lo largo del libro.

Una de las más emocionantes cartas que jamás he recibido procedía de Andrew Gardener, un asistente al vicepresidente de Merrill Lynch. Andy señalaba que Merrill Lynch tiene un numeroso grupo de personas que ganan $100.000 al año y que proceden de las más diversas condiciones. Están representados todas las edades, credos, colores y trasfondos religiosos. Algunos son introvertidos; otros son extrovertidos. Hay hombres y mujeres, altos y bajos, rechonchos y delgados. Algunos son especialistas en productos y servicios mientras otros sirven en asuntos generales. Sin embargo, todos tienen una cosa en común: Todos han establecido metas de producción específicas y controlan constantemente su progreso. Todos saben exactamente dónde están cada día, cada semana, cada mes, y cada año.

Realidad: Saber exactamente y en cualquier momento dónde está usted en cuanto a sus metas, le añade confianza y le ayuda a mantener la actitud mental correcta.

Andy estaba trabajando y esforzándose con Merrill Lynch en Atlanta. Su jefe, P. Parks Duncan, lo llamó a su oficina, le habló animándolo, y le dijo que creía que él podría formar parte de la élite. Ser miembro del club de ejecutivos es un honor y reconocimiento al éxito, profesionalismo e integridad del nuevo corredor de bolsa. Le mostró los planos de las nuevas oficinas que estaban construyéndose a media milla de allí y le dijo que si formaba parte del club, le daría su propia oficina privada (que es un incentivo motivador).

Después de la conversación con su jefe acerca de la nueva oficina, Andy no almorzó, caminó la media milla hasta el lugar donde se estaban construyendo las nuevas oficinas, y tomó el elevador de construcción hasta el sexto piso. Allí no había más que obra gruesa, andamios, máquinas mezcladoras, carretillas, herramientas, basura y montones de madera.

Andy encontró el sitio donde estaría su nueva oficina privada, miró hacia afuera por la ventana, y como dijo, le gustó la vista. Se volvió, miró el espacio y se agachó, como si estuviera sentándose. En el ojo de su mente vio, más allá de la ventana interior, al asistente de ventas en su escritorio contestando el teléfono: «Buenos días, oficina del señor Gardener». Aquello ocurrió ocho meses antes de que la nueva oficina estuviera definitivamente terminada (fue una visualización clásica). Se pudo ver en esa oficina, lo que quiere decir que se vio formando parte del club de ejecutivos.

Hasta ese momento, Andy dijo que no había pensado en ser miembro de algún club, cualquiera que fuera, menos aun el de ejecutivos. «Pero todo lo que tenía ahora», como dice Andy, con su AMP (actitud mental positiva), «era una visualización de mi éxito». Reforzó esta imagen repitiendo muchas veces el proceso (hablarse a sí mismo), primero semanalmente y luego todos los días. Había definido una meta específica con una fecha tope: 21 de diciembre de 1984, la que dividió en metas mensuales, semanales y diarias.

En noviembre, había hecho buenos progresos y había más que doblado su promedio de producción diaria sin comprometer la regla de oro de Charles E. Merrill: «El interés de nuestros clientes está primero». Sin embargo, todavía estaba lejos de llegar a formar parte de la élite, y sabía que para calificar, su producción de diciembre tendría que ser un trescientos por ciento más de lo que era ahora su producción diaria.

Algunas personas le sugirieron olvidarse de la meta del club de ejecutivos, que hiciera un buen diciembre, y que planeara un grandioso 1985. Andy dijo que a veces aquello le parecía bastante tentador, especialmente cuando tres grandes negocios seguros se habían perdido.

PUNTO IMPORTANTE: Olvidarse del asunto siempre parece lógico para quienes están llenos de dudas y no han tomado una decisión.

Afortunadamente, Andy se había hecho el compromiso de estar en la cima, por lo que no tenía ese problema. No sólo tenía una visión, sino que la visión lo tenía a él. Así lo expresó: «Pero, Zig, no tenía elección. Vea. A medida que seguía yendo a Piedmont 3500 a ver mi oficina, la construcción empezó a apoderarse de mí. Así, gradualmente, quitármela de la mente llegó a ser imposible. Al continuar esforzándome para encontrar suficiente gente a quien ayudar a alcanzar su deseo, al establecer mis metas diarias y visualizar un sueño, el 21 de diciembre de 1984 llegué a formar parte del club de ejecutivos».

Desde entonces, el progreso de Andy ha sido aún más notable (éxito engendra éxito). De nuevo en el 85 y el 86 fue miembro del club, y entonces accedió a dirigir una oficina asociada en Houston, lo que hizo por dos años y medio. Luego se estableció en la oficina Houston Galleria, donde ahora sirve como asistente al vicepresidente en el Grupo de Clientes Privados de Merrill Lynch. En 1990 volvió a ser miembro del club y luego, en 1991, fue nombrado al club de presidentes. Actualmente es responsable de más de sesenta millones en cuentas de inversionistas.

Ahora, cito textualmente de su carta:

Zig, mi negocio ha ido progresando bien, pero sabía que necesitaba recargar las turbinas. Y el seminario de junio «Nacido para triunfar» me lo proveyó [este es nuestro seminario de alta intensidad, de tres días de duración, para el desarrollo personal en Dallas, el cual enseña estos principios de en la cumbre en un ambiente creativo]. Junio fue mi mes más grande, por sobre 80 por ciento. Julio fue mi segundo mes más grande, y agosto sobrepasó julio y casi también a junio. Hasta estos tres días cruciales, estaba de

nuevo en el blanco para ser miembro del Club de Presiden-
tes, de ninguna manera una proeza pequeña en sí misma.
Pero desde mi éxito después de «Nacido para triunfar» mi
nueva meta es ser nombrado un «Win Smith Fellow, lo cual
en Merrill Lynch es el más codiciado galardón».

La buena noticia es que 1992 fue verdaderamente un año excepcional pues Andy alcanzó su meta y llegó a ser un **«Win Smith Fellow».** Y no fue por casualidad, porque los mejores años de Andrew fueron lejos 1990, 1991 y 1992, precisamente los de la seria recesión.

Sí, un programa de metas cuidadosamente seguido, producirá maravillosos resultados y más que una pequeña seguridad de empleo. Ahora vamos al capítulo siguiente y aprenderemos cómo alcanzar estas metas.

11

Cómo alcanzar sus metas

Aquel que tiene éxito tiene un programa. Fija su curso y lo respeta. Traza sus planes y los ejecuta. Avanza directamente hacia su meta. Sabe a donde quiere ir y sabe que allí llegará. Ama lo que hace y ama el viaje que lo está llevando hacia el objeto de sus deseos. Rebosa de entusiasmo y está lleno de fervor. Este es el hombre que alcanza el éxito.

Anónimo

Cuando ha establecido sus metas apropiadamente (y lo habrán sido si ha seguido las sugerencias presentadas aquí), ha dado el primer paso, el cual decididamente es el más importante. Pero hay otros pasos muy específicos que debe dar para poder alcanzar sus metas.

LOS PASOS ESPECÍFICOS PARA ALCANZAR SUS METAS

1. Comprométase a que va a alcanzar su meta

Fred Smith dice:

El compromiso es esencial para la victoria en la vida de un individuo. Las vidas comprometidas tienen significado, realización, propósito y entusiasmo. Por el otro lado, los intentos de vida nunca satisfacen. Los intentos, por lo general, se convierten en algo negativo y lo negativo se convierte en crítico o incluso cínico. Los intentos de vida nunca son victoria. ¿Alguna vez ha leído usted una biografía o una historia relacionada con alguien que intentó vivir y se convirtió en héroe?

El proceso de determinación de metas por el que acaba usted de pasar tiene como fin ayudarlo a eliminar metas frívolas que en este momento carecen de importancia. A esta altura, si el objetivo sigue figurando en el Planificador de Rendimiento o en el planificador de metas que ha elegido, supongo que ya se ha establecido ese compromiso. Este es el primero y el paso más importante para alcanzar su meta.

2. Comprométase a un diario y detallado autocontrol

La razón de esto se hace obvia cuando usted se da cuenta que si su compromiso no puede ser medido, tampoco puede ser administrado. Si puede hacerse, puede ser medido, y si se puede hacer, probablemente puede ser mejorado. La mayoría de nosotros sufre de una brecha de realidad bastante importante entre lo que decimos a otros que hacemos y lo que en verdad hacemos. En realidad, nos engañamos a nosotros mismos, y esto afecta negativamente nuestra productividad, le pone techo a nuestro potencial y límites innecesarios a nuestro futuro. Por este motivo, lo primero que debe hacer, luego de comprometerse a lograr un objetivo, es comprometerse también a un autocontrol para alcanzar su meta (este es el recurso que podríamos llamar no-se-autoengañe).

Joe Frazier, el excampeón de todos los pesos, lo dijo de esta manera:

Se puede elaborar un plan de pelea, pero cuando comienza la acción puede que no resulte como se había planeado, y uno se queda únicamente con sus reflejos... es decir, con sólo su preparación. Es allí donde se pone en evidencia su disciplina. Si en la oscuridad de la madrugada no hizo lo correcto, ahora quedará al descubierto bajo el resplandor de las luces.

MENSAJE: Las personas más allá de la cumbre se comportan de la misma manera responsable tanto en la oscuridad como bajo el resplandor de las luces.

Ahora el paso de acción de responsabilidad que le corresponde es tomar las cuatro metas que identificó en el capítulo 10, sobre las cuales trabajará cada día. Rotule y trace rayas sobre una hoja de papel en blanco para confeccionar sus propias hojas de registro personal de logros y anote sus metas. Sabiendo claramente cuáles son y estando fuertemente comprometido con el logro de ellas, lleve consigo estas hojas de trabajo para que le sean de control en sus actividades diarias. (Recuerde que por lo general, el tiempo se desperdicia, se pierde, se roba, se aprovecha mal de a minutos más que de a horas.) Al finalizar su día, establezca las seis cosas más importantes que deberá realizar al día siguiente y según su orden de importancia. (Ambas actividades requieren de un total de diez a quince minutos.) RECUERDE: Usted fue más productivo el día antes de salir de vacaciones debido a la planificación que realizó la noche anterior.

ADVERTENCIA: Se requiere de una enorme cantidad de disciplina para hacer esto, pero le garantizo que si lo hace todos los días, mejorará su productividad en todos los ámbitos de su vida y experimentará una libertad que sólo la responsabilidad disciplinada le puede aportar. Eso es vivir más allá de la cumbre. También debería proponerse invertir unos treinta minutos a la semana para mantener sus metas al día y planificar la semana siguiente. El ejemplo que sigue es otro clásico acerca de un grande de todos los tiempos que nos enseña que los resultados justifican ampliamente nuestros esfuerzos.

> *El éxito es la suma de pequeños esfuerzos...*
> *que se repiten día tras día.*
> **Robert Collier**

Pequeñas metas diarias para alcanzar otras grandes y de largo alcance. En el mundo del atletismo, cada récord está ahí para ser superado. Sin embargo, existe un récord que los expertos concuerdan unánimemente que no sólo no será superado sino que nunca nadie ni siquiera lo alcanzará. Me refiero a las dieciocho victorias que acumuló Byron Nelson en el circuito de la PGA (*Professional Golfer's Association*) en 1945, once de ellas en forma consecutiva. Ese año, Byron participó en treinta y un torneos y, además de las dieciocho victorias, finalizó segundo en otros siete. La peor ubicación que obtuvo ese año fue un empate en la novena posición. ¡Increíble!

La pregunta es: ¿Cómo logró esas metas, aparte del hecho de ser un golfista tan fenomenal? Todo había comenzado muchos años antes, pero en 1944 Byron realmente preparó el terreno. Ese año venció en ocho torneos y fue cuando más dinero ganó. Aquel era el preludio de lo que Byron cree fue la razón principal de su extraordinario éxito en 1945. Durante años había soñado con ser dueño de un rancho. Él y su esposa, Louise, habían crecido y vivido durante la época de la depresión, y no querían pedir un préstamo para la compra de la finca... querían comprarla al contado. Pero para eso, era necesario que ganara suficiente dinero jugando golf. Su éxito en 1944 hizo que se diera cuenta que podría realizar ese sueño en pocos años. Lo único que debía hacer era seguir jugando con la destreza suficiente para poder ganar... o por lo menos estar entre los diez primeros.

Él dice que el segundo motivo por el cual anduvo tan bien en 1945 estuvo relacionado con algo que hizo en 1944 cuando ganó casi $38.000 (equivalente a $453.790.65 en la actualidad, y cuando se toma en cuenta el tamaño de las bolsas de hoy en día, sus ganancias habrían sido de unos $7.000.000). Durante 1944, Byron llevó un registro de cada jugada y anotó cada golpe malo que ejecutaba. Al cabo del año, revisó sus libros como un comerciante que hace el balance. Descubrió dos cosas que se repitieron con demasiada frecuencia: tiros débiles y tiros descuidados. Decidió que durante 1945 se esforzaría por evitarlos.

Dice que su juego se había vuelto tan bueno y confiable que «había veces en las que verdaderamente me aburría jugar». Sin embargo, el incentivo de la compra de la finca al contado hacía que todo fuera más interesante. Cada golpe tenía como meta la compra de la finca, y cada victoria significaba otra vaca, otra hectárea y otro gran paso hacia el cumplimiento de su sueño.

«Finalmente», dice, «había un incentivo más. Deseaba establecer algún récord que perdurara por mucho tiempo. Quería obtener el promedio de puntaje más bajo y aunque había ganado ocho torneos en 1944, sabía que, a juzgar por la forma de jugar de algunos de estos muchachos, esa cifra no aguantaría por mucho tiempo. También quería lograr el récord de puntaje más bajo de un torneo completo. En ese momento era de 264. También quería volver a ser el que obtuviera los mayores ingresos».

Analicemos lo que Byron Nelson acaba de decir. Primero, soñaba con ser dueño de una finca libre de deudas... Esa era su gran meta de largo alcance. Su plan era ganar el dinero por medio del golf. El plan de acción incluía llevar un registro específico de modo que supiera exactamente dónde estaba. A eso se le llama diario control disciplinado. Su objetivo era de intensa concentración, lo cual lograba dándose cuenta de que cada jugada buena podría significar la compra de otra vaca u otra hectárea de tierra. En otras palabras, era muy específico en sus metas.

EN RESUMEN: Quería que cada golpe fuera bueno (meta específica de corto alcance), comprar una finca (meta familiar de largo alcance), obtener el promedio de puntaje más bajo (carrera... meta grande), ser el de mayor ganancia monetaria (meta financiera) y establecer el récord de puntaje más bajo para un torneo (gran meta de la carrera). Se puede decir con toda seguridad que ninguno de nosotros alcanzará las metas que logró Byron Nelson, pero se puede decir con aun más seguridad que los principios y procedimientos que siguió Nelson también nos darán resultado a nosotros.

Esto es sólo una pequeña muestra de la emocionante historia que Byron Nelson relata en su libro *How I Played the Game* [Cómo jugué golf].

3. Divida su meta en pequeñas partes

Mi primer libro, *Nos veremos en la cumbre*, tiene 384 páginas. Luego de concluir el trabajo de investigación, escribí el libro en diez meses. Eso significa escribir un promedio de 1,26 páginas por día.

Se crían hijos positivos en un mundo negativo al darles diarias inyecciones de tiempo, amor y atención. Se edifica un bello matrimonio mediante la diaria aplicación de gentileza, consideración, respeto, fidelidad, cuidado y atención a su cónyuge.

> **Se construye una carrera de éxito, sea cual fuere el campo al que se dedica, por medio de las docenas de pequeñas cosas que realiza en el trabajo y fuera de él.**

Se construye una carrera de éxito, sea cual fuere el campo al que se dedica, por medio de las docenas de pequeñas cosas que realiza en el trabajo y fuera de él. PUNTO IMPORTANTE: Se logran esas importantes metas al dividirlas en pequeños segmentos.

4. Manténgase física, mental y espiritualmente en forma

Somos cuerpo, mente y espíritu y necesitamos tratar con todas estas naturalezas. Todos reconocen la importancia de la salud mental y del buen estado físico. *Más allá de la cumbre* trata con su salud mental de principio a fin, y abordo la salud física en diferentes áreas. Su salud espiritual es aún más importante (¡estará muerto mucho tiempo más del que estará con vida!), pero por algún extraño motivo muchas personas no reconocen la conexión entre la salud espiritual y la paz mental. Mary Crowley dijo: «Llega un momento en la vida de cada uno en que la necesidad de ayuda supera lo que cualquiera persona pueda dar». Es en ese momento que se necesita la fuerza espiritual. Es allí donde entra Dios a escena. Él ha escrito un

Libro para que podamos tener su sabiduría y aprendamos de su amor y poder.

5. Convierta sus desventajas en ventajas

La historia registra la existencia de muchas personas con impedimentos que se sobrepusieron y los convirtieron en sus más grandes ventajas. El ejemplo clásico es el de Demóstenes, el orador griego que tartamudeaba tanto que perdió su herencia en un debate público. Se sobrepuso de tal manera a ese impedimento que Adlai Stevenson dijo de él: «Cuando Cicerón terminaba un discurso, la gente decía: "Qué bien habló". Cuando Demóstenes acababa de hablar, la gente decía: "Marchemos"».

La necesidad es la madre de la inventiva. El 21 de septiembre de 1993, mientras hablaba ante más de trece mil personas en Denver, Colorado, observé a un caballero que estaba casi totalmente recostado sobre su espalda en una silla de ruedas reclinable, y que se deleitaba tremendamente con lo que estaba oyendo. La sonrisa en su rostro era amplia; frecuentemente soltaba una carcajada, y en varias ocasiones, aplaudió vigorosamente lo mejor que pudo. Cuando acabé mi discurso, me detuve para conversar con él porque rara vez, o quizás nunca, he visto a alguien con tanto gozo y deleite dibujado en su rostro. Hice un comentario acerca de su entusiasmo y dije que tenía que conocer al hombre tan «impedido» que, sin embargo, obviamente lo estaba mucho menos que muchos de los robustos presentes. Cuando habló acerca de la libertad que tiene, quedé anonadado. He aquí el porqué.

A la edad de siete años, Walter W. «Sunny» Weingarten sobrevivió a la tercera peor epidemia de polio del siglo veinte. Quedó paralizado del pecho hacia abajo, y durante los siguientes veinticinco años de su vida debió usar un pulmón de acero que pesaba más de doscientos noventa kilos. Lo usaba dieciocho horas cada día y cada noche durmió en la misma habitación durante más de veinticinco años. Era prisionero del sistema que le permitía seguir viviendo.

Aunque hacia fines de los años cincuenta la polio fue casi completamente derrotada con la aparición de las vacunas Salk y Sabin y la fabricación del pulmón de acero, Sunny Weingarten tenía cada vez mayor conciencia de la necesidad de un pulmón de acero mucho más portátil y de tecnología más avanzada.

A menudo se ha dicho que la necesidad es la madre de la inventiva, y en este caso ciertamente queda comprobado. En 1975, Sunny Weingarten diseñó el primer prototipo de Porta-Lung™ y comenzó a viajar por todos los Estados Unidos. Ahora entendemos, ¿verdad? Por más de veinticinco años ese pulmón de acero determinó dónde podía ir y dónde no. Ahora, está libre de él y puede reír, aplaudir y disfrutar de la vida mucho, mucho más. Las cosas son verdaderamente relativas, ¿verdad?

Su Porta-Lung™ es aun más efectivo que el pulmón de acero porque, con el uso de una unidad separada de presión portátil, se consiguen niveles de presión más elevados en proporciones variables de inspiración/aspiración. En 1984, ante la persuasión de varios médicos pulmonares en el área de Boston, Massachusetts, se fabricaron manualmente varios prototipos de Porta-Lung™ para personas que padecían de un tipo de distrofia muscular que se había concentrado en la parte superior del cuerpo y afectaba los músculos respiratorios. Mediante el desarrollo de un modelo de producción para niños y adultos jóvenes, Sunny Weingarten ha puesto su Porta-Lungs™ a disposición de numerosas personas en veintisiete estados de la Unión y siete países del extranjero.

Sunny Weingarten, un cristiano comprometido, decididamente es una persona apasionada, sobresaliente, que se encuentra en el proceso de acabar bien. Irónico, ¿no?, que cuando resolvió una gran porción de su propio problema, resolvió también los problemas de muchas otras personas. Su desventaja la convirtió en una ventaja para sí y para muchísimos más. Su libertad física se incrementó sustancialmente cuando desarrolló su Porta-Lung™, pero se trata de mucho más que libertad física.

Su gozo y alegría por causa de la contribución que ha hecho para muchas personas más le da un tipo de libertad totalmente diferente. Su sentido de valor personal fue catapultado hacia arriba y le posibilita vivir de manera mucho más rica y plena. Se me ocurre que en el futuro oiremos mucho más acerca de él.

6. Aprenda a responder a la desilusión

Lo que en última instancia determinará su éxito en todos los ámbitos de la vida no es lo que le suceda, sino cómo reaccione ante lo que le suceda. EJEMPLO: Al aproximarse la finalización de la temporada de fútbol de 1986, se enfrentaron los equipos de las universidades de Notre Dame y del estado de Pennsylvannia. El estado de Pennsylvannia no había sido derrotado y Notre Dame, bajo Lou Holtz, el nuevo entrenador, se encontraba en el primer año de un programa de reestructuración. Se estaba acabando el tiempo y el estado de Pennsylvannia llevaba la delantera. Faltando apenas unos segundos, Notre Dame tenía en su posesión la pelota e iniciaba un ataque campo abajo. Un jugador de Notre Dame se desmarcó en la zona final, y el lanzador le hizo un pase perfecto, justo a las manos, pero el jugador no alcanzó a agarrar el balón. Pennsylvannia ganó el partido y luego ganó el campeonato nacional.

Diez de los once hombres del equipo de Notre Dame hicieron todo lo que se requería de ellos y el undécimo se esforzó mucho más. Sin embargo, el balón que se cayó es típico de lo que nos puede suceder en la vida. Cuento esta historia porque en su vida habrá ocasiones en que hará todo lo que se supone que haga y a otro se le caerá el balón. La forma en que se enfrente a los balones caídos de la vida determinará, en alto grado, su éxito en el logro de sus metas. El joven mencionado anteriormente pudo manejar ese balón caído con bastante destreza y le sirvió como experiencia de aprendizaje cuando más tarde jugó en la NFL.

7. Disciplínese

Habrá ocasiones en que se desanimará y se descorazonará.

Habrá días en los que sencillamente no tendrá deseos de levantarse y presentarse a su trabajo o de intentar lograr sus metas. Cuando eso sucede, el mando lo toman el carácter y el compromiso.

> *El carácter fue lo que nos sacó de la cama, el compromiso nos hizo entrar en acción y la disciplina nos permitió para completar la tarea.*

Ha habido numerosas ocasiones en las que todos nosotros nos hemos sentido sin deseos de hacer lo que debíamos hacer, pero como nos habíamos comprometido a realizar la tarea, nos arrastramos fuera de la cama y nos presentamos al trabajo. Lo que resulta interesante es que pronto somos cautivados por lo que estamos haciendo, y olvidamos todo lo relativo a no sentirnos bien y nuestro rendimiento es excelente.

Luego de dar esos pasos, tuvimos deseos de realizar la tarea. El punto a destacar es que la motivación viene después de la acción y no a la inversa. Recuerde: Cuando haga las cosas que debe hacer en el momento que deba hacerlas, llegará el momento en que pueda hacer las cosas que desea hacer en el momento que desee hacerlas.

8. Cambie de dirección, no de decisión

Para alcanzar sus metas, debe comprender que cuando ocurran los reveses y desilusiones, tal como dijo mi hermano, el conferenciante Judge Ziglar, no debe cambiar su decisión de ir tras esa meta, sencillamente debe cambiar la dirección con el fin de llegar allí. Eso es muy importante porque hay muchas cosas que ocurren sobre las cuales no tenemos control. No podemos controlar el flujo del tráfico, los cambios del mercado, la tasa de inflación, la tasa de interés, la bolsa de valores y un montón de cosas más, pero podemos mantener nuestros compromisos con nosotros y con nuestros seres queridos de dedicarnos al logro de nuestras metas.

9. Consiga toda la ayuda que pueda obtener: exprese libremente sus metas de cosas para dejar y cuidadosamente las metas de avance

He aquí lo que quiero decir: Si piensa dejar de fumar, beber, tomar drogas ilegales, comer demasiado, blasfemar, y/o abusar de otras personas, puede y debe comunicar estas metas prácticamente a todos. Descubrirá que la mayoría de las personas lo alentarán cuando se las dé a conocer. Le brindarán su apoyo emocional y lo convencerán de que sí puede hacerlo. Una de las razones por las que Alcohólicos Anónimos, Luchadores Anónimos Contra la Obesidad, Jugadores Anónimos, Narcóticos Anónimos, Adictos al Sexo Anónimos, Nicotina Anónimos y otras organizaciones similares resultan tan efectivas es porque las otras personas en los grupos brindan tanto aliento y apoyo.

> «*Las personas a las que exprese sus metas jugarán un papel importante en que alcance o no sus metas*».

Si su meta es de avance, deberá escoger con cuidado a quién se la dice. En especial si se trata de algo grande. Si tiene planes de ser el abridor, escribir un libro, ser el número uno en ventas, u obtener el promedio más alto de su clase, sólo debe expresarla a aquellos que por la naturaleza de su relación con usted tiendan a animarlo. Si es usted casado, resulta ideal que sea su cónyuge la persona con la que pueda hablar. Si su cónyuge no ha de brindarle apoyo, sinceramente lo animo a considerar cuidadosamente la totalidad del mensaje de *Más allá de la cumbre* y colocar «edificar una relación vencedora y amorosa con mi cónyuge» en las primeras posiciones de su lista de metas.

No existe cosa alguna que resulte más desalentadora que comunicar una meta que le produce emoción y entusiasmo a alguien que debiera ser de apoyo, ¡para que luego esa persona lance un balde de agua fría sobre el proyecto! Eso no significa que la persona no pueda hacer preguntas, porque a menudo otra persona puede formular preguntas que lo conduzcan a reflexionar acerca del asunto con mayor cuidado. Las preguntas esencialmente debieran ser inductivas del pensamiento, como por ejemplo: «¿Cuál es su plan para lograr este objetivo?», en lugar de preguntas de índole negativo como esta: «¿Cómo se le ocurre pensar que *usted* puede lograr algo así?»

10. Llegue a ser una persona que trabaja en equipo

Joe Paterno, el entrenador principal de la Universidad del estado de Pennsylvannia (Penn State), es uno de los entrenadores de fútbol más exitosos y conocidos del país. Sus jugadores no llevan el nombre impreso en sus camisetas y Penn State es una de las pocas escuelas del país que hace esto. Paterno quiere que sus jugadores carezcan completamente de egoísmo, que trabajen juntos y que piensen como equipo.

Como quizás usted recuerde, ganaron el campeonato nacional de 1986 al vencer a los «Miami Hurricanes» y al ganador del trofeo Heisman, Vinny Testaverde, el lanzador sobresaliente de Miami. Con el pasar de los años, Penn State le ha ganado al Boston College cuando Boston contaba con el ganador del trofeo Heisman, Doug Flutie. Los jugadores de Penn State ganaron a la Universidad de Georgia cuando Georgia tenía a Herschel Walker, ganador del trofeo Heisman, y le ganaron a la Universidad del sur de California con el ganador del trofeo Heisman, Marcus Allen.

En otras palabras, Penn State venció a los otros equipos que contaban con individuos tan sobresalientes. Ahora bien, no lean aquí entre líneas algo que no he dicho. No estoy infiriendo de manera leve siquiera que estos excelentes equipos, con sus sobresalientes entrenadores y sobresalientes ganadores del trofeo Heisman, no hayan tenido una orientación de equipo. Obviamente la tenían y la siguen teniendo. Lo único que estoy diciendo es que Paterno y Penn State quizás hayan avanzado un pequeño paso más.

Pues bien, por si acaso esté diciendo: «Sí, pero ¿y qué de los beneficios individuales de los jugadores de Penn State?», permítame que le señale que en la actualidad sólo hay dos universidades en los Estados Unidos que han enviado más jugadores que Penn State a la Liga Nacional de Fútbol. Resulta obvio que cuando se cuenta con habilidades individuales que son utilizadas para el mejor interés del equipo, el equipo se beneficia a la vez que uno se beneficia personalmente.

Es interesante que cuando un jugador de Penn State anota, gana un rápido viaje al banco de suplentes si hace festejos personales en la zona de marcación. Paterno ha entrenado a los jugadores para que silenciosamente entreguen la pelota al oficial más cercano, regresen corriendo hasta donde están los demás y felicite al equipo por los puntos anotados. Eso es clase. Eso es trabajo de equipo. Así actúan los que están más allá de la cumbre.

Y ya que hablamos de ser un jugador de equipo, si una de sus metas es terminar con el destructivo hábito de fumar, resulta ideal si puede formar una sociedad con otra persona que también haya decidido dejar de hacerlo. Comprométanse a llamarse noche por medio y a conversar acerca de cómo les fue durante el día. Pregunte específicamente a la otra persona también si se abstuvo de fumar ese día. El hecho de saber que llegará esa llamada frecuentemente será lo que lo desanime de encender un cigarrillo. Sí, un esfuerzo de equipo resulta de gran ayuda en el logro de sus metas.

11. Pinte un cuadro positivo

¿Juega usted para ganar... o para no perder? Como las imágenes negativas son tan destructivas, veamos una vez más lo que sucede cuando las pintamos.

Estoy seguro que muchos de ustedes recuerdan la tragedia que ocurrió en San Francisco en 1981 cuando los San Francisco vencieron a los Dallas Cowboys en el juego del campeonato de la NFC. Sí, reconozco que habrá algunos de ustedes que tendrán sus propias tendencias y prejuicios y no considerarán que esa pérdida haya sido una tragedia, pero en realidad lo fue. En la temporada regular, los 49ers habían despedazado a los Dallas Cowboys por 45 a 14.

Después de la debacle de San Francisco, los Dallas Cowboys dieron un giro de 180 grados, superaron con facilidad la ronda eliminatoria y llegaron al gran juego en Candlestick Park en San Francisco. Imagínese la escena: Quedan dos minutos de juego; los Cowboys llevan la delantera. Joe Montana y los 49ers reciben el balón en su zona de juego e inician su inexorable marcha hacia el área contraria donde está nuestra defensa preventiva. Van ganando terreno a pasos agigantados hasta aproximarse a la zona final. En la jugada final del ataque, Dwight Clark, sin darse cuenta que Joe Montana intenta lanzar el balón fuera de la zona final, salta ocho metros hacia arriba (¡bueno, casi!) y atrapa el balón ganando así el juego para San Francisco.

Al día siguiente en Dallas, un periodista le preguntó a Tex Schramm, presidente de los Cowboys en ese tiempo: «¿Qué sucedió, Tex?» La respuesta de Tex no sólo explicó la pérdida, sino que nos dijo mucho acerca de la vida misma. Dijo que los Cowboys habían salido con la determinación de no perder el juego; en cambio, los *San Francisco 49ers* habían salido dispuestos a ganar el juego. La imagen de ellos era ganar; la que había en la mente de los Cowboys era no perder. Hay una dramática diferencia. Las personas más allá de la cumbre ganan porque juegan para ganar, planifican ganar, se preparan para ganar y por lo tanto legítimamente pueden albergar la esperanza de ganar.

12. Pinte en su mente la imagen de lo que quiere ser, hacer o tener

Una realidad trágica de la vida, tal como lo he indicado

anteriormente, es que la mayoría de las personas, debido a que las noticias negativas, la gente negativa y un entorno negativo son tan evidentes, siguen la corriente y permiten que sus mentes se ocupen de lo negativo. Debido a esto, resulta fácil ir adoptando la costumbre de imaginar cosas malas en lugar de cosas buenas. La mente trabaja para completar cualquiera imagen que pintemos, de modo que es importante que aprendamos a pintar lo que deseamos en lugar de lo que no deseamos, tal como lo ilustran los siguientes ejemplos.

Si desea alcanzar sus metas, debe imaginarse que ya está allí. Debe pintar en su mente la imagen de lo que quiere ser, hacer o poseer. Como persona más allá de la cumbre, debe verse recibiendo ese diploma, viviendo en el hogar de sus sueños, disfru-

> «*La mayoría de los estadounidenses cree sinceramente que Estados Unidos es la nación más poderosa de la tierra, pero en realidad, la nación más poderosa es la Imagi-nación*».

tando de una bella relación con su cónyuge y/o hijos. Debe verse obteniendo la posición deseada, escribiendo el libro, dando el discurso, siendo el mejor jugador de golf, logrando el peso ideal, ganando la carrera, o logrando su objetivo cualquiera que sea. Debe soñar o imaginar esto de manera vívida y en brillantes colores y reclamar esas victorias con pasión.

Para hacer que estos sueños vengan a la vida, usted necesita aplicar la fórmula de reclamar las cualidades detalladas en el capítulo 8 a estos objetivos específicos después que haya seguido el procedimiento general durante trinta días. (Ha logrado ser antes de hacer.) Este proceso no sólo le da una imagen mejor y más realista de usted, sino que le da un más amplio cuadro de su vida, del mundo que le rodea, y el más grande y mejor rol específico que usted puede desempeñar en el mundo. Este procedimiento funcionó y funciona en mi caso y también funcionará para usted.

Hace más de cuarenta años soñaba que viajaría por el mundo dando discursos a todo tipo de grupo concebible. Literalmente me vi hablando ante vastos auditorios. Elaboré miles de charlas en mi mente antes de haber dado siquiera una. En broma les digo a mis oyentes de la actualidad que es una lástima no haber podido grabar siquiera uno de esos discursos que elaboré en mi mente. De haberlo hecho, estoy convencido de que habríamos vendido millones de copias. Digo esto porque los discursos en mi imaginación eran la perfección absoluta. Nunca decía un disparate ni metía la pata; los oyentes siempre respondían con entusiasmo, aplaudían a rabiar, se reían a carcajadas de mis chistes y siempre me dedicaban una prolongada ovación de pie. En mi mente los veía rodando de risa por los pasillos o sentados, boquiabiertos de asombro ante el hecho de que ¡un simple mortal pudiese expresar palabras de sabiduría tan increíbles!

13. Sus sueños pueden convertirse en realidad

Este paso pudiera ser —y probablemente lo es— el más importante de todo el proceso de determinar metas-alcanzar metas. Usted está usando su mente —su imaginación— positivamente para obtener lo que desea en lugar de lo que no desea. PRECAUCIÓN: Tenga cuidado con lo que sueña, porque si lo que sueña lo sueña con denuedo y de manera vívida y sigue los pasos sugeridos —combinado con los otros principios de *Más allá de la cumbre*— mi amigo, su sueño bien podría convertirse en realidad. Cada sueño importante que he soñado (aparte de una excepción de importancia y sin incluir los que he soñado en los últimos tres años) ya se ha convertido en realidad, y estoy convencido de que los sueños (metas) que no se han realizado aún serán logrados porque estoy siguiendo los mismos procedimientos que seguí para lograr los otros.

Obviamente, la actitud juega un rol vital en el logro de sus metas. Es necesario que sea buena. La motivación es crítica, de modo que trato el tema de la actitud en forma detallada, pero enfatizo otra vez que hace falta tratar con la totalidad de la persona. No se pueden separar o eliminar la importancia de la imagen propia, una buena relación con otros, un compromiso, un fundamento firme y todos los otros factores que discutimos a lo largo de este libro.

Creo firmemente que si observa el concepto total que comunico desde el hola hasta el adiós, descubrirá que cubro lo que necesita saber y hacer para obtener lo que quiere. Recuerde que numerosas cartas, llamadas telefónicas y testimonios personales certifican que muchas personas están obteniendo más de la vida porque estos conceptos han dado resultado para ellos.

Cuando esté decaído, sea que el viaje descendente sea una visita temporal o una estada de larga duración, puede marcar una dramática diferencia en su salud, riqueza y felicidad. Cuando está emocionalmente bajo y las cosas se vuelven distorsionadas, pequeños cortes se vuelven heridas serias. Una palabra levemente mal entendida se convierte en un grosero insulto; un corto paso hacia atrás se vuelve una catástrofe. El problema llega a distorsionarse fuera de toda proporción y, por esa razón, es necesario que salgamos de la depresión lo más rápido posible.

En el siguiente capítulo observaremos algunos pasos específicos que podemos dar con el fin de mantener una actitud optimista, porque el pensamiento negativo, la ansiedad y la preocupación excesiva, como dijo un escritor desconocido, cubrirán el sol de hoy con la nube del mañana.

12

Cómo levantarse y mantenerse de pie cuando lo han tumbado

El perdón es la llave que abre la puerta del resentimiento y las esposas de odio. Es un poder que rompe las cadenas de la amargura y los grillos del egoísmo.

William Arthur Ward

Se puede decir con seguridad que en la vida, todos debemos considerar ser más de lo que nos corresponde en las subidas y bajadas. En ese sentido, la vida es en realidad una montaña rusa. A veces nos suceden cosas que son verdaderos accidentes; otras nos saboteamos nosotros mismos y somos nuestros peores enemigos. En ocasiones, la gente o la vida misma nos propinan una serie de golpes corporales que nos dejan devastados.

LA VIDA ES UNA MONTAÑA RUSA

El siguiente relato es verídico. Si le resulta difícil de creer, lo puede buscar en el anuario de 1982 de la Enciclopedia Británica bajo el título «Eventos extraordinarios del año».

La historia es acerca de un día en la vida de Bryan Heiss, que vive en Provo, Utah. Parece que su día se inició con una gotera en el techo de su departamento. El agua estaba salpicándole la cara así que saltó de la cama y llamó al propietario para ver qué se podía hacer. Al ponerse de pie, se paró en el agua que se estaba acumulando en la alfombra, así que el propietario le dijo que fuera rápidamente a alquilar una aspiradora para agua.

Bryan corrió escaleras abajo con el fin de meterse al auto y salir a alquilar la aspiradora, pero descubrió que las cuatro gomas estaban desinfladas. Volvió a subir, tomó el teléfono y recibió una descarga eléctrica tan severa que casi lo tiró al suelo. Llamó a un amigo y le pidió que lo llevara a buscar ayuda.

Cuando volvió a bajar, descubrió que alguien le había robado el automóvil. Sabía que no tenía mucha gasolina. De modo que él y su amigo caminaron unas pocas cuadras, encontraron el auto y lo empujaron hasta una estación de servicio, donde compraron combustible y le pusieron aire a los neumáticos.

Más tarde, Bryan regresó a casa y subió para vestirse para una ceremonia de graduación que se llevaría a cabo esa noche. Se puso su uniforme e intentó salir de la casa, pero el agua había hinchado la madera de la puerta dentro del marco, por lo que tuvo que gritar hasta que alguien vino y derribó la puerta.

Cuando finalmente se sentó en su auto, lo hizo sobre su bayoneta, la cual había dejado descuidadamente en el asiento del conductor. Fue llevado de inmediato al hospital para una sutura *muy estratégica*.

Unos amigos lo llevaron a casa, y cuando abrió la puerta, vio que se había desprendido un pedazo de yeso que al caer sobre la jaula de sus canarios, los había matado a todos. Al correr sobre la alfombra mojada, se resbaló y cayó, lesionándose la espalda. Una vez más fue llevado al hospital.

A esas alturas un periodista se había enterado de lo de Bryan y le preguntó: «Señor Heiss, ¿cómo explica que todo esto le haya sucedido a una sola persona en un solo día?» A lo que Bryan contestó: «Parecía que Dios intentaba matarme, ¡pero falló en cada intento!»

A ninguno de nosotros nos sucederán tantas cosas en un día, pero todos tenemos nuestros malos momentos.

Este capítulo es esencial porque los reveses y giros de la vida —y los sentimientos que resultan de ellos— nos distraen del logro de nuestros objetivos. En orden de importancia, tratemos los incidentes de tropiezo de la vida, las bajadas de la vida y los sucesos verdaderamente serios que nos cambian la vida y nos desafían a todos.

Primero, miremos los tropiezos. Estos incidentes sencillos, desde el punto de vista del cuadro total de las cosas, tienen poca importancia —o quizás ninguna— para nuestras vidas si (y la mitad de la vida es SI) los resolvemos cuando ocurren. Me refiero a un problema tipo incidente aislado (un choque leve, un accidente, un mal entendido, sentimientos heridos, etc.) donde los daños fueron leves y los costos pequeños. Le animo a seguir el consejo del conferenciante y escritor Clebe McClary, el héroe estadounidense que fue tan terriblemente herido en Vietnam. Clebe aplica el enfoque OYSA que literalmente significa O*lví- dalo* Y S*igue* A*vanzando*.

Para algunas personas, OYSA es más fácil de decir que de hacer, pero usted ha llegado al punto en su vida —y en esta filosofía— que no se altera por las cosas pequeñas, de modo que con paciencia y práctica puede manejarlo. De paso, si tiene oportunidad de escuchar o de contratar a este conferenciante y ex marino de Pawley's Island, Carolina del Sur, hágalo... es un conferenciante muy divertido e inspirado.

CÓMO RECUPERARSE DE LA APATÍA

En ocasiones sufrimos pequeñas irritaciones que no nos estremecen ni nos cambian la vida, pero nos causan una detención momentánea de nuestro progreso. A veces permitimos que los pequeños incidentes sigan dando vueltas por un tiempo demasiado prolongado hasta provocarnos problemas que superan ampliamente su importancia. Digamos que está atrapado en una de estas situaciones y por el momento no está deprimido, pero tampoco está extático. Como resultado, sabe que no está tan amigable ni productivo como quisiera, así que quiere salir de la apatía. ¿Qué hacer?

Paso número uno: Reconozca que está en un estado de ánimo raro; está apático.

Paso número dos: Reconozca que su cambio momentáneo de pensamiento positivo a negativo no es permanente ni es una amenaza para su vida de modo que no será fatal. A la larga se acabará, así que en lugar de aguardar que una modificación en las circunstancias le ponga fin a la apatía, ¡tome una decisión consciente de acabar con ella!, lo cual implica una vez más que se ha responsabilizado de la mejoría de sus circunstancias. Muy bien, ¿y ahora qué?

EL ÚLTIMO DEPÓSITO

Es inteligente cerrar cada encuentro con una nota positiva. Por ejemplo, cuando deja la casa por la mañana, es mucho más amable pedir primero a su cónyuge que pase por la tintorería para retirar la ropa y guardar el «Te amo» para el final. Considérelo. Si dijera: «Te amo» y luego: «Por favor busca la ropa en

> **«El último depósito hecho en su mente es el primero que extraerá».**

la tintorería», su cónyuge pudiera sentirse manipulado. ¿Y si muriera en un accidente automovilístico inmediatamente después de partir? Su cónyuge siempre recordaría que sus últimas palabras fueron: «Por favor, busca la ropa en la tintorería», en lugar de «Te amo». Sí, las últimas impresiones son importantes.

Uso este ejemplo porque es simple y claro. Sin embargo, es terrible para aquellos que han tenido la mala fortuna de no poder cambiar sus últimas palabras. Esto es verdad no sólo en lo que respecta a las personas a quienes usted les causa la impresión final, sino también en su caso, cuando otra persona o cosa (radio, TV, periódico) le causa una impresión final a usted.

Si una persona le provocó ese malestar, cambie el depósito yendo a ver a otra persona que le brinde una rápida inyección de ánimo. Llame a alguno de sus amigos o conocidos que sea una persona optimista y converse con él un par de minutos. Puede iniciar la conversación preguntándole cuál es la cosa o suceso más emocionante del momento. Lo bello de este enfoque es que tanto usted como su amigo se sentirán mejor como resultado de la llamada.

Si lo que le causó el problema fue la televisión o la radio, no lo apague simplemente; cambie el depósito: cambie de canal o de estación de radio hasta escuchar algo positivo. Recuerde que nuestras mentes se quedan con el último depósito hasta que la imaginación lo va agrandando cada vez más, y es mucho mejor contar con un gran positivo que con un gran negativo. Mi método preferido de lograr un gran positivo es mirar un video musical de la familia Gaither durante unos pocos minutos justo antes de ir a dormir. El gozo de los cantantes combinado con la esperanza contenida en las canciones producen un descanso reparador y dulces sueños.

He aquí un método efectivo de lidiar con un caso de pensamiento negativo inducido por un incidente: Comprenda con claridad que ya que sobrevivió, y el dolor y el shock iniciales han pasado, de ahora en adelante deberá mejorar. Creo que estará de acuerdo en que reírse de sus dificultades resulta más efectivo que llorar por causa de ellas. No sólo eso, sino que al cambiar de actitud comenzará a buscar la solución al problema o a las circunstancias que lo llevaron a ese ánimo de pensamiento negativo.

Todo esto dice que su actitud de desánimo es algo que puede controlar, y su oportunidad y responsabilidad es hacer exactamente eso.

CUÉLGUELO DE UN ÁRBOL

El hombre en esta historia tenía un plan definido para tratar con sus bajonazos, según Robert R. Updegraff en su pequeño libro *Be Thankful for Your Troubles* [Dé gracias por sus dificultades], The Updegraff Press, 2564 Cherosen Rd., Louisville, KY 40205. Nos cuenta acerca de un hombre en un trabajo muy desafiante, el cual parecía estar siempre de buen ánimo al llegar a casa, a pesar de lo difícil que pudiera haber resultado su día. Cuando se le preguntó cómo lo lograba, dijo: «Tengo un arbolito en el jardín junto a la puerta de entrada al que llamo mi "árbol de tribulaciones". Cada noche al regresar a casa, mentalmente cuelgo todos los problemas del día en ese árbol y me digo: "Quédense allí colgados por esta noche, los buscaré cuando salga para el trabajo mañana por la mañana".

»Lo gracioso del caso», sigue diciendo, «es que la mitad de las veces, al partir a la mañana siguiente, descubro que la mayor parte de lo que me parecían problemas al colgarlos allí, habían sido arrastrados por el viento durante la noche. Incluso los que aún permanecen allí no pesan ni preocupan ni la mitad de lo que pesaban y preocupaban al llegar a casa la noche anterior».

Hablando científicamente, se ha comprobado que la abrumadora mayoría de nuestros problemas están en nuestras mentes y en realidad nunca nos sucedieron en la vida. De acuerdo con Updegraff, durante muchos años el *Boston Globe* tenía impresa en su página editorial esta sabia observación: «Soy un hombre viejo y he tenido muchos problemas, pero la mayoría de ellos nunca existieron. Tío Dudley».

Me encanta la forma en que el señor Updegraff concluye sus pensamientos:

Sea agradecido por las dificultades de su trabajo. Ellas proveen aproximadamente la mitad de sus ingresos, porque si no fuera por las cosas que salen mal, las personas difíciles con las que debe tratar, los problemas y lo desagradable de su día de trabajo, sería posible encontrar a alguien que se encargara de su trabajo por la mitad de lo que le pagan a usted. Se requiere de inteligencia, recursos, paciencia, tacto y coraje para enfrentarse a los problemas de cualquier día. Es por eso que cuenta usted con su trabajo presente y es posible que sea la razón por la que no tiene uno aun mayor. Si todos nosotros empezásemos a buscar más problemas y aprendiésemos a lidiar con ellos con alegría y buen juicio, viéndolos como oportunidades en lugar de como irritaciones, descubriríamos que progresaríamos a velocidad sorprendente. Es una realidad que hay abundantes trabajos de envergadura que aguardan a hombres y mujeres que no le temen a los problemas relacionados con ellos.

¿QUÉ HACER CON LOS PROBLEMAS GRANDES?

Estos procedimientos darán resultado para un caso leve de pensamiento negativo, pero si sufre de un caso crónico generado por un revés importante o por una serie de frustraciones en su vida personal, familiar o comercial, obviamente será necesario que actúe de una manera más contundente. La cura no será instantánea, pero puede suceder y sucederá si hace que suceda. Siga leyendo.

CÓMO LIDIAR CON CIRCUNSTANCIAS SERIAS

Es posible que al leer estas palabras todavía no esté tan entusiasmado por su futuro debido a los reveses y falta de progreso en el pasado, de modo que hablemos de ese asunto. Digamos que en este momento está genuinamente desanimado; no sabe hacia dónde ir; está frustrado y se le ha acabado la soga. ¿Qué hacer?

Reconozca dónde está parado

Lo invito a que tome un pedazo de papel y anote exactamente cómo se siente. No lo niegue. Un problema importante en nuestra sociedad actual es que más del noventa por ciento de la gente que tiene problemas, incluyendo el alcohol o el abuso de drogas, mal carácter, irresponsabilidad, y una multitud de cosas más, no admitirá

> **Usted no podrá resolver un problema mientras no reconozca su existencia y acepte la responsabilidad de resolverlo.**

jamás que tiene tales problemas... simplemente los niegan. Así que su primer paso es anotarlo y decir: «Aquí es donde estoy».

Usted no podrá resolver un problema mientras no reconozca su existencia y acepte la responsabilidad de resolverlo. Ruja y resople de enojo, y de ser humanamente posible, échele la culpa a alguien, a algún lugar o incluso a alguna institución (como su escuela, hospital o al gobierno). Léalo bien... échele la culpa a alguien. Ese alguien pudiera ser un padre, un cónyuge, un hermano, una hermana, un asociado.

Actúe

Tome un lápiz y una hoja de papel, y ventile todos sus sentimientos de enojo y frustración contra la persona o institución que obró mal hacia usted. Podrá escribir dos o diez páginas para poder verdaderamente expresarse. Escriba la carta y dígale a esa persona o institución todo lo que siente. Luego, ponga la carta a un lado por un par de horas; en seguida, léala cuidadosamente, asegurándose de haber cubierto todos los ángulos. Si omitió alguna cosa, escriba un P.S. o hasta dos o tres. Vacíe su sistema de todo el enojo, dolor y amargura.

Refiérase a cada asunto

Una vez más, lea la carta con mucho cuidado para asegurarse de que haya tratado todo, luego vaya afuera y hoja por hoja refiérase a cada asunto y diga: «Me hiciste eso. Estuvo mal hecho. No debiste haberlo hecho, pero sólo quiero que sepas que te perdono por ello». Hágalo con cada uno de los incidentes y luego queme las páginas una por una. Cuando las haya quemado todas, probablemente se sentirá mucho mejor.

ADVERTENCIA: Para algunos de ustedes, lo que acabo de animarles a hacer es una absoluta imposibilidad. Las heridas son muchas y muy profundas, y han hecho demasiado daño... o por lo menos, eso es lo que siente, y justamente con los sentimientos es que estamos tratando. Si ese es su sentimiento o percepción, el hecho de que los incidentes hayan revestido tanta importancia o que la otra persona o personas hayan sido tan culpables será de poca importancia. Sus sentimientos seguirán siendo exactamente los mismos y debemos lidiar con los sentimientos. En el caso de violación, brutalidad o incesto, probablemente le hará falta consejería para pasar a través del dolor y entrar en el canal del perdón. Lo animo a conseguir esa ayuda porque debe —repito, *debe*— perdonar a esa persona. Este acto de perdonar es una necesidad, sea cual fuere la ofensa, porque el mandato de perdonar no incluye excepción alguna. La siguiente historia explica los beneficios del perdón.

EL PODER Y LA PAZ DEL PERDÓN

Varios años atrás, en una conferencia, escuché uno de los testimonios más conmovedores en relación con la paz y el poder que acompañan al perdón. Un hombre fuerte, de mucho éxito en el mundo de los negocios, estaba relatando sus experiencias de niño con su padre. A poco de nacer, su padre se fue a la guerra, y durante los primeros cuatro años de su vida rara vez lo vio. Mientras tanto, su madre y abuela fueron las principales encargadas de brindarle cuidados. Cuando papá volvió a casa, rápidamente se dio cuenta que «esas mujeres habían arruinado a su hijo» y él iba a «convertirlo en un hombre».

Su padre era estricto y duro en cuanto a la disciplina. Tomó un trabajo itinerante que lo mantenía alejado de la casa la mayor parte de la semana. Por lo general, regresaba los viernes por la tarde, tiempo en el cual su esposa le daba una lista de todos los graves pecados y agravios cometidos por el niño durante la semana. Por lo general, el resultado era el castigo corporal. Demás está decir que para el muchachito el regreso de su papá a casa no era una experiencia muy feliz.

Una vez, cuando tenía seis años, volvía de la escuela cuando fue atacado por un bravucón que le propinó una golpiza. Llegó a casa llorando, y su papá le dijo que ya que se estaba comportando como una niña lo vestiría como tal. Le puso un vestido y lo envió a enfrentarse otra vez con el bravucón.

Mientras el robusto y exitoso hombre de negocios estaba sentado allí con las lágrimas corriendo por sus mejillas, dijo que ese era uno de los motivos por los que había sufrido algunas dificultades emocionales en su vida, incluyendo el convertirse en alcohólico. Sin embargo, dijo que había comprendido luego de aprender los Doce pasos de Alcohólicos Anónimos que su papá no lo trató así porque lo odiaba; lo trató de esa manera porque lo amaba. Así lo habían criado a él de niño, y esa era la única manera que conocía para tratar con problemas de esa naturaleza. Señaló que en cuanto pudo comprender lo que motivó a su padre a obrar de la manera que lo hizo, pudo perdonarlo y seguir adelante con su vida.

Muchos de ustedes que leen estas palabras pueden haber sufrido malos tratos o abuso. Perdonen a la persona que lo hizo. Bien podrían decir que tal persona no merece perdón. Los animo a dejarle eso a Dios; permitan que sea Él quien decida quién se merece el perdón y quién no. Ya sea que sienta que ese individuo

> *Aquel que no puede perdonar a otros*
> *destruye el puente que él mismo*
> *deberá cruzar.*
> **Anónimo**

merece el perdón o no, usted se merece perdonarlo porque, hasta que lo haga, esa persona que abusó de usted o lo maltrató será la que controle su vida. REALIDAD: Esa persona ha ejercido una influencia negativa sobre su pasado. No irá a permitirle que dañe su presente y le ponga techo a su futuro. Y recuerde esto:

LOS MONTAÑISTAS NO LLEVAN LADRILLOS

Del mismo modo que los montañistas no agregan ladrillos a sus mochilas, al brindar su perdón removerá los ladrillos de ira, odio y resentimiento. Su carga será tan liviana que podrá avanzar y escalar con mayor rapidez. También se beneficiará al reconocer que por medio del proceso de perdonar se reconciliará con su pasado y podrá centrar su enfoque en el presente. Esto le da la libertad de crecer y convertirse en la persona que tiene la capacidad de llegar a ser, le asegura un futuro más brillante y lo hace moverse en la dirección necesaria para finalizar bien.

CONSIDÉRELO DE ESTA FORMA

Si tuviera una pierna quebrada, no dudaría en buscar ayuda profesional, pero sigue habiendo muchas personas que viven bajo la ilusión de que nuestras emociones o nuestro estado mental son cosas que debiéramos tener la capacidad de cuidar y sanar nosotros mismos.

CONSIDERE ESTO: La cantidad de personas que está bajo cuidado médico por razones mentales y emocionales es el triple de la que está bajo cuidado médico por motivos físicos, de modo que el suyo no es un caso aislado. Lo animo a buscar consejo profesional y a buscar un consejero que le brinde esa consejería basada en principios bíblicos.

La razón es simple: Usted obtiene información de los libros, las revistas y los periódicos, de la televisión y de la radio. Obtiene conocimiento de buenos libros, enciclopedias e instituciones educativas, pero mientras no agregue la dimensión espiritual, perderá las percepciones, la sabiduría y el sentido común que son fundamentales para el proceso de sanidad.

Hablando de manera realista, sabemos que el conocimiento no es la respuesta a todo. De serlo, todos los doctores en filosofía en los Estados Unidos serían ricos, felices y equilibrados y sabemos que ese no es el caso. Si el conocimiento por sí solo fuera la respuesta, todo aquel que hubiera abandonado la escuela primaria o secundaria estaría en bancarrota y sería un desdichado y sabemos que ese no es el caso. Mi propia madre, con una educación de quinto grado, es un ejemplo clásico de una persona que no contaba con mucho aprendizaje de libros, pero que tuvo la sabiduría suficiente para criar seis hijos que eran demasiado jóvenes para trabajar cuando su esposo murió en plena época de la depresión.

La sabiduría es sencillamente el uso correcto del conocimiento para poder tomar la decisión adecuada. Lo reto a que obtenga consejería de una persona que tenga tanto la sabiduría como el conocimiento. Hasta seré osado y sugeriré (esto probablemente debiera haber sido mi primera sugerencia) que puede ir directo a la cumbre en busca de la ayuda que necesita.

CONSIDERE ESTO: Si tuviera acceso gratuito al consejero más brillante de la ciudad, ¿no se dirigiría inmediatamente a él para pedirle ayuda sobre cómo mantener una perspectiva adecuada de la vida?

En realidad, sí tiene a su disposición los servicios del consejero más capacitado de la ciudad. Los honorarios son cero; está disponible las veinticuatro horas del día; y tiene tiempo de sobra para escuchar y dar consejos. Si usted se cansa de hablar, puede leer Su libro. La lectura de la Biblia es un tremendo edificador de la confianza. Es emocionante saber que en trescientos sesenta y cinco lugares diferentes de la Biblia se le dice que «no tema». El temor a algo (especialmente al pasado y al encuentro con alguno a quien debe perdonar) es un destructor del pensamiento positivo. Hay un «no tema» para cada día del año, excepto el bisiesto... y con seguridad podrá superar ese día. Si acaso no puede, Dios está siempre disponible para la atención al público, incluso ese día extra.

HE AQUÍ EL PORQUÉ

Cuando perdone a otros y luego acepte la responsabilidad de su futuro, desaparecerá de sus hombros una pesada carga. Habiéndosele quitado el peso, inmediatamente tendrá una nueva actitud y perspectiva de la vida. Entonces podrá escalar y avanzar a una velocidad infinitamente mayor, será más feliz, saludable y gozará de la vida mucho más.

Aunque tenga amargura, resentimiento o ira hacia otra persona, es posible que no le desee deliberadamente lo peor, pero quizás tampoco lloraría ni perdería el sueño si le ocurriera algo malo. Se podría decir que si, en cambio, a esa persona le ocurriera cualquier cosa buena, su resentimiento se volvería a despertar. Ya sea que lo admita o no, esa es sencillamente otra forma de decir que quiere obtener algún tipo de venganza por lo que le hizo.

Hans Selye, la gran autoridad en materia de estrés, dice que la venganza es la más destructiva de todas las emociones humanas, y la gratitud es la más saludable de todas las emociones humanas. Este proceso elimina el deseo de venganza. Para su beneficio, lo más importante que puede hacer es perdonar a la otra persona.

Deseo enfatizar que es deseable pero no necesario hacer algo para que la otra persona sepa que usted la ha perdonado. En algunos casos podría involucrar peligro o extraordinaria dificultad. Por lo tanto, no es necesario que vaya a ver a esa persona. El dolor pudo haber sido causado por un amargo divorcio que involucrara a un tercero. El hecho que usted vaya a ver a esa persona o que siquiera le escriba una carta podría crear problemas en el nuevo matrimonio. Eso es algo que no debe hacer porque podría provocar problemas adicionales para todas las partes involucradas. Sin embargo, si las circunstancias son favorables, es beneficioso dejar saber a esa persona que todo ha sido perdonado. Si resultara poco práctico presentarse en persona, puede dar resultado una carta o una llamada telefónica, a no ser que exista una remota posibilidad de que despierten la ira o la pasión.

Él piensa que usted es el malo

Es posible que quede sorprendido ante la respuesta que reciba. Permítame advertirle que la otra persona puede sorprenderse ante el hecho de que usted haya sentido la necesidad de perdonarla porque puede ser que sienta que el malo es usted. A lo largo de un período de años, para proteger su propia paz mental, es posible que haya racionalizado el problema hasta ubicarlo a usted en el rol de malo. Si ese fuere el caso, el problema es de la otra persona, pero recuerde, usted la ha perdonado... y ese es el paso importante.

Como asunto práctico, hasta que usted perdone al otro, él es su enemigo y está en guerra. El problema de la guerra entre individuos es que casi siempre hay dos perdedores. La belleza de hacer las paces con esa persona es que ahora hay una excelente posibilidad de que haya dos ganadores. GARANTÍA: El verdadero perdón de parte suya hará que sea el ganador.

Perdónese usted mismo

El perdonarse uno mismo puede sonar relativamente sencillo, pero en muchos casos es muy difícil, aun si es usted inocente de todo agravio. Deseo enfatizar que si le resulta difícil perdonarse, debiera buscar consejería fundamentada en la Biblia para poder hacerlo. Hasta que lo haga, su autoimagen no es tan precisa ni buena como debiera ser para alcanzar la cumbre.

Estoy convencido, basándome en muchas, muchas cartas, llamadas telefónicas y encuentros personales con muchas, muchas personas, que los procedimientos que describo serán efectivos en casos recalcitrantes y hasta avanzados de pensamiento negativo. Sin embargo, no me estoy refiriendo a depresión clínica, lo cual es un asunto mucho más serio y requerirá la ayuda de un médico capacitado.

El perdonar a otros y a usted mismo frecuentemente es un proceso, no un acontecimiento. Es posible que haya una cantidad de cosas que deba sortear y elaborar. La paciencia y la oración pueden ser su mejor capital, pero lo animo a hacer lo que sea que haga falta. La recompensa justificará plenamente el tiempo y el esfuerzo.

Gran parte del proceso que estoy tratando involucra una considerable cantidad de dolor, así es que escuchemos cómo John Leddo nos ayuda a poner el dolor en perspectiva.

HAY DOLOR EN EL CRECIMIENTO

El sicólogo John Leddo, de Leesburg, Virginia, dice que cuando intentamos crecer, debemos enfrentarnos al dolor, lo cual puede ser un poderoso obstáculo al crecimiento. Dice que este dolor puede manifestarse de muchas maneras desagradables: temor, resistencia al cambio, una verdad acerca de nosotros mismos que no nos resulta particularmente agradable. A menudo el dolor es lo suficientemente poderoso como para impedir nuestro crecimiento y sufrimos lo que él cree es una atroz ola de dolor. Atroz, porque es un dolor sutil que nos roba la vida, trae estancamiento y nos lleva por la vida en piloto automático.

El doctor Leddo observa que el dolor es temporal, pero el crecimiento es permanente. Con maravillosa percepción nos señala que Dios podría quitar el dolor del momento, pero el precio sería privarnos del crecimiento que dura para siempre... y ningún padre amoroso haría tal cosa.

Dice que muchas veces un niño desea desesperadamente alguna cosa o quiere hacer algo que resultaría destructivo o peligroso para él. El padre sabio está al tanto de que el niño está sufriendo y tiene dolor porque ese padre lo ama lo suficiente como para decir no. El padre también sabe que ceder a la voluntad de ese niño aliviaría el dolor, pero ¿qué sería de las consecuencias a largo plazo? Todos nosotros sabemos lo que le sucede a los niños cuyos padres nunca dicen no. Crecen hasta convertirse en unos malcriados que esperan que el mundo les entregue todo en bandeja de plata. Piense en la tragedia involucrada en el hecho de que los padres cedan y verá que a la larga no resulta de beneficio para el niño.

Luego, dice que necesitamos agradecer a Dios por ayudarnos a crecer, al permitir que ocurra algo de dolor en nuestras vidas, porque el resultado de los dolores de crecimiento es el propio crecimiento. Y para que haya progreso es necesario crecer. Se puede decir con seguridad que el dolor nunca resulta agradable, pero frecuentemente es de provecho.

Una importante fuente de dolor en nuestras vidas puede ser resumida en una palabra: *relaciones*. Como regla general, si se lleva bien con las personas importantes de su vida (cónyuge, padres, hijos, hermanos, patrón, empleados, etc.), usted probablemente es una persona razonablemente feliz. Si no se lleva bien con estas personas que son importantes para usted... bueno, ese es un cuadro totalmente diferente. Afortunadamente, mientras va leyendo estas palabras, se está llevando cada vez mejor con la persona que posee la llave que permitirá la creación de relaciones ganadoras: usted.

AYUDA PARA LOS QUE SUFREN DE SERIAS ALTERACIONES DE ÁNIMO

El doctor Leland M. Heller endosa firmemente el concepto de que el optimismo, la motivación y el pensamiento positivo ocupan un sitio científicamente válido en el cuidado de la salud. En su libro *Life at the Border* [La vida en el límite], trata principalmente con lo que la mayoría de los médicos denomina el *Síndrome de personalidad límite*. Él cree que resulta mucho más positivo y beneficioso para las personas que lo sufren, referirse a ellas simplemente como límite o víctimas del síndrome límite. Destaca que entre el cuatro y el ocho por ciento de la población está afectada de este síndrome, y lo describe como una de las más importantes causas evitables de abuso infantil, divorcio, abuso de sustancias químicas y de crímenes impulsivos y violentos. Dice que el síndrome límite es básicamente una forma de epilepsia en el sistema límbico del cerebro. Las víctimas producen exámenes neurológicos, ondas cerebrales, memoria y ciclos de sueño anormales. El síndrome es claramente un problema médico. El sistema límbico no funciona adecuadamente.

También es un problema emocional. Los que padecen de este mal carecen de autoestima, de defensas sicológicas efectivas, y han pasado una vida de destructivas oscilaciones anímicas (optimismo y pesimismo extremos), disforia horriblemente dolorosa y frecuentes episodios de sicosis que han distorsionado su comprensión de la vida y de las personas. No es su culpa. Ellos no lo causaron y son incapaces de detenerlo. Sin una medicación adecuada, básicamente no hay posibilidad de recuperación, aun recurriendo a la consejería.

El doctor Heller dice que entre siete y veinte millones de estadounidenses sufren de este mal increíblemente doloroso y virtualmente nadie quiere ayudarlos. Luego hace una declaración sorprendente en su libro, cuando dice:

> *En mi opinión, es poco probable que una víctima del síndrome límite alcance alguna vez salud mental sin la lectura de libros positivos. Estos son tan importantes como el Prozac. Enseñan cómo ser una persona de éxito. Aun cuando cinco minutos al día serían de enorme ayuda, recomiendo por lo menos quince minutos cada mañana y de cinco a quince minutos antes de ir a dormir por la noche. Intente leer a la hora del almuerzo... cuanto más lea, será mejor y más rápida su recuperación.*

Luego dice:

> *Las grabaciones de temas de inspiración son una necesidad. Su automóvil y casetera pueden ser la mejor escuela del mundo. Este es un secreto que la mayoría de las personas de éxito ya conocen. Puede permitir que sin esfuerzo alguno entren en su mente maravillosas ideas y cuanto más escuche, más saludable se vuelve. Escuche grabaciones mientras se viste, limpia la casa, lava la vajilla, cocina, etc. Es necesario que obtenga la información correcta para cambiar su modo de pensar y de sentir.*

La parte que sigue es obviamente la que más me gusta:

> *Zig Ziglar produce un efecto mágico sobre muchas víctimas del síndrome límite. Zig no sólo es cómico e inspirador, sino que describe valores y actitudes que aumentan las posibilidades de lograr una vida feliz y exitosa. Los pacientes que no son tratados tienen valores cambiantes por causa de su enfermedad. Zig Ziglar aporta un conjunto de valores que estas personas (y el resto de nosotros) pueden creer y tomar*

como norma de vida. Es posible que no esté de acuerdo con algunas cosas —no todos coinciden en todo (en especial la religión)— pero lo más probable es que encuentre pocos temas para desacuerdo. Admiro enormemente el trabajo que realiza y lo que sus grabaciones han hecho para mis pacientes.

Demás está decir que resulta gratificante recibir este tipo de endoso de la comunidad científica. IMPORTANTE: No estoy sugiriendo que los libros y grabaciones que motivan son la respuesta para los pacientes del síndrome límite. Serán de ayuda, pero si usted es o siquiera piensa que puede ser una víctima de este mal, vaya a ver a un médico capacitado y escúchelo. También lo invito a leer el libro del doctor Heller *Life at the Border* [La vida en el límite].

¿LO HAN DERRIBADO? PRUEBE ESTO

¿**R**ecuerda cómo su profesor preferido le hacía sentir que era el alumno más importante de la clase, y el impacto que produjo en sus calificaciones, comparado con el que no le prestaba atención? Lo mismo ocurre en los negocios. El empleado que siente que su patrón lo aprecia, es más probable que haga un mejor trabajo.

En general, la gente que nos rodea puede sentir lo que sentimos con respecto a ellos, pero algunas personas son habilidosas para disimular sus sentimientos, de modo que es de ayuda remover toda duda desde una perspectiva positiva y hacer saber a la gente cuando son apreciados. Recientemente le preguntaron a Bob Hope por qué no se jubilaba y se dedicaba a la pesca. Su respuesta fue clásica: «Los peces no aplauden». Y todos nosotros deseamos y necesitamos aplauso. Alguien dijo que cuando usted aplaude a otro, ambos se sienten mejor.

Uno de los ejemplos más conmovedores de lo que estoy diciendo ocurrió varios años atrás durante una de las clases «Nacido para vencer» que enseñamos en Dallas. Una compañía envió a cuatro parejas. En el seminario hablo dos veces al día, pero la mayor parte del tiempo se pasa en derredor de pequeñas mesas en grupos de ocho personas. Cada vez que alguno hace cualquier cosa, las otras siete personas escriben una notita en nuestro cuaderno especial que se llama: «Me gusta _____ porque...» (Esto les ayuda a recordar que deben buscar lo positivo.) Escriben el nombre de la persona en el espacio en blanco y hacen referencia a algún comportamiento observable específico que explique por qué les gusta la persona. Las cuatro parejas quedaron muy impresionadas con el potencial beneficio de poner en práctica este procedimiento.

Luego del primer día, fueron a uno de los restaurantes más finos y caros de Dallas. Se sacaron la grande en lo que respecta al mozo. Éste había estado allí por más de veinte años y había sido mozo por más de veinticinco. Era excelente y profesional en todo aspecto. Estaba presente cuando se le necesitaba, pero nunca se mezclaba con el grupo. Era amistoso sin ser confianzudo. Cuando surgía una necesidad, aparecía milagrosamente, satisfacía la necesidad, y gentilmente se alejaba, permitiendo que las parejas disfrutaran de su tiempo en compañía el uno del otro. Fue verdaderamente bueno, contribuyendo así al disfrute de la comida.

LAS COSAS MEJORES DE LA VIDA NO SON COSAS

Cuando se preparaban para partir, cada persona le escribió una nota que decía: «Me gusta _____ porque...», y le dejaron una propina de veinticinco por ciento. En ese restaurante en particular, eso representaba una suma considerable de dinero. Salieron y habían recorrido aproximadamente tres metros cuando escucharon la voz del mozo que los llamaba: «Aguarden un minuto, señores. ¡Aguarden un minuto!»

Corrió hasta donde estaban ellos, sacudiendo en su mano las ocho esquelas. Cuando los alcanzó, dijo: «¿Saben una cosa? He sido mozo por más de veinticinco años», y luego rompió a llorar por espacio de unos pocos segundos antes de recuperar la compostura. Cuando lo hizo, dijo: «Durante todos esos años esta es la experiencia más bella que jamás he vivido. Nunca olvidaré esta noche». Habiendo dicho eso giró y regresó caminando al interior del restaurante. Ni siquiera mencionó la propina.

El mozo fue sumamente motivado y profundamente conmovido por la experiencia. PREGUNTA: ¿No le habría encantado estar sentado a la siguiente mesa que sirvió ese mozo? ¿No le parece que las personas que sí estaban fueron receptores del mejor servicio que jamás haya recibido alguien en la historia del mundo gastronómico? Estaba motivado, y como producto de un simple acto que no llevó más de un minuto o dos del tiempo de cada persona, su efectividad y goce de la vida se incrementaron considerablemente.

Sí, los beneficios para el mozo fueron considerables, pero por grandes que hayan resultado sus beneficios, los beneficios que recibieron cada uno de los ocho comensales fueron sustancialmente mayores. Ojalá hubiese podido estar en la clase al día siguiente cuando entraron esas cuatro parejas. ¡Volaban como barriletes! Hablando en sentido figurado, ¡tuvimos que bajarlos del cielorraso para meterlos por la puerta! Quedaron tan conmovidos por la experiencia que compraron una caja de los anotadores «Me gusta _____ porque...» y dijeron que saturarían el mundo con ellos.

LOS ALENTADORES SON GANADORES Y PRODUCTORES

Desafortunadamente, muchas personas rara vez, si es que lo hacen, prodigan esa palabra de aliento que a todos nos hace tanta falta. El aliento se necesita en el hogar, la escuela, la iglesia, el negocio, el gobierno y en toda la sociedad. Probablemente cada miembro de su familia, todos sus amigos, y cada uno de sus asociados y conocidos sienten, y alguno hasta se lo diría, que no reciben elogio y reconocimiento suficientes.

Una palabra de interés, aliento y aprecio obrará maravillas para casi cualquier persona. El impacto puede no resultar tan dramático como lo fue en la vida del mozo, pero nunca se sabe cuándo una palabra amable lo convertirá a usted en catalizador en la vida de alguno.

LA SITUACIÓN PUEDE CAMBIAR

¡Sé por lo menos de una ocasión en la que la persona que era atendida fue la que recibió la propina! A veces un sencillo elogio puede producir resultados sobresalientes. Larry Lippert, quien enseñaba en la escuela secundaria Balyki en Bath, Illinois, cuenta esta historia: Uno de los trabajos prácticos asignados a los estudiantes de su clase que enseña estos conceptos de más allá de la cumbre es decirle algo amable o hacer algo agradable a un miembro de la familia. Jon le dijo al señor Lippert que no podía hacer eso porque no vivía en casa. El señor Lippert le preguntó si alguna vez iba a casa, y Jon respondió que sí iba a cenar los domingos por la noche, así que el señor Lippert lo animó a que aprovechara esa oportunidad.

El lunes por la mañana Jon entró corriendo al aula sacudiendo un billete de diez dólares y gritando: «¡Dio resultado!» Jon le había dicho a su madre: «Gracias por la cena. ¡Fue el mejor pollo frito que he comido jamás!»

Jon dijo que las lágrimas corrieron por el rostro de su madre, se levantó de un salto y salió corriendo de la habitación. Volvió, se acercó a Jon por detrás y comenzó a abrazarlo. Jon sintió que deslizaba algo dentro del bolsillo de su camisa: era un billete de diez dólares.

PREGUNTA: ¿Quién le parece que sacó mayor provecho del elogio, Jon o su madre? P.S. Es posible enseñar a los niños, incluyendo los suyos, a ser corteses y considerados.

El señor Lippert explicó a Jon con cuidado que sucederían cosas buenas si seguía brindando elogios honestos y sinceros, pero que probablemente no recibiría diez dólares cada vez que dijese algo agradable. Ese es un sabio consejo, y elaboraré un poco más la idea agregando que los elogios sinceros, que se dan libremente, no exigen nada a cambio. Sin embargo, permítame que le advierta que sea cuidadoso con lo que dice. Nunca diga algo a alguien que no lo diría si la persona no estuviera presente. Eso es adulación, y la adulación a la larga resulta negativa y destructiva. Sí, alentar a alguien puede hacerle mucho bien, pero resulta infinitamente más efectivo para el que alienta.

ESTRANGULADORES VS. ARGUMENTADORAS

En su historia acerca de Argumentadores y Estranguladores, Ted Engstrom lo resume de manera bella y nos aporta percepciones y ventajas adicionales en lo que respecta a ser señaladores del bien y alentadores:

Hace años hubo un grupo de jóvenes brillantes en la Universidad de Wisconsin, los cuales parecían poseer un maravilloso y creativo talento literario. Eran poetas, novelistas, y ensayistas en potencia. Era extraordinaria su habilidad para darle el mejor uso posible al idioma. Estos prometedores jóvenes se reunían regularmente para leer y criticar mutuamente sus trabajos. ¡Y vaya que criticaban!

Eran despiadados los unos con los otros. Desmenuzaban incluso la más mínima expresión literaria convirtiéndola en cien pedazos. Eran desalmados, duros, hasta malvados en su crítica. Las sesiones de crítica literaria llegaron a ser tales que los miembros de este exclusivo club se autodenominaron los Estranguladores.

Para no ser menos, las mujeres de talento literario de la universidad se propusieron iniciar un club propio. Se autodenominaron las Argumentadoras. Ellas también leían sus trabajos las unas a las otras. Pero existía una gran diferencia. La crítica era mucho más suave, más positiva, más alentadora. A veces, casi ni había crítica. Todo esfuerzo, incluso el más endeble, era alentado.

Veinte años más tarde un ex alumno de la universidad realizaba un estudio exhaustivo de las carreras de sus compañeros de clase cuando notó una vasta diferencia en los logros literarios de los Estranguladores en comparación con las Argumentadoras. De todos los jóvenes brillantes de

los Estranguladores, ninguno había producido un logro
literario importante. De las Argumentadoras habían surgi-
do seis o más escritoras de éxito, algunas de renombre
nacional tal como Marjorie Kinnan Rawlings, que escribió
The Yearling.

¿El talento de ambos grupos? Probablemente el mismo.
¿Nivel de educación? No muy diferente. Pero los Estranguladores ahogaban y asfixiaban la esperanza, mientras que las Argumentadoras discutían y extraían lo mejor que había en cada una.
Los Estranguladores promovían una atmósfera de contienda y
duda de uno mismo. Las Argumentadoras destacaban lo mejor,
no lo peor.

Nuevamente, cuando nos vemos en la perspectiva adecuada
y contamos con la confianza necesaria para ser sinceros en
nuestras evaluaciones, podemos eliminar la necesidad de establecer normas dobles, contar con un mejor sentido del humor,
y reírnos de nosotros mismos cuando vemos identificaciones
como estas presentadas por un autor desconocido.

Mida con la misma vara

Cuando otra persona explota, es horrible. Cuando lo hacemos nosotros, es justa indignación.

Cuando otro es inflexible, es obstinado. Cuando lo es usted
sólo está demostrando firmeza.

Cuando a él no le agradan sus amigos, tiene prejuicios.
Cuando a usted no le agradan los de él, sencillamente está
demostrando buen conocimiento de la naturaleza humana.

Cuando él intenta ser servicial, está dorando la píldora.
Cuando lo hace usted, está empleando tacto.

Cuando él se toma su tiempo para hacer las cosas, es mortal-
mente lerdo. Cuando usted se toma siglos, lo hace por pruden-
cia.

Cuando él ve fallas, es quisquilloso. Cuando las ve usted, es
porque sabe discriminar.

Cuando él le canta las cuarenta, es maligno e insensible. Cuando lo hace usted, sólo le dice la verdad para bien de él.

Estas frases ciertamente señalan una duplicidad de normas, y ya que hemos estado hablando sobre la necesidad de que el último depósito en nuestras mentes sea de carácter positivo, siga leyendo para descubrir lo que puede suceder cuando usted se mida según sus propias normas. Antes de comenzar, quiero que reflexione detenidamente acerca de dos puntos extremadamente importantes contenidos en este capítulo. El primero es que cuando se acepta y aprende a llevarse bien con usted mismo, es fácil llevarse bien con la mayoría de las demás personas. La segunda premisa de peso es que cuando la vida lo derriba, la mejor forma de volver a levantarse es ayudando a otro a levantarse.

NO NECESITA CREDENCIALES

Una de las cartas más maravillosas que he recibido jamás fue enviada por la sicóloga clínica Jocelyn K. Fuller, con doctorado en filosofía, la cual abrazó nuestros conceptos a partir de su asistencia a un seminario de ventas. Ya que nuestros seminarios de ventas y todos los demás programas de entrenamiento están basados sobre los principios de la cumbre, rápidamente se identificó con los conceptos. Aplicó a su vida la filosofía de la cual hemos estado hablando, e hizo la siguiente observación:

He descubierto que cuando me intereso por otros y sinceramente intento ayudarlos a obtener lo que desean de la vida, mi vida se enriquece mucho más. Al ir cambiando mi actitud, descubrí que comencé a atraer a personas que eran positivas en lugar de las que eran negativas. Esto allanó el camino hacia el inicio del desarrollo de una emocionante red de maravillosos amigos y asociados comerciales.

También afirmó lo siguiente:

He descubierto que ya no necesito de mi larga lista de credenciales académicas para dar validez a mi existencia o

*probar que soy una persona de mérito. Aunque estas cre-
denciales son de ayuda en mis intentos comerciales, resulta
agradable darme cuenta que estoy separada de ellos y que
yo misma valgo como persona.*

Siguió diciendo:

*Me he interesado mucho más en el mundo de los negocios
y he desarrollado muchas ideas creativas acerca de cómo
integrar mi trasfondo de sicología al mundo de los negocios.
Esto produce una situación de mucho mayor provecho que
un consultorio normal de sicología y al mismo tiempo podrá
ayudar a una cantidad de gente vastamente mayor.*

Lo animo firmemente a releer lo que la doctora Fuller dijo y
a subrayarlo varias veces. Resumió en muy pocas palabras una
tremenda cantidad de la filosofía de este libro. ¡Eso es emocionante!

Compromiso + Valor + Disciplina = Libertad

La ambición —alimentada por la compasión, la sabiduría y la integridad— es una fuerza poderosa para bien que hará girar las ruedas de la creatividad y abrirá la puerta de la oportunidad para usted y miles de personas más. Alimentada por la codicia y el deseo de poder, la ambición es una fuerza destructiva que a la larga ocasiona un daño irreparable al individuo que está en sus garras y a las personas que están a su alcance.

¿Cuán importante es el compromiso? Sam Walton, en su libro *Made in America* [Hecho en América], dio como su regla número uno para la creación de un negocio las siguientes:

Comprométase con su negocio. Creo que me sobrepuse a cada uno de mis defectos personales mediante la pasión que dediqué a mi trabajo.

John Maxwell declaró:

El compromiso me mantiene en marcha cuando las cosas se ponen difíciles. Es la fuerza impulsora que me capacita para realizar grandes cosas. Mi convicción mantiene en marcha a otros cuando las cosas se ponen difíciles. La gente que nos rodea es motivada por la emoción, nuestra convicción, ese tangible sentido de entusiasmo. La gente no sigue a un líder motivada por el carácter; lo hace motivada por la convicción.

La gente no hace una cosa porque sea correcta; la hace porque siente que es lo que corresponde hacer. Cuando obramos según nuestra convicción, otros se sienten atraídos a nosotros. Sin convicción es posible que comuniquemos verdades, pero no crearemos nuevos líderes, lo cual debiera siempre ser un objetivo primordial. Es cierto, antes de que se cumpla el logro de cualquier gran objetivo, ese objetivo debe creerse de corazón.

ESAS RESOLUCIONES DE AÑO NUEVO

El 7 de enero de 1992, pasé frente al Centro de Recreación de Plano, Texas, donde hago mis ejercicios y levantamiento de pesas (he debido disminuir el levantamiento de pesas porque estaba desarrollando demasiado mi musculatura y temía que algunos de ustedes pensaran que estaba tomando esteroides), pero no me detuve porque la playa de estacionamiento estaba llena. Al día siguiente, volví a la misma hora y nuevamente no había sitio dónde estacionar. El lugar estaba lleno. Esta vez estacioné en un espacio distante, entré al edificio, firmé el registro y me dirigí al cuarto de pesas. Había de tres a cinco personas esperando en fila detrás de cada una de las máquinas Nautilus. Volví hasta la mesa de entrada y le pregunté al joven qué era lo que estaba sucediendo. Se rió y dijo: «Ah, Zig, no se preocupe. Regrese en un par de semanas y todo habrá vuelto a la normalidad. Estos son nuestros clientes que hacen resoluciones de Año Nuevo». Sí volví, y seguí yendo, pero él tenía razón: No he vuelto a tener ese problema desde entonces (excepto en enero de 1993 y 1994).

Fred Smith dice que una resolución simplemente es una confesión: «Confieso que he estado bebiendo demasiado (o comiendo demasiado)», «Confieso que no he sido muy organizado», «Confieso que necesito pasar más tiempo con mi familia» y la lista sigue y sigue. Generalizando, las resoluciones perduran mientras no nos causen ningún problema, ni dolor, ni inconveniente o sencillamente hasta que las olvidemos.

¿Para qué hacer una resolución? RESPUESTA: Podemos convertir esa resolución en compromiso, lo cual producirá resultados muy gratificantes, mediante una serie de pasos intermedios. Primeramente, repetimos esa resolución con regularidad y la reforzamos con aportes de ánimo y edificación de confianza de parte de conductores de seminarios, amigos, asociados, patrones y otros. Diariamente leemos material de inspiración y escuchamos grabaciones educativas, de entrenamiento y motivadores para fortalecer la resolución y brindarnos el aliento que todos necesitamos. Por un período de tiempo conseguimos la convicción de que podemos alcanzar los objetivos que nos hemos propuesto cuando establecemos el compromiso. En resumen, una resolución —repetida regularmente y reforzada con aliento y entrenamiento— se convierte en compromiso, y el compromiso es el camino directo al logro y, en última instancia, a la libertad.

NOTA: Vuelva a leer cuidadosamente este último párrafo, combínelo con el resto de este capítulo, y tendrá una fórmula excelente que le ayudará a «disparar un tiro más» cuando las cosas se ponen duras.

COMPROMISO

El compromiso es el factor que marcará la diferencia en su propia vida y le permitirá que marque una diferencia en las vidas de otras personas. Un firme compromiso también lo capacita para excavar a mayor profundidad y extraer los recursos físicos, mentales y espirituales adicionales u ocultos que están a su disposición.

Ahora también hemos arribado al punto donde tenemos la libertad de admitir que no conocemos todas las respuestas y no hemos vivido todas las experiencias. Esta intrigante combinación de confianza (de que es una persona capaz y singular) y humildad (reconoce que no lo sabe todo) le brinda algunas opciones emocionantes. Por ejemplo: le da la libertad de organizar una sesión de aporte de ideas con amigos, familia y asociados y pedirles que comuniquen ideas que puedan ser de valor para usted.

Este es también un buen momento para aislarse para un poco de reflexión silenciosa y de oración. Este tiempo por sí solo podría producir algunas ideas de valor incalculable que pudieran ser las piezas faltantes a algunos de los rompecabezas de su vida.

El punto a destacar en todo el asunto del compromiso es que una vez que haya establecido ese compromiso, hará uso de todos sus recursos en lugar de simplemente tirar la toalla. Recién cuando haya hecho todo lo que pueda hacer, entrará en vigencia su verdadero valor para usted, su familia, su compañía y su país. Sin compromiso, el individuo que dice «haré lo que deba hacer y nada más» toma el camino de salida más fácil y se da por vencido.

Le digo que si en primer plano ubica las cualidades de convicción, compromiso y valor, sea cual fuere la edad que tenga, será como si recién empezara.

¿Por qué es tan esencial el compromiso para escalar la cumbre? Considere nuestros dos presidentes más destacados. EJEMPLO: George Washington ganó sólo dos batallas en la guerra de la revolución. Pero ganó la última y esa es la que vale. Los británicos empujaron a Washington hacia abajo atravesando Long Island hasta Brooklyn. Lo forzaron a cruzar el río East para luego subir hasta la isla de Manhattan. Lo obligaron a dirigirse a White Plains y luego a Hackensack. De Hackensack lo empujaron a Brandywine. Lo forzaron a movilizarse vez tras vez, derrotándolo una y otra vez. Pero unos días después en Yorktown, el general británico Cornwallis se rindió, entregando su espada, según la costumbre galante de la época. Le dijo a Washington: «Caballero, lo saludo, no sólo como gran líder de hombres, sino como indómito caballero cristiano que no se da por vencido» (*Leadership, The Economics Press*, Fairfield, N.J.). Habiendo compromiso, mientras haya siquiera un leve atisbo de esperanza, usted no se dará por vencido.

En la terminología de hoy, Abraham Lincoln habría sido tildado de perdedor. En el lenguaje de béisbol estaba bateando para 200 ya que perdió doce de las quince batallas más importantes de su vida. La última victoria, sin embargo, fue la grande; fue elegido presidente.

HACE FALTA ENERGÍA PARA MANTENER LOS COMPROMISOS

La gente de la cumbre necesita mucha energía, y ese nivel de energía, en la mayoría de los casos, puede deberse directamente al cuidado que brindamos (usted está incluido) a nuestros cuerpos. Agregue a eso el hecho de que, en la mayoría de los casos, al seguir cabales procedimientos de salud, nos sentimos mejor ahora y de por vida. Es más, la forma en que nos ocupamos de nuestra salud es un clásico ejemplo de la diferencia entre el placer y la felicidad.

Debo admitir que desde un punto de vista de puro placer, nadie disfruta más que yo de comer ricos postres o de incluir en la dieta un poco de grasa. También reconoceré que hay muchas ocasiones en las que preferiría descansar que hacer ejercicio o dar una vigorosa caminata y es allí donde me enfrento con una decisión.

¿Estoy dispuesto a ceder un poco de la energía que tengo como producto directo de la disciplina que me he impuesto a lo largo de veinte años? ¿Estoy dispuesto a arriesgarme a que mi cuerpo se deteriore con mayor rapidez arrastrando tras sí a mi mente? ¿Estoy dispuesto a abandonar los sueños que tengo en mi vida personal, familiar y de negocios mientras animo a las personas de todos los caminos de la vida a ser, hacer y tener más de lo que la vida tiene para ofrecer?

Cuando lo examino de una manera muy realista, mi conclusión es absolutamente clara. ¡Sencillamente me siento tan rotundamente bien que no consideraría hacer el cambio! Para ser franco, ¡me siento bastante feliz de poder vestirme con ropa en la que no habría podido meterme a la fuerza a los veinticinco años! Estoy muy feliz de poder ser un compañero para mi esposa y de poder estar con mis hijos y nietos. Estoy feliz de poder cumplir con agitados programas de viajes, discursos y escritura que requieren una increíble cantidad de energía. Lo que quiero destacar es claro: No sólo derivo placer considerable de esta disciplina, sino que a largo plazo me produce aun más felicidad. Sí, tenemos una opción en cuanto a lo que podemos hacer por nuestra salud y la decisión que tomemos es fundamental. En ocasiones resulta terriblemente difícil mantener la continuidad, pero el ejemplo que sigue le dará razones sólidas para hacer exactamente eso.

LA DECISIÓN ES SUYA

Cuando estaba en el proceso de ponerme en línea corriendo y comiendo de manera adecuada, me esforzaba por causa de la creencia errónea de que era necesario correr todos los días y temprano por la mañana. Eso me resultaba difícil porque prefería iniciar mi día un poco más lentamente, pero había establecido un compromiso inquebrantable de ponerme en forma y bajar de peso.

Entonces ocurrió ese día. Viajé en avión a Seattle, Washington, di una conferencia, tomé un avión y regresé esa misma noche. Cuando llegué a casa y me preparé para acostarme, eran exactamente las cuatro de la mañana. Mi reloj ya estaba programado para despertarme a las cinco y media para ir a correr. Mientras miraba el reloj, me di cuenta que tendría sólo noventa minutos para dormir, así es que empecé a luchar con la decisión de si realmente deseaba o no levantarme tan temprano.

A esa altura, había algunas cosas básicas que ya sabía. Primeramente, sabía que estaría muerto de cansancio y no sería muy efectivo desde el punto de vista de la productividad por lo que restaba del día. Sin embargo, al lidiar con la decisión, reconocí que me había comprometido, contra viento y marea, a levantarme a las cinco y media de la mañana para correr.

Para ser franco, me asaltó el temor. Temía que si hacía una excepción y decidía dormir porque estaba cansado y soñoliento, sería más fácil hacer una excepción la próxima vez y sabía que la excepción a menudo se convierte en regla. El compromiso salta por la ventana. Las metas nunca serían logradas, y me convertiría sencillamente en otra estadística en el mundo de «lo que podría haber sido». Al entrar en mi mente esos pensamientos, extendí la mano hasta alcanzar el reloj, verifiqué que estuviese programado para las cinco y media, me acosté y me dormí.

Es cierto que cuando ese despertador sonó no sentía deseos de levantarme, pero también es verdad que mi pasión por mantener mi compromiso me hizo salir de la cama. No disfruté de la corrida, tuve un día bastante poco productivo, y en términos generales, no tuve el ánimo que acostumbraba tener. Habiendo dicho eso, supongo que mi siguiente declaración lo sorprenderá. Considero que esa fue una de las decisiones más importantes que haya tomado jamás. Respeté mi compromiso, y al hacerlo esa vez hizo que resultara más fácil hacerlo la siguiente vez, la siguiente y la siguiente.

LAS EXCEPCIONES SON PELIGROSAS PARA SU SALUD Y SU FUTURO

La verdad básica es que las excepciones son las cosas más peligrosas que debemos enfrentar en nuestras vidas. Nos descarrilan, y una vez que se hace la excepción, resulta más fácil hacerla una segunda vez, luego una tercera y así sucesivamente. También es verdad que a la noche siguiente estuve en cama a las 8:00 p.m., y a la mañana siguiente a las 5:30 a.m., me levanté con exuberancia, salí a correr y me sentí mejor de lo que me había sentido desde hacía mucho tiempo.

Todos estamos familiarizados con las excepciones. Hacemos una razonable dieta baja en grasas y después de unos pocos días decidimos que no estaría mal comernos sólo una orden de papas fritas, así que hacemos esa excepción. El único problema es que un par de días después volvemos a hacer esa excepción y ya conoce usted el resto de la historia.

> **Las excepciones son las cosas más peligrosas que debemos enfrentar en nuestra vida. Nos descarrilan.**

¿Cuántos alcohólicos han pensado que podían hacer esa excepción y se han bebido ese único trago con resultados trágicos? No puedo decirle de la cantidad de fumadores que han dejado el cigarrillo por un año o dos, y sea por lo que fuere, tentados, hicieron esa única excepción y ¡bam! hélos ahí, resoplando de nuevo a tiempo completo. ¡Cuidado con esas excepciones! ¡Que esa incentivación sea diaria! Asegúrese de recibir aportes buenos. Rodéese de la clase de gente que le convenga. Lea buenos libros. Revise sus metas y objetivos con regularidad, de modo que pueda recordar constantemente los beneficios que vienen en su dirección al establecer sus metas y mantener sus compromisos.

Las excepciones en todos los rubros de la vida pueden ser desastrosas. Muchas veces un matrimonio feliz es destruido porque uno de los cónyuges es tentado, hace esa única excepción y comete adulterio. Una persona que toda su vida ha vivido según las leyes se mete en dificultades financieras, hace esa única excepción, roba o malversa dinero y no es atrapado. La siguiente vez se vuelve aún más descarado, y se establece un hábito, nuevamente con resultados desastrosos.

Como nota final acerca de este pensamiento, necesito traerle a la memoria a las personas que ha conocido (y tal vez usted lo haya experimentado) que adoptaron un programa particular de estudio, crecimiento o pérdida de peso y estaban progresando considerablemente. Hicieron esa excepción y un año más tarde habían abandonado completamente un programa que estaba produciendo verdaderos resultados.

La persona probablemente fue una víctima del síndrome de la excepción, la cual es la principal razón —aunque no la única— por la que muchas personas abandonan hábitos y procedimientos vencedores y regresan a viejas costumbres y hábitos.

USTED PUEDE EDIFICAR SOBRE EL VALOR

PREGUNTA: ¿Cuál es la cualidad sobresaliente más importante que debe poseer un individuo para tener éxito y llegar a la cumbre? RESPUESTA: Sinceramente no lo sé, porque si tuviera sólo una cualidad, se quedaría corto en el logro de cualquier cosa significativa en la vida. Sin embargo, sí creo que el valor es un requisito si ha de extraer de la vida siquiera una fracción de lo que la vida tiene para ofrecer. El tipo de valor, sin embargo, es muy importante, porque la integridad hace demandas increíbles... y el valor lo capacita para cumplir con las demandas.

Sidney Harris lo dijo muy bien:

> *Estoy cansado de escuchar de hombres que tenían el valor de sus convicciones. Nerón, Calígula, Atila e Hitler tuvieron el valor de sus convicciones. Nadie tuvo el valor de examinar sus convicciones o de cambiarlas, lo cual es la verdadera prueba del carácter.*

El valor, acompañado de convicciones correctas, edificado sobre integridad y envuelto en confianza, mejorará su rendimiento e incrementará la productividad de los que lo rodean. Eso construye seguridad de empleo y le brinda una oportunidad infinitamente mayor de éxito en todas las áreas de la vida.

La convicción siempre precede al compromiso serio. Una persona de convicción llega a estar tan envuelta en lo que necesita hacer que pasa a la categoría de debe-hacerse. Las personas que tienen la convicción de tener una misión son más convincentes cuando comunican esas convicciones a otros.

Mi convicción personal es que, como resultado de lo que ha aprendido en *Más allá de la cumbre*, siente la convicción de hacer algo por mejorar su propia vida. En este proceso también ha comprendido que una de las mejores maneras de hacer eso es persuadir a amigos, familia y asociados a unirse a usted en la adopción de estos conceptos que también enriquecerán las vidas de ellos. Por lo tanto, mediante este mismo proceso, usted se asegura un país y una economía más grandes y estables, los cuales también le brindan beneficios considerables.

A cualquiera edad, hace falta valor para establecer compromisos. Por las dudas de que esté pensando que desearía haber adquirido esta información cuando era más joven o que desea tenerla en cuenta para usarla más adelante en la vida, permítame asegurarle que la coordinación es perfecta. Usted tiene *exactamente* la edad precisa. Siga leyendo.

TIEMPO Y COORDINACIÓN

Desde hace varios años, la gente ha considerado la edad de 65 años como el momento adecuado de salir a pastar. Muchas universidades de prestigio, denominaciones religiosas, compañías de *Fortune* 500, las fuerzas militares, las aerolíneas y un sinnúmero de organizaciones, automáticamente pasan a retiro a su gente a la edad de 60 ó 65 años. Exploremos para determinar si en realidad es la edad el tema en juego.

Cuando en los años de 1870 Bismarck fue canciller de Alemania, observó que virtualmente todos sus enemigos poderosos eran hombres de 65 años o más. Persuadió a la legislatura alemana para que promulgase una ley estableciendo los 65 años como edad mandatoria para la jubilación. No tenía relación alguna con una declinación de sus facultades mentales o una caída en la productividad... y por cierto que nada tenía que ver con la senilidad. Era por causa de su sabiduría, experiencia, poder, organización y todo lo que usted pueda mencionar en una veta positiva que generaban temor y respeto hacia ellos en la mente de Bismarck. Por alguna extraña razón otros países de Europa siguieron su ejemplo y la política a la larga fue adoptada en el continente americano.

> *Usted no será viejo mientras no haya*
> *perdido su último atractivo.*
> **Anónimo**

¡Qué tragedia más absoluta es animar a las personas a abandonar cuando están en el punto más alto de su intelecto, sabiduría, contactos, poder, experiencia, organización y redes que han edificado a lo largo de su vida! ¿Podría ser esa la razón por la que la única vez que la Biblia menciona la jubilación es como castigo?

Douglas MacArthur lo dijo magníficamente bien en su discurso de despedida a los cadetes en West Point:

Sea cual fuere su edad, existe en el corazón de todo ser el amor por el asombro, el denodado desafío de los hechos, y cual niño, un ineludible sentimiento de «y ahora qué» en el trabajo y en el juego de la vida. Ustedes son tan jóvenes como su fe y tan viejos como sus dudas; tan jóvenes como su confianza propia y tan viejos como su temor; tan jóvenes como su esperanza y tan viejos como su desesperanza. En el sitial central de sus corazones, hay una cámara de grabación. Mientras sigan recibiendo mensajes de belleza, esperanza, júbilo y valor, seguirán siendo jóvenes.

ESTE ES EL MOMENTO... PARA USTED

Sea cual fuere su edad, este es el momento para que haga lo necesario para ser un usted aun más grande. POR EJEMPLO: a la edad de 96 años, George Burns firmó un contrato por cinco años con el Hotel Riviera de Las Vegas en lugar de firmar por diez años porque no estaba seguro de que el hotel durara diez años más. «Ellos querían que fuese por diez», dijo él, «pero ¿quién tiene apuro? Si siguen en pie después de cinco años, hablaremos». Y ahí están esos dos matusalenes del mundo del deporte: el lanzador Nolan Ryan, a la edad de 46 años y el boxeador George Foreman, a la edad de 44, que seguían teniendo una actuación sobresaliente en dos de las profesiones más difíciles del mundo cuando se retiraron en 1993.

En el otro lado de la escala, la gente joven verdaderamente tiene grandes oportunidades. Jefferson tenía 33 años cuando hizo el borrador de la Declaración de Independencia. Newton formuló la ley de gravedad a los 24 años y el freno de aire fue inventado por Westinghouse a los 23. Dickens tenía 24 años cuando escribió *Pickwick Papers* y 25 cuando escribió *Oliver Twist*.

Puedo decir con convicción considerable que con su nueva imagen, su actitud y sus metas, pueden suceder cosas sorprendentes —en verdad, están sucediendo— ahora mismo. En mi propio caso, al escribir estas palabras tengo 67 años de edad, estoy en maravilloso estado físico, y sinceramente creo que mis años mejores y más productivos son los que están por delante.

Hoy puedo hacer cosas que no podía hacer veinticinco años atrás y estoy más entusiasmado acerca del futuro de lo que jamás he estado. Verdaderamente me siento como un adolescente reciclado. Aunque nunca concibiese otra idea, tengo más proyectos sobre la mesa de lo que pueda llegar a realizar en los próximos cinco años.

PREGUNTA: ¿Cuáles son los beneficios que obtiene el individuo comprometido, disciplinado e intrépido? Veamos.

LIBERTAD Y OPORTUNIDAD

*L*ibertad es una palabra acerca de la cual se escucha bastante, y aun así, de todas las palabras, en verdad es una de las que peor se interpretan en cuanto a sus significados e implicaciones. Por ejemplo, muchas de las canciones de hoy en día expresan el refrán: «Quiero ser libre». Desafortunadamente, en demasiados casos, la gente canta refiriéndose a ser libres para decir lo que quieran decir y hacer lo que quieran hacer, a pesar de las consecuencias para ellos o para cualquier otro. ¿Constituye eso verdadera libertad?

> *Cuando usted hace uso de su libertad para expresarse en el nivel más bajo, en última instancia se está condenando a vivir en ese nivel.*

Libertad, según el diccionario, significa «eximido del poder o del control de otro». Es libertad, independencia y la capacidad de adoptar decisiones, libre albedrío.

En nuestra sociedad se tiene la libertad de entregarse al cigarrillo, a la bebida y, en la práctica, a las drogas ilegales y virtualmente a todo comportamiento inmoral. La elección es suya, pero esa elección con demasiada frecuencia se convierte en un hábito y luego en una adicción, lo cual significa que a esa altura ha abandonado su libertad y ha escogido la esclavitud.

Pitágoras dijo: «No es libre el hombre que no pueda controlarse a sí mismo».

Ghandi dijo: «Es mi firme convicción que ningún hombre pierde su libertad excepto por su propia debilidad».

Kingsley dijo: «Existen dos libertades: la falsa, donde el hombre tiene la libertad de hacer lo que quiera; la verdadera, donde el hombre tiene la libertad de hacer lo que debiera».

La Biblia dice: «Y conoceréis la verdad, y la verdad os hará libres».

Will Durant, el destacado historiador, dijo: «¿Será que tenemos demasiada libertad? ¿Tanto tiempo hemos ridiculizado la autoridad en la familia, la disciplina en la educación, las reglas en el arte, la decencia en el comportamiento, y la ley en el estado, que nuestra liberación nos ha llevado al caos en la familia y en la educación, en los valores morales, las artes, las ideas y el gobierno? Nos olvidamos de hacernos inteligentes cuando nos hicimos libres».

James Howard, el presidente de Honinteg International, la cual, curiosamente, deriva su nombre de las palabras *honestidad* e *integridad*, identifica algunas libertades adicionales que se nos presentan al encarar la vida del modo de la cumbre: libertad de superar «las malas actitudes, la confusión, el bajo rendimiento, la escasa motivación, el echarle la culpa a otros, el egoísmo, la falta de tiempo, la deshonestidad, el temor, la desconfianza, la mala imagen propia, la falta de dirección, la falta de trabajo de equipo y la falta de orgullo», y «la libertad de hacer lo correcto en la forma apropiada».

Ahora que la libertad ha sido identificada, creo que con el desarrollo de las cualidades (el cual es el proceso en el que ahora se encuentra), dispone usted de la libertad que es verdadera: la libertad de ser lo mejor que puede ser.

¿ES ESTA LA VERDADERA LIBERTAD?

He hablado extensamente acerca de la ética, la moral, los valores y las cualidades que capacitan a una persona para que tenga éxito en cada departamento de la vida, pero un beneficio fundamental que proviene del desarrollo de estas cualidades es la libertad en sí.

¿Cuánta libertad tiene en realidad una persona que comete evasión de impuestos, ratea algo en las tiendas o le roba a su patrón? Imagínese el temor en el que viven las personas deshonestas: temor a ser descubiertos por la ley, a ser arrestados, tal vez cumplir una condena en la prisión, avergonzarse ellos mismos, negarle su presencia y aporte financiero a su familia, sin mencionar la guía moral y espiritual que debieran estar proveyendo. La libertad de robar, cuando es ejercida, literalmente atrapa a las personas, las que pierden la libertad que reclaman como propia. Aun si no llegan a ser atrapados, siguen estando en esclavitud.

Un amigo mío, que es un genio de las matemáticas y un experto en mercadeo, deseaba adquirir para su madre un pequeño negocio. Afortunadamente, tiene la habilidad de mirar un juego de libros y determinar su valor. Demás está decir que deseaba comprar un negocio que diera ganancias. Examinó los libros de más de veinte compañías pequeñas, y en el ciento por ciento de los casos, como los libros se veían sospechosos, hizo a cada dueño una pregunta: ¿Tiene usted otro juego de libros? El ciento por ciento de ellos contestó afirmativamente.

Resulta interesante que algunos de ellos sólo habían robado una mínima suma de dinero según el cuadro grande de las cosas: $2.000, $5.000, $10.000. Pero imagínese lo que eso les habrá costado cada vez que los abandonaba un empleado insatisfecho que haya estado al tanto del asunto. Vivir siempre en el temor de que su secreto saliera a la luz. Cada vez que sonaba el teléfono en el negocio o en casa, preguntándose si alguien lo estaría controlando desde una perspectiva impositiva. Cuando hacía su declaración de impuestos y le hacían una auditoría, ¿puede usted imaginarse el trauma que sufría? Eso no es libertad.

LIBERTAD DE SER FELIZ

He identificado a la lealtad como una de las cualidades que está presente en las personas que son genuinamente exitosas. Consideremos la lealtad en la vida de la familia. En todos mis años de investigación, incluyendo varios miles de noches fuera de casa y mucho más de cuatro millones de kilómetros de vuelo, he visto hombres y mujeres de todos los estratos y virtualmente de toda situación conocida por el hombre. Y nunca he conocido a un hombre o a una mujer verdaderamente feliz que no haya sido completamente leal a su cónyuge.

La libertad es percibida por algunos como el negarse a comprometerse con una sola relación, pero ¿se trata de verdadera libertad? He visto cantidades de personas medio ebrias o afectadas por el alcohol riéndose, en muchos casos de forma exageradamente ruidosa, aparentemente pasando un buen rato con individuos que no eran sus cónyuges mientras intentaban disimular o ahogar sus sentimientos de culpa y temor.

Al llegar a casa y tener que enfrentarse a sus cónyuges, cuando levantaron a sus hijos y les dijeron cuánto los amaban y cuánto los extrañaban, ¿cuáles fueron sus sentimientos reales? PREGUNTA: ¿Cuántos hipócritas felices conoce usted?

¿Y qué de esas llamadas telefónicas tarde por la noche, que en el noventa y nueve por ciento de los casos son de rutina y, sin embargo, muchas veces hacen que el culpable salte por temor a que esté relacionado con ese encuentro de la semana pasada? Cuando llega una carta personal dirigida a la casa o al negocio y la ve el cónyuge, ¿cuántos temores surgen en la mente del culpable porque se generan preguntas en la mente del cónyuge inocente? ¿Es eso libertad?

> **«La verdad es que el temor y la inmoralidad son dos de los inhibidores más grandes del comportamiento humano».**

Llevar una doble vida nunca le permite la libertad de ser lo mejor que puede ser en una de las vidas que está llevando. Si no tiene la libertad de ser lo mejor que puede ser, no es verdaderamente libre. En la abrumadora mayoría de los casos, la fidelidad a su cónyuge elimina la posibilidad de contraer SIDA.

En su publicación *Better Families* el doctor J. Allan Petersen lo expresó de la manera más elocuente y convincente que cualquier otra persona a quien haya escuchado:

> *El mentir a quien sea tiene el extraño efecto de convertir a esa persona en enemigo, de modo que cuando nos mentimos nos convertimos en nuestro peor enemigo.*
>
> *En la tierna intimidad del amor nos produce profundo placer el abrir nuestros corazones a otro diciendo la verdad. Pero cuando sentimos la necesidad de mentirle al ser amado —aquél que confía en nosotros sin reserva— quedamos atrapados por una doble ligadura. El boomerang regresa.*
>
> *Tal es el predicamento del esposo infiel que aún ama a su esposa. Cuando regresa, quiere restaurar la intimidad con ella, pero no le puede decir lo que ha hecho, así que vuelve a mentir. La mentira lo protege de su enojo y rechazo. Al mismo tiempo le roba de la tierna intimidad que anhela. No puede sincerarse con ella... cada pensamiento debe ser monitoreado, cada palabra pesada. Se encuentra asido por el temor a que un lapsus de memoria lo traicione. Él mismo es en verdad su peor enemigo.*
>
> *Cuando Dios dijo: «No cometerás adulterio», sabía exactamente lo que hacía. El adulterio acaba en humillación, sufrimiento y venganza. Por los cientos que he aconsejado, sé que esto es verdad.*

Por favor comprenda que lo que menos quiero hacer es cargarlo de un sentido de culpa. *Mas allá de la cumbre* ha sido escrito con el objetivo de prepararlo para un futuro mejor y de ninguna manera tiene como fin ser un mazo para golpearlo con su pasado. A esta altura, lo animo a que abandone por completo el juego del «Y si...» «¿Y si hubiese hecho esto, no hubiese hecho aquello, dicho esto o dicho aquello?» Eso es contraproducente. El aserrín no puede ser aserrado.

¿MERECIDO O INMERECIDO?

Habiendo dicho eso, me gustaría enfatizar que un poco de culpa (culpa merecida) resulta saludable y necesaria para su propio bienestar y el de la humanidad. Existe una vasta diferencia entre la culpa merecida y la inmerecida.

La culpa inmerecida ocurre cuando una persona lo manipula para que se sienta responsable de causar problemas físicos, mentales, emocionales o espirituales, pero usted en realidad es inocente. No ha hecho nada malo, y si descubre que se siente culpable de alguna cosa en la que nada tuvo que ver, dígase (en voz alta) que usted no es culpable.

Por otro lado, el no sentir y responder ante una culpa merecida nos conduciría en última instancia a una sociedad bárbara. Arrepentirse y pedir perdón serían cosas del pasado, la fidelidad matrimonial sería historia, delitos de todo tipo diezmarían a nuestra sociedad y la civilización ya no existiría.

> *La armonía y la paz interior*
> *se encuentran guiándose por una*
> *brújula moral que señala siempre en*
> *la misma dirección, sea cual fuere*
> *la moda o la tendencia.*
> **Ted Koppel**

La sociedad necesita una brújula moral para dirigir nuestras vidas y la culpa merecida resulta una maravillosa guía para nuestro modo de vida. La culpa merecida ocurre cuando intencionalmente se ejecuta cualquier acción que daña a otra persona física, mental, emocional o espiritualmente. Cuanto mayor es el daño, mayor es el sentido de culpa. Afortunadamente, esta culpa puede ser neutralizada o incluso eliminada con un cambio de actitud, el sincero ruego de perdón y la restitución hasta donde sea posible. La siguiente historia es acerca de alguien que neutralizó su culpa y ahora está haciendo restitución porque anhelaba la libertad.

ENCIÉRRENME; QUIERO SER LIBRE

Durante veintitrés años, Katherine Power fue una fugitiva. Había conducido el automóvil de fuga en un robo de banco que dejó como saldo la muerte del policía Walter Schroeder. Su aguda depresión y el darse cuenta de que no podría mejorar sin aceptar la responsabilidad de la parte que le tocó jugar en el horrendo crimen la llevó a rendirse.

Físicamente, se rindió al FBI; emocionalmente, se rindió para sobrevivir. La prisión autoimpuesta en la que había estado viviendo, la que ella misma había construido de temor y culpa merecida (le negó a una esposa el compañerismo y el apoyo de su esposo y a nueve hijos el amor de su padre), era mucho peor que el edificio físico que en última instancia habría de ocupar.

Serenidad, alivio y esperanza estaban dibujados en el rostro de Katherine Power cuando el juez le entregó su sentencia de ocho a doce años. Sonreía como alguien que ha sido liberado después de años de tortura inimaginable y celda solitaria. La confesión es buena para el alma.

El siguiente ejemplo no es tan grave como el anterior, pero sigue siendo un ejemplo de culpa merecida. Cuando Gil Hodges era entrenador de los *Washington Senators* (ahora lo es de los Texas Rangers), recibió información de que cuatro miembros de su equipo habían violado el toque de queda. Gil era un tipo de estricta disciplina que no se andaba con vueltas. Citó a todo el equipo, les dijo que estaba enterado de que el toque de queda había sido violado y que sabía exactamente quiénes lo habían hecho. Y agregó: «Sin embargo, por esta vez los voy a dejar pasar. No los voy a avergonzar identificándolos. Lo que quiero que hagan, sin embargo, es lo siguiente: cada uno de los que violaron el toque de queda coloque sobre mi escritorio cien dólares en calidad de multa». Cuando más tarde esa noche Gil pasó por su escritorio, encontró setecientos dólares.

Sabemos cuando somos culpables aunque nadie más lo sepa. Katherine Power estaría de acuerdo con que el dicho «Estás tan enfermo como lo están tus secretos», tiene mucha validez. Si ha empezado a vivir con culpa merecida, libérese y comience hoy a edificar sobre un nuevo fundamento.

LOS VALORES FUNDAMENTALES

Me estoy refiriendo, como lo he hecho desde el primer capítulo, a valores. ¿Por qué? Los valores fundamentales son la base sobre la cual debemos edificar si hemos de ser vencedores en cada fase de la vida. El contar con ellos no garantizará su éxito en cada rubro, pero el no tenerlos garantizará su fracaso en su búsqueda de algunas —y tal vez de la mayoría— de las ocho cosas que hemos identificado como deseadas por todos.

CONSIDERE ESTO: Por allá por 1770, tres millones de estadounidenses produjeron a Thomas Jefferson, Alexander Hamilton, George Washington, Benjamin Franklin, John Adams y James Monroe, entre otros. En 1994, doscientos sesenta millones de estadounidenses produjeron ¿_____? Llene el espacio en blanco. No se me ocurre uno solo que esté en un pie de igualdad con nuestros Padres de la patria.

¿Por qué sucede eso? De acuerdo con el Instituto de Investigación Thomas Jefferson, en los años de 1770 más del noventa por ciento de la dirección de la educación era de naturaleza ética, moral y religiosa. Para 1926, el porcentaje había bajado al seis por ciento, y para 1951, el porcentaje era tan bajo que no podía medirse siquiera. Eso significa que la gente generalmente hace lo que se le enseña que haga y lo que se espera que hagan. Es por eso que he enfatizado la importancia de los valores éticos.

Los valores determinan el comportamiento; el comportamiento determina la reputación y, de acuerdo con Laurel Cutter, vicepresidente de FCB Leber-Katz Partners, de la ciudad de Nueva York, la única ventaja competitiva sostenible de cualquier negocio es su reputación. Simplemente es otra forma de decir que la gente buena en verdad gana.

¿Cuánta importancia tienen los valores? Jim Breck, anterior presidente de Johnson & Johnson, es un legendario defensor de que el credo de J & J (valores fundamentales) fue el encargado de movilizar rápidamente a la compañía para retirar del mercado el producto Tylenol luego de un susto por envenenamiento. Para demostrar su punto, comisionó un estudio de la actuación financiera de compañías norteamericanas que han contado con una declaración escrita de valores por espacio de por lo menos una generación. El ingreso neto de esas veinte compañías se incrementó en un factor de 23 durante un período cuando el producto bruto nacional disminuyó en un factor de 2.5.

Es un hecho. Los buenos y las buenas ganan. En 1987, el equipo de baloncesto de la secundaria Rockdale en Conyers, Georgia, entrenado por Cleveland Stroud, ganó el campeonato estatal. Cuando la temporada y el torneo hubieron finalizado, Stroud descubrió que durante cuarenta y cinco segundos había utilizado a un jugador que no podía jugar. Aunque el impacto de ese jugador sobre el resultado había sido cero, Stroud y el equipo devolvieron el trofeo. Muchas personas dirían —es más, lo dijeron— que en realidad se lo habían ganado y deberían haberse quedado con él, pero he aquí una de las ironías de la vida. De haberse quedado con el trofeo, en la profundidad de su ser habrían sabido que no se lo habían ganado y que en realidad no eran los campeones estatales. Como devolvieron el trofeo, en sus corazones supieron que verdaderamente habían ganado y que eran más que vencedores. Eso es libertad y el modo de vivir en la cumbre.

En la búsqueda de la libertad, muchas personas pasan por alto el hecho de que sólo con valor, disciplina e integridad pueden obtener genuina libertad. Confucio dijo que a ningún niño debería permitírsele jamás ver un solo acto de engaño.

> **«La integridad le da verdadera libertad porque no tiene nada que temer, ya que no tiene nada que ocultar».**

Franklin Roosevelt dijo: «Pararse sobre el baluarte y morir por nuestros principios es heroico, pero salir a la batalla y ganar en nombre de nuestros principios es más que heroico». Y yo agregaría que es más que heroico porque garantiza nuestra libertad.

Cuando usted trabaja duro, realiza un trabajo excelente y le brinda su mayor esfuerzo, entonces —y solo entonces— es verdaderamente libre para relajarse y disfrutar del fruto y las recompensas de su labor. Eso es libertad.

LA LIBERTAD DE LA DISCIPLINA

El marinero tiene la libertad del mar recién cuando se ha convertido en esclavo de la brújula. Mientras no sea obediente a la brújula, debe permanecer cerca de la costa. Cuando llega a ser obediente, puede ir a cualquier parte que lo lleve la nave. Cuando el tren sale de los rieles, está libre, pero no puede ir a ninguna parte. Quítele el volante a un automóvil y quedará bajo la dirección y el control de nadie, pero no se puede mover. El hombre es muy semejante. La libertad —la verdadera libertad—, viene sólo cuando la disciplina, fundamentada en absolutos morales, llega a ser un estilo de vida.

LA DISCIPLINA HACE LA DIFERENCIA

La disciplina es una de esas cualidades que nos brinda una enorme cantidad de libertad. Rhonda Harrington Kelly, en su libro *Divine Discipline* [Disciplina divina], dice que la disciplina del yo no es algo que se contagia, sino que se enseña. Uno se convierte tanto en el maestro como en el estudiante. Por ejemplo: vamos avanzando en dirección a la libertad cuando nos enseñamos a demorar algunos de los placeres de la vida en ese momento para poder disfrutar de seguridad financiera más adelante. El saber que hemos provisto para nuestro propio retiro financiero y para la educación de nuestros hijos trae aparejada genuina felicidad y ausencia de temor. Hay felicidad en el hecho de saber que podemos contribuir a causas que valgan la pena y brindar apoyo a nuestros padres si es que lo necesitan... eso es libertad. Verdadera libertad.

En su libro *Todo lo que alguna vez fue nuestro*, Elisabeth Elliot dice que aunque la libertad y la disciplina han llegado a ser consideradas como mutuamente exclusivas, la libertad, en realidad, es la recompensa final de la autodisciplina.

Cuando me disciplino para comer adecuadamente, vivir moralmente, hacer ejercicios con regularidad, crecer mental y espiritualmente, y no poner en mi cuerpo drogas ni alcohol, me he dado la libertad de estar en mi mejor condición, rendir lo mejor de mí y cosechar todas las recompensas que acompañan a esta decisión.

La disciplina es el hábito de realizar una acción en forma consistente hasta que se pueda actuar con competencia inconsciente. La disciplina pesa gramos, pero el remordimiento pesa toneladas.
Jhoon Rhee

Ahora creo que estará de acuerdo conmigo en que ha progresado mucho y recorrido un largo camino desde la página uno, cuando iniciamos este emocionante viaje para llegar a estar *Más allá de la cumbre*. Si me ha seguido con atención a lo largo de estas páginas, ha abrazado ideas, dado los pasos sugeridos y se ha comprometido a seguir creciendo en su vida, se encuentra en el proceso de lograr una medida plena de lo que es el más bello e inapreciable de todos nuestros anhelos, y la legítima esperanza (la cual se identifica en el capítulo 9) de llegar a ser lo mejor que puede, lo cual será un factor fundamental para poder finalizar bien.

Un buen final

Cuando se hayan acallado los gritos de júbilo y el estadio esté vacío; luego de que se hayan escrito los titulares y esté de regreso en el silencio de su propia habitación y el anillo del Super Bowl haya sido colocado sobre la cómoda y toda la pompa y fanfarria se hayan desvanecido, las cosas perdurables que quedarán son: La dedicación a la excelencia; la dedicación a la victoria; y la dedicación a hacer con nuestras vidas lo mejor que podamos para convertir al mundo en un mejor sitio en el cual vivir.

Vince Lombardi

Deseo enfatizar que no estoy tratando de persuadirlo a que se esfuerce para llegar a ser el mejor del mundo en lo que hace. Eso podría resultar terriblemente frustrante y desalentador porque sólo una persona puede ser la mejor en cualquier cosa. El propósito de *Más allá de la cumbre* es persuadirlo para que se comprometa a ser lo mejor que usted puede ser y convencerlo de que si reconoce, declara y sigue desarrollando lo que tiene, lo que puede llegar a hacer es asombroso. El profeta de antaño tenía razón cuando dijo que verdaderamente es usted la creación más asombrosa de Dios.

HAGA LO MEJOR QUE PUEDA

Cuando se comprometa a ser lo mejor que usted puede ser, tendrá contentamiento, felicidad y paz mental, lo cual lo capacitará para que se enfrente a la vida de una manera más efectiva. Cuando llegue al punto en que sepa quién es y a quién pertenece, no será necesario que demuestre nada. Esto le da la libertad de dedicarle a la vida su mejor esfuerzo y de estar en paz consigo y con los resultados. Sabrá que está haciendo lo mejor que puede con los elementos que tiene y que está respetando los absolutos morales y éticos que hemos invocado. Se sentirá cómodo al saber que está haciendo todo lo que usted, Dios o cualquier hombre pueda pedirle. Eso no sólo es éxito... es vivir más allá de la cumbre y significa que finalizará bien.

REFLEXIONE ACERCA DE ESTAS COSAS

Espero que reflexione cuidadosamente acerca de estos pensamientos finales. Creo que su primera lectura de los principios y procedimientos cubiertos en *Más allá de la cumbre* lo ha llevado a tierras más elevadas. Desde este punto de ventaja podrá percibir cosas durante la segunda lectura que se le pueden haber escapado en la anterior.

Mi experiencia, combinada con un sinnúmero de cartas de otros, me persuade que una segunda, tercera o hasta una cuarta lectura de información significativa es mucho más beneficiosa que la primera lectura, en especial en la creación de nuevas ideas. Lecturas consecutivas producen eslabones que conectan y hacen que las ideas filosóficas estén en armonía con su aplicación práctica diaria. Este enfoque extraerá su habilidad y talento y lo ayudará a planificar su futuro.

SU DECLARACIÓN DE MISIÓN

Como seguramente recuerda, al principio hablé sobre la importancia de tener una declaración de misión. Identifiqué la declaración de misión de nuestra compañía y reconocí que era un tanto pomposa. Sin embargo, como una persona puede impactar a tantas otras, sentí que era una declaración de misión que definía hacia qué apuntábamos y que era obtenible.

Sospecho que a estas alturas ha identificado su propia misión, ya sea que le haya dado forma de declaración o no. Creo que para ahora tiene una buena comprensión del verdadero éxito y entiende lo que significa alcanzar la cumbre. También creo que siente la necesidad de un plan de acción y la importancia de una declaración de misión propia. Quizás haya hecho todo, excepto verbalizar esa declaración de misión y ahora es sólo cuestión de ponerlo por escrito y ajustarle la sintonía fina de modo que diga exactamente lo que quiere que diga. Para asistirlo en el acabado de la parte final, permítame que lo invite a volver al capítulo 1 y releer mi definición de la cumbre. Esto debiera brindarle, y probablemente lo hará, algunas ideas que podrá empezar a registrar para su propia declaración de misión. Comience *ahora* y casi con seguridad habrá podido ubicar a muchas de ellas para cuando finalice su segunda lectura de *Más allá de la cumbre*. Esto es especialmente cierto si realiza el programa de metas que detallamos en los capítulos iniciales.

Dicho esto, permítame también reconocer que millones de personas tienen dificultad para articular sus sentimientos. Si usted está en esa categoría, no se sienta frustrado... y no baje los brazos. Me llevó varios meses y muchas reuniones de aporte de ideas del personal para desarrollar nuestra declaración de misión. Haga lo mejor que pueda y recuerde que millones de personas vivieron bien y acabaron bien antes de que el término *declaración de misión* se convirtiera en parte de nuestro vocabulario. Sin embargo, sí tenían una misión y la misión los tenía a ellos.

Para darle otro ejemplo de la importancia de tener una misión y una declaración de misión, miremos a Providence St. Mel, una escuela ubicada en el vecindario más depresivo y de mayor incidencia de delito de Chicago. Su declaración de misión, sostenida por el fuerte y amoroso liderazgo de Paul Adams, es prueba positiva de que un productor de cambios comprometido puede producir cientos y hasta miles de productores de cambios más.

La escuela una vez fue católica, pero desde 1979 ha sido una escuela privada cuya declaración de misión y la implementación de muchos de los mismos principios que hemos tratado a lo largo de *Más allá de la cumbre* explican el motivo por el cual en los últimos quince años el ciento por ciento de los graduados han sido aceptados en universidades por todos los Estados Unidos. Luego de graduarse de la universidad muchos de ellos han llegado a ser profesores, comerciantes, gente de empresa, ejecutivos de la banca, doctores, maestros y oficiales de policía.

Hoy en día, césped verde y otras señales de vida vibrante están creciendo en el predio de Providence St. Mel. No hay pandillas, drogas, apuestas, robos, peleas, paredes rayadas, cortes extraños de cabello, ni radios. El lema del señor Adams: «El precio de vivir es dar», combinado con la declaración de misión de la escuela: «Creemos en la creación de vidas inspiradas, producto del milagro del trabajo esforzado... de modo que trabajamos, planificamos, edificamos y soñamos en ese orden... y con la ayuda de Dios, encontraremos un camino o lo construiremos» lo dice todo. La buena noticia de esta escuela es que Paul Adams y muchos de sus maestros, estudiantes y ex alumnos están apuntados a finalizar bien.

NO PUEDE IR SOLO

Al concluir *Más allá de la cumbre*, deseo hablar de un paso más que lo capacitará para vivir bien... y acabar bien. LLEVE A ALGUIEN CON USTED. Puede ser un colega, un miembro de la familia, un empleado, un vecino, un niño pequeño o cualquiera que desee más de la vida por medio del proceso de aprendizaje.

Es posible que usted sea un millonario, un alto ejecutivo o poseedor de un título doctoral, pero es interesante que un niñito, alguien que esté encerrado, una persona de visión disminuida o un adulto analfabeto podrían permitirle que alcance nuevas alturas de una manera singular y emocionante. Lea *Más allá de la cumbre* a esa persona en forma regular. La edad del niño o la comprensión de su oyente determinará la velocidad a la que deba leer y la frecuencia de sus pausas. Sucederán dos cosas: Primero, se emocionará por cuánto habrá de aprender el oyente; segundo, se sorprenderá al ver cuánto aumenta la claridad de su propia comprensión y, por consiguiente, aplicará el mensaje de *Más allá de la cumbre* a su vida.

Los sentimientos positivos que recibe al ayudar a una persona de la cual no espera recibir nada lo beneficiarán en todas las fases de su vida y bien podrían ser el impulso que lo lleve a estar *Más allá de la cumbre*.

PREGUNTA: ¿Qué cosa podría llegar a hacer que lo recompense más que enseñar las lecciones de la vida a un niño o a un adulto analfabeto? Jan McBarron, la enfermera que llegó a ser médico, encuentra que enseñar a leer a las personas que son analfabetas es la experiencia más gratificante de su vida. A ella le va bien y está en camino de finalizar bien.

¿FINALIZÓ BIEN ÉL?

En el verano de 1993, Fred Smith, hijo, de Tyler, Texas, llamó a su papá y le sugirió que hicieran un viaje a Londres para visitar viejas librerías, museos, catedrales y otros monumentos históricos de Inglaterra. El viaje también tenía como fin permitir que padre e hijo tuvieran oportunidad de pasar un tiempo juntos en exclusividad y dedicarse a tiempos de seria conversación.

Al volver a casa, Fred Smith, padre, me relató usando terminología brillante, lo maravillosa que había resultado la experiencia. Estaba particularmente intrigado de que su hijo quisiera saber muchos de los detalles íntimos de sus relaciones de larga data con algunos de los hombres y mujeres verdaderamente sobresalientes de los Estados Unidos.

Luego de que su hijo hubo escuchado los detalles de muchas de estas experiencias, Fred, padre, notó que Butch, así le dice a su hijo, siempre preguntaba: «¿Terminó bien él?» En otras palabras, ¿dónde se encontraba esta persona al finalizar la vida? ¿Había establecido amistades permanentes, acabando la vida en una nota positiva? Esa pregunta es verdaderamente importante, y un claro indicador de si una persona finalizó bien o no.

UNA FÓRMULA PARA FINALIZAR BIEN

Eartha White, la nieta de una esclava que tuvo éxito en todos los rubros de la vida y terminó bien, dijo: «Cada día todos nosotros debiéramos hacer todo lo que podamos, donde sea que estemos, con lo que tengamos». Eso es un buen consejo y le ayudará a finalizar bien.

El clásico ejemplo de poner en práctica su consejo y terminar bien uno mientras ayuda a otros a hacer lo mismo se encuentra en la filosofía de los doce pasos de Alcohólicos Anónimos, la cual es utilizada por un sinnúmero de programas en el tratamiento de las personas que se han hecho adictas a una variedad de cosas que van de las drogas y la pornografía, al sexo, la televisión, el juego y la comida. Cantidad de personas han puesto en práctica la filosofía de AA que ejemplifica la creencia de que «puede obtener en la vida todo lo que desea si tan solo ayuda a una cantidad suficiente de otras personas a obtener lo que desean».

Para poder permanecer sobrio, lo cual es la meta de toda persona que participa del programa de doce pasos de AA, resulta absolutamente esencial que los miembros estén disponibles para otros miembros y miembros potenciales que llaman para pedir ayuda cuando sienten ansias de alcohol. *Las llamadas de doce pasos, al ser respondidas, virtualmente garantizan la sobriedad del voluntario.* Cada vez que un miembro de AA contesta ese llamado que solicita ayuda y se sienta y habla con, se ocupa de y alienta a la otra persona para que se abstenga de tomar un trago, el miembro que ayuda es fortalecido en gran manera y tiene una oportunidad mucho más sólida de mantener su propia sobriedad.

Curiosamente, si una persona que recién ha logrado la sobriedad recibe un pedido de ayuda de parte de un miembro ya registrado o potencial que necesita aliento para evitar tomar ese «único trago más», se le anima firmemente a que lleve consigo a alguien que haya pasado por los doce pasos del programa. La filosofía de AA de que los individuos comenten su experiencia, fortaleza y esperanza con otros alcohólicos es una fuerte indicación de que cuanto mayor sea el tiempo que haya estado sobria una persona, mayor será la experiencia, la fortaleza y la esperanza que tendrá para expresar a otros.

En las sesiones de AA que se realizan bajo todo tipo imaginable de circunstancias, se demuestra afecto, se conversa y se escucha en cantidad. Se pierde mucho sueño, pero se salvan un sinnúmero de vidas y de familias. Entre las ironías que se dan está el hecho de que a menudo se puede encontrar a una persona que abandonó sus estudios secundarios ayudando a un profesor universitario o a un médico alcohólico. También se puede ver a un presidente de empresa llamando desesperadamente a un empleado raso para que lo ayude en un momento de crisis. ¿Da resultado? Me da gusto decir que sí. La experiencia en mi propia familia (no, yo no) como también en millones de familias más, claramente prueban su efectividad.

Los fuertes y sabios admiten que son débiles y sin vacilar llaman solicitando ayuda cuando se enfrentan a una situación donde peligra su sobriedad. Saben, a menudo por dolorosa experiencia, que se enfrentan a una propuesta de vida o muerte, porque literalmente ese es el caso del alcohólico. Al seguir este proceso, un día a la vez, logran conquistar su problema tamaño Goliat.

Lo que resulta interesante es que cuando un miembro de AA es llamado a las seis de la tarde y literalmente se queda levantado toda la noche para impedir que el conocido o amigo tome ese único trago, sucede algo espiritual. Aunque la experiencia de toda la noche debiera quitarles toda la energía física, una y otra vez, según me dijo un miembro el día antes de escribir estas palabras, el que ayuda parece tener una cantidad desacostumbrada de energía al día siguiente. Eso se relaciona directamente con el primer paso, donde el alcohólico es forzado a reconocer que él o ella tiene un problema que supera la solución humana y necesita la ayuda de un poder superior: Dios, según lo «entienden» a Él. Esto también valida el punto señalado antes, de que cuando usted hace algo amable —o, en este caso, algo críticamente importante— su cerebro es inundado con seratonina y otros energizantes. Al practicar esta filosofía, muchos miembros de AA y otros programas de doce pasos están finalizando bien porque están ayudando a otros a finalizar bien.

PUNTO PRINCIPAL: Todos nosotros, sea cual fuere nuestra raza, credo o color, somos frecuentemente puestos en posiciones de ayudar a otros cuando hacemos aumentar nuestras propias posibilidades de finalizar bien. Siga leyendo y verá cómo la vida del Dr. Norman Vincent Peale ejemplifica este punto.

DE FAMA MUNDIAL Y HUMILDE

Muchos hombres se pueden agrupar bajo una palabra u otra pero «de fama mundial» y «humilde» raramente se usan para describir a un hombre. Hombre de Dios, amable, modesto, generoso, compasivo, noble y respetable también describen el carácter del fallecido Dr. Norman Vincent Peale. Sé que esto es verdad, primeramente, porque como mencioné antes, estudié y apliqué sus filosofías a mi vida con gran éxito y, en segundo lugar, porque tuve el privilegio de conocerlo personalmente.

Muchas veces, el Dr. Peale y yo estuvimos en la misma plataforma. Conocí al hombre público y al privado. Verdaderamente era lo que aparentaba ser... y algo más. Su enorme éxito y popularidad nunca le dieron vuelta a su cabeza ni provocaron que perdiera su sentido de asombro y de gratitud. La cantidad de gente a la que inspiró y llevó a la cumbre mediante sus libros, grabaciones y publicaciones tales como *Guideposts* asciende a millones.

Y aquí no acaba la historia. Unas pocas páginas atrás, dije: «No puede ubicarse (más allá de la cumbre) solo». El Dr. Peale contaba con su esposa, Ruth Stafford Peale, como amante y dedicada compañera, amiga, consejera, protectora y socia en los negocios. También era una escritora efectiva y creativa y juntos proveyeron soluciones aplicables y de sentido común para los problemas a los que muchos nos enfrentamos en nuestras vidas diarias. Se puede decir con tranquilidad que el Dr. Peale finalizó bien y que Ruth Stafford Peale está acabando también bien.

DESDE UNA CHOZA CON TECHO DE CINC A UNA MANSIÓN

Ciertamente una mujer dedicada, completamente comprometida con la preparación de sus hijos para el logro del mejor futuro posible, es una fuerza digna de ser considerada. Gertrude Johnson Williams fue una mujer tal, y aunque fue una huésped de la Casa Blanca en varias ocasiones, la mayoría de los estadounidenses no conoce su nombre ni su historia. De ella, su hijo John, dijo: «Por medios que sólo nos podemos imaginar alcanzó a completar el tercer grado. Luego fue impulsada, por la pobreza, por la necesidad, por la carencia, a los campos y a las cocinas del Valle del Mississippi. Pero siempre vivió en un valle del otro lado de la opresión. Su cuerpo estaba en los campos y en las cocinas, pero su mente se encontraba en otra esfera, en la sección de primera clase». [¡Qué poderosa imagen de visualización!]

«Era una mujer de baja estatura y gran fortaleza, no llegaba al metro y medio de estatura, tenía las piernas chuecas característica de la familia, una gran sonrisa y una férrea voluntad. Caminaba erguida, su cabeza en alto, una mujer de altura y calidad. Había conocido el dolor, el desaliento y el temor. Todo esto produjo en ella un tipo especial de dignidad... la dignidad de una persona que ha visto mucho, ha sobrevivido y no le teme al futuro». [¡Qué ejemplo maravilloso!]

Gertrude Johnson Williams fue una mujer de compromiso y una líder en su casa, en su iglesia y en su comunidad. A pesar de la pobreza y el prejuicio que la rodeaban, vivió con la firme esperanza y creencia de que en su futuro había algo mucho mejor para ella y para sus hijos. Su educación formal era limitada, pero su sentido común, sabiduría y deseo no tenían límites, de modo que hizo planes para un futuro mejor.

Sus planes incluían una mudanza a Chicago, donde las oportunidades de trabajo y educación eran mucho mejores. Esos planes fueron demorados temporalmente porque no contaba con el dinero suficiente para comprar los boletos de tren. Durante esta demora, su hijo John terminó el octavo grado. Ya que en Arkansas City, Arkansas, no había escuelas secundarias para negros, tomó una decisión de largo alcance. Obligó a John a repetir el octavo grado, a pesar de sus objeciones, su disgusto y su vergüenza. Hizo eso porque sabía que era necesario que estuviera ocupado y aprendiendo y no deseaba que se pusiera cómodo y se acostumbrara a realizar trabajos serviles.

Durante el siguiente año hubo algo que la impulsaba, lleván-dola a aceptar cada oportunidad de trabajar como doméstica en hogares y como cocinera y empleada de limpieza para cuadrillas de trabajo para poder reunir dinero para esos preciosos boletos de tren. Cuando John no estaba en la escuela, él también contri-buía con innumerables horas de trabajo, haciendo lo que fuera para ganar dinero. Un año más tarde salieron camino a Chicago, contando con elevadas esperanzas, grandes sueños y hasta poder ubicarse, un hogar provisorio en casa de parientes.

Vivieron tiempos difíciles, incluyendo la vergüenza de pasar dos años dependiendo del bienestar social, pero las cosas sí mejoraron. Gertrude Johnson Williams acabó bien e indirecta-mente llevó consigo a una multitud de personas más. A su hijo John Johnson le fue bien, también. Puede enterarse de todo el asunto en su fabulosa autobiografía, *Succeeding Against the Odds* [Éxito que supera obstáculos], pero a continuación se dan algunos de los puntos sobresalientes. Nació en una pequeña casa de techo de zinc en una calle de barro de Arkansas City, Arkansas, pero ahora vive en un rascacielos de la Costa de Oro de Chicago. Ha sido catalogado como una de las cuatrocientas personas más rica de los Estados Unidos y ha sido huésped de cada presidente desde Dwight D. Eisenhower. Se ha reunido con estadistas de naciones de todo el mundo, y ha hecho importantes contribuciones a las comunidades sociales, religiosas, comer-ciales, políticas y educativas. Es un hombre de la raza negra, el fundador y dueño de la casa de publicaciones más grande del mundo, (Johnson Publishing Company), de la revista *Ebony*, de dos compañías de cosméticos y de numerosas empresas comerciales. Se puede decir con seguridad que él, al igual que su madre, también acabará bien, y me estoy refiriendo a mucho más que los negocios y las finanzas.

OCHENTA Y UNA PALABRAS QUE HACEN LA DIFERENCIA

La declaración más conmovedora que he leído jamás con respecto a la gratitud, terminar bien y el impacto que puede producir una persona en otra se encuentra en estas palabras de Helen Keller.

Aprendí una gran cantidad de palabras nuevas ese día. No recuerdo cuáles fueron todas, pero sí sé que madre, padre, hermana, maestra estaban entre ellas... palabras que harían que el mundo floreciera para mí «como la vara de Aarón, con flores».

Habría sido difícil encontrar un niño más feliz que yo mientras recostada en mi cama al finalizar ese día extraordinario, revivía las alegrías que el mismo me había aportado y por primera vez ansiaba la llegada de un nuevo día.

Se estaba refiriendo al día que Anne Sullivan entró a su vida. En sólo ochenta y una palabras, Helen Keller expresó con elocuencia el gozo y la esperanza que Anne Sullivan le dio y que ella a su vez dio a muchísimos más. Por haber hallado esperanza y haber vivido dando su vida a otros, Helen Keller acabó extremadamente bien.

USTED TAMBIÉN PUEDE FINALIZAR BIEN

Termino este libro, a excepción de los tres párrafos finales, del mismo modo que cerré el primer capítulo. Hago esto porque creo que cuando vuelva a leer «LA CUMBRE», lo percibirá de manera diferente que la primera vez... porque ahora

usted es diferente. Esta segunda presentación de «LA CUM-
BRE» prepara el escenario para los tres párrafos finales, los
cuales han sido escritos para darle esa seguridad final de que
usted verdaderamente es una persona que está más allá de la
cumbre.

LA CUMBRE

Usted está más allá de la cumbre cuando:

1. Ha hecho las paces con su pasado, tiene enfocado el
   presente y es optimista con respecto a su futuro.
2. Ha hecho amigos de sus adversarios y se ha ganado el
   amor y el respeto de aquellos que lo conocen mejor.
3. Está lleno de fe, esperanza y amor, y vive sin enojo,
   codicia, culpa, envidia o deseos de venganza.
4. Sabe que no defender lo que es moralmente correcto es el
   preludio para ser la víctima de lo que es criminalmente
   malo.
5. Es suficientemente maduro para deponer cualquiera gratificación personal y trasladar su atención desde sus *derechos* a sus *responsabilidades*.
6. Ama lo que no amado, da esperanza al deseperanzado,
   amistad al que no tiene amigos y aliento al desanimado.
7. Sabe que usted no es porque triunfe (o gane), ni dejará de
   ser porque falle (o pierda).
8. Puede mirar hacia atrás con una actitud de perdón; hacia
   adelante, con esperanza, hacia abajo, con compasión y
   hacia arriba, con gratitud.
9. Tiene la seguridad de saber quién es usted (y a quién
   pertenece) de modo que está en paz con Dios y en comu-
   nión con el hombre.
10. Entiende claramente que el fracaso es un suceso, no una
    persona, que el día de ayer finalizó anoche, y que su hoy
    es un nuevo día.
11. Sabe que «el que quiera hacerse grande entre ustedes será
    vuestro servidor».
12. Es agradable con el que se queja, cortés con el mal educa-

do y generoso con el necesitado, porque sabe que los beneficios a largo plazo al dar y perdonar superan ampliamente los beneficios a corto plazo de recibir.

13. Reconoce, confiesa, desarrolla y usa sus habilidades físicas, mentales y espirituales que Dios le da para Su gloria y para el beneficio de la humanidad.

14. Se enfrenta al Creador del universo y Él le dice: «Bien hecho, buen siervo y fiel».

Espero que esté de acuerdo en que nuestro principal objetivo se ha logrado, es decir, que le he comentado una filosofía que le capacitará para conseguir más de las cosas que el dinero puede y no puede comprar. Mi misión ha sido movilizar a algunos de ustedes de la estabilidad al éxito y a todos ustedes del éxito a lo excelente. El salmista declaró mi objetivo de manera mucho más elocuente cuando dijo: «Considera al íntegro, y mira al justo; porque hay un final dichoso para el hombre de paz» (Salmo 37.37). Estoy seguro de que estará de acuerdo conmigo en que todos deseamos ese final dichoso y pacífico... queremos finalizar bien.

Al concluir mi mensaje acerca de finalizar bien desearía estar cara a cara con usted para poder hacerle la misma pregunta que le formuló un joven ministro en las colinas del este de Tennessee al pequeño Ben Hooper (que no sabía quién era su padre terrenal). Esa pregunta crucial fue: «Hijo, ¿de quién eres tú?»

Si estuviésemos juntos, le miraría directo a los ojos y le preguntaría: «Hijo, ¿de quién es usted?» o «Hija, ¿de quién es usted?» Luego yo también sonreiría con gozo en mi corazón y diría lo mismo que dijo el joven ministro: «¡Ah, ya sé de quién eres hijo! ¡El parecido familiar es inconfundible! ¡Eres hijo de Dios!» (Usted puede decidir ser hijo de Dios, según se nos dice claramente en Juan 1.12.) Suponiendo que tome esa decisión, lo cual lo animo a hacer, entonces le podría decir: «Vaya herencia que tiene. Ahora vaya y asegúrese de vivir a tono con la misma, porque si lo hace lo veré, y sí me estoy refiriendo a USTED, ¡MÁS ALLÁ DE LA CUMBRE!

RECLAME LAS CUALIDADES

PASO # 1 Durante *treinta días*, y como primera actividad por la mañana y última por la noche, póngase de pie, solo ante un espejo, en posición erguida, enderece los hombros, mírese a los ojos, y con calma pero con convicción, diga en primera persona del tiempo presente:

«Yo, _____, soy una persona de integridad, de buena actitud y metas específicas. Tengo un alto nivel de energía, soy entusiasta y presto atención especial a mi apariencia y a lo que hago. Tengo sentido del humor, mucha fe, sabiduría y la visión, la capacidad de identificarme y el valor para usar mis talentos de forma efectiva. Tengo carácter y conocimiento. Mis convicciones son fuertes, cuento con una saludable imagen propia, una pasión por lo que es correcto y una sólida esperanza para el futuro.

»Soy una persona honesta, sincera y esforzada. Soy tenaz, pero justo y sensible. Soy disciplinado, estoy motivado y orientado. Sé escuchar con atención y soy paciente, pero actúo de manera decidida. Soy intrépido, tengo autoridad y confianza y a la vez tengo humildad. Sé dar aliento, descubrir lo bueno, soy un comunicador excelente y estoy desarrollando hábitos de vencedor. Soy un estudiante, un maestro y puedo iniciar proyectos por cuenta propia. Soy obediente, leal, responsable, confiable y respondo con rapidez. Tengo corazón de siervo, soy ambicioso y sé trabajar en equipo. Soy agradable, optimista y organizado. Soy consistente, considerado y una persona de recursos. Soy inteligente, capaz, persistente y creativo. Me intereso por la salud, soy equilibrado y sobrio. Soy flexible, puntual y ahorrativo.

»Soy una persona honorable que siente verdadera gratitud por la oportunidad que la vida me ha brindado. Estas son las características del vencedor que hay en mí, y estoy plenamente comprometido con el desarrollo de estas maravillosas características que me han sido encomendadas. Esta noche dormiré maravillosamente bien. Tendré sueños poderosos y positivos. Me despertaré lleno de energía y fresco ¡y mañana será magnífico!»

Repita el proceso a la mañana siguiente y cierre diciendo: «Estas son las características del vencedor que hay en mí. Hoy es el primer día del resto de mi vida y es maravilloso».

Después de treinta días agregue el siguiente paso:

Escoja su característica más fuerte y la que le parece que necesita mejorar. Ejemplo: Más fuerte: honestidad. Necesita mejorar: organización. En una ficha aparte de aproximadamente 7 x 12 cm, escriba en letra de imprenta: «Yo, _____, soy una persona completamente honrada y cada día mejoro y me vuelvo más organizado».

Durante una semana, que esta sea su primera actividad por la mañana y la última por la noche, luego repita el proceso con la segunda característica más fuerte y la segunda que necesita mejorar. Haga esto hasta completar toda la lista. Este proceso le mejorará la vida.

NOTA: ¡Mantenga esto a mano y úselo regularmente durante el resto de su vida!

«Fracaso es una palabra que no acepto, ni nadie debería aceptar. *Más allá de la cumbre*, de Zig Ziglar, está lleno de inspiración y motivación para quienes quieren triunfar en el camino que el título sugiere».

John H. Johnson
Editor, gerente y alto ejecutivo de
Johnson Publishing Company, Inc.

«Estoy convencido de que si usted aplica los principios ya probados que aparecen en *Más allá de la cumbre*, pronto estará remontando la cima. El nuevo libro de Zig, mediante la combinación de historias reales e investigaciones recientes presentadas paso a paso, es una guía completa para su total crecimiento. El compromiso de Zig con hechos científicos sin descubrir, le convencerá que estos principios válidos dan resultados. Todo lo que se requiere es nada más que una buena idea y este libro está lleno de cientos de ellas».

David G. Jensen, M. Sc.
Jefe Administrativo del Crump
Institute for Biological Imaging
UCLA School of Medicine

«¡Zig Ziglar es lo máximo! Sus libros cambiaron mi vida, desde una ama de casa depresiva a una conferenciante motivacional y exitosa vendedora. Con este libro usted aprenderá cómo hacer de su vida todo lo que quiso que fuera en todas las áreas: familiar, profesional, espiritual».

Palm Lontos
Lontos Sales Motivation, Inc.

«Un montón de adjetivos vienen a mi mente cuando leo este fascinante libro: desafiante, informativo, escritural, ético, motivacional, franco, cautivante, etc., etc. Sobre todo, este es un mensaje práctico que inspira al lector a buscar constantemente lo más alto y mejor. Cómo me habría gustado que Zig Ziglar hubiera escrito este libro al comienzo de mi carrera, pero me siento feliz de aceptarlo ahora cuando estoy empezando a declinar un poquito. Sin embargo, ¡estoy listo para rebobinar e ir hacia la cumbre!»

Ted Engstrom
President Emeritus, World Vision

«*Más allá de la cumbre* logra una importante meta: tratar con efectividad todos los aspectos de la vida (física, mental, espiritual, personal y financiera). Basado en mi experiencia en los aspectos fisiológicos y médicos de la condición humana, respaldo con entusiasmo *Más allá de la cumbre*».

Dr. Leland M. Heller

«Creo que *Más allá de la cumbre* es una de las mejores guías generales sobre cómo vivir con éxito y feliz. Zig tiene una habilidad de resumir diversos principios sicológicos en una sola estructura para cada día. Sus fórmulas para construir actitudes positivas, una saludable autoimagen y un carácter sólido resumen innumerables años de pensamiento sicológico. Cualquiera que siga las enseñanzas de Zig, sin duda alcanzará una vida mucho más rica y feliz».

John Leddo, Ph. D.
Sicólogo y Presidente
Innovative Thinkers, Inc.

«Con destreza, Ziglar mezcla las necesidades sicológicas del cuerpo con los deseos de la mente ambiciosa. Este libro no sólo provee las formas de alcanzarlas, sino las de engrandecerlas».

Dr. Forest Tennant
Research Center for Dependency
Disorders and Chronic Pain

«*Más allá de la cumbre* es lo mejor de Ziglar. Escrito en su reconocido estilo conversacional, es como para leerlo y volverlo a leer; subrayarlo, ajarlo y usarlo. Más que un "manual de éxito", es mejor describirlo como un manual para una vida de éxito. La tremenda definición en catorce puntos de "la cumbre" es lo mejor del libro».

Pamela Johnson
Escritora

«De nuevo Zig Ziglar ha llegado a la mente, el corazón y el alma de los lectores. Su habilidad única en integrar espiritualidad con sana práctica sicológica nos ha provisto un extraordinario, claro y confiable mapa de la vida».

Robert E. Webbolding, Ed. D.
Director, Center for Reality Therapy

«¡El último libro de Zig Ziglar, *Más allá de la cumbre,* debería añadirse a las lecturas obligatorias en cada escuela secundaria y universidad de los Estados Unidos! Este trabajo, instructivo y alentador, presenta las respuestas para el futuro éxito de nuestra juventud. La verdadera clave para el éxito y una vida disciplinada incluye una estructura espiritual, mental y física que debe ser como los bloques de construcción de nuestro carácter. Leo como mínimo un libro a la semana, pero este lo leeré una vez tras otra».

Clebe McClary
Autor de *Living Proof*

Herramientas para los líderes de hoy

Editorial Caribe le ofrece las herramientas para que «desarrolle el líder alrededor de usted» y «desarrolle el líder dentro de usted», dirigiéndolo «hacia una administración eficaz». Eso se logra al mantener un equilibrio entre «52 maneras de estirar su dinero» y «el liderazgo bíblico genuino». Recuerde siempre: «un líder no nace se hace», por lo tanto combine «los negocios y la Biblia» y glorifique a Dios.